영유아
몬테소리
육아대백과

First published in the United States as: THE MONTESSORI TODDLER:
A Parent's Guide to Raising a Curious and Responsible Human Being
Copyright © 2019 by Jacaranda Tree Montessori
Illustrations copyright © 2019 by Hiyoko Imai
All rights reserved.

Design and illustrations by Hiyoko Imai
Author photo by Rubianca Han Simmelsgaard

This Korean edition was published by Key Publications in 2019
by arrangement with Workman Publishing Company, Inc., New York
through KCC(Korea Copyright Center Inc.), Seoul.

이 책은 (주)한국저작권센터(KCC)를 통한 저작권자와의 독점계약으로 키출판사에서 출간되었습니다.
저작권법에 의해 한국 내에서 보호를 받는 저작물이므로 무단전재와 복제를 금합니다.

영유아 THE MONTESSORI TODDLER

몬테소리 육아대백과

아이 시간표대로 어메이징 몬테소리 교육의 힘

시도녜 데이비스 지음 · 조은경 옮김

교육 R&D에 앞서가는
키출판사

일러두기
- 본문에 나온 단행본이 국내에서 출간된 경우 국역본 제목을 표기하였고, 출간되지 않은 경우 최대한 원서에 가깝게 번역하고 원제를 병기하였습니다.

> 아름답고 실용적이며
> 영감을 북돋는 이 책을 통해
> 할머니의 가르침이 세상 모든 가정에
> 전달되기를 바랍니다.

카롤리나 몬테소리 Carolina Montessori

| 차례 |

CHAPTER 1
유아와 함께하는 일상

- 12 유아를 바라보는 관점을 바꿔 보자
- 16 내가 유아를 사랑하는 이유
- 18 유아에 대해 우리가 알아야 할 것
- 20 몬테소리의 유아 양육 방식
- 22 이 책을 활용하는 방법

CHAPTER 2
몬테소리 소개

- 24 간략한 몬테소리 역사
- 25 전통적 교육 vs 몬테소리 교육
- 26 몇 가지 몬테소리 원칙

CHAPTER 3
아이의 전인적 발달을 위한 몬테소리 활동

- 36 유아를 위한 몬테소리 활동
- 37 몬테소리 활동을 구성하는 요소
- 38 아이에게 활동을 보여 주는 방법
- 40 기억해야 할 일반적인 원칙
- 44 활동 준비 방법
- 48 활동 종류
  - 48 눈과 손의 협응
  - 51 음악과 동작
  - 53 실생활 활동
  - 58 미술과 만들기
  - 61 언어
- 76 야외 혹은 자연에서 몬테소리 활동하는 방법
- 78 몬테소리 장난감이 아닌 것은?

CHAPTER 4
아이가 있는 집 인테리어

- 82 몬테소리 스타일로 공간 꾸미기
- 83 공간별 세팅
  - 83 현관
  - 83 거실
  - 84 주방
  - 85 식사 공간
  - 86 침실
  - 86 욕실
  - 86 미술과 만들기 공간
  - 87 책을 읽을 수 있는 편안한 공간
  - 88 야외
- 90 머물고 싶은 집으로 만드는 방법
  - 90 잡동사니 처리하기
  - 91 편안한 분위기 조성하기
  - 91 일을 줄여 주는 집으로 만들기
  - 92 공유 공간
  - 93 작은 공간
- 93 가정 환경의 중요성
- 96 가정 방문

CHAPTER 5
충분한 관심을 받은 호기심 많은 아이로 키우기

PART 1
아이의 호기심 키워 주기

- 104 호기심을 키우는 5가지 요소
  - 104 아이에 대한 신뢰
  - 105 풍부한 학습 환경
  - 105 시간
  - 106 안전하고 안정감 있는 장소
  - 106 상상력을 발휘할 수 있는 기회
- 108 호기심 많은 사람으로 기르기 위한 7가지 원칙
  - 108 아이가 주도하게 한다
  - 109 직접 체험하는 학습 형태를 추한다
  - 110 아이가 실생활에 참여하게 한다
  - 111 서두르지 않는다
  - 112 아이가 스스로 할 수 있는 기회를 준다
  - 114 창의력을 키워 준다
  - 116 관찰한다

PART 2
아이를 있는 그대로 받아들이기

- 120 아이가 존재감, 소속감, 있는 그대로 받아들여진다는 감정을 느끼게 한다
- 121 아이의 통역사가 된다
- 122 감정은 무엇이든지 표현하게 하지만 모든 행동을 허용하지 않는다
- 123 아이에게 칭찬 대신 피드백한다
- 125 역할과 꼬리표

CHAPTER 6

협동심과 책임감 있는 아이로 키우기

PART 1
협동심 기르기

- 128 몬테소리 접근 방식이 아이에게 으름장 놓기, 상 주기 또는 체벌하지 않는 이유
- 130 유아와 함께할 때 생기는 문제 해결
- 133 아이가 참여하도록 하는 방법
- 134 아이에게 도움이 되는 말하기 방법
- 136 기대감 관리하기
- 138 작은 보너스

PART 2
한계 정하기

- 141 한계를 정해도 괜찮다
- 141 한계는 확실하게 정해 둔다
- 143 다정하면서 확실한 자세를 유지한다
- 145 부정적인 감정을 인정한다
- 147 짜증 부리는 상황을 해결한다
- 149 아이가 일단 진정한 후 다시 접촉한다
- 149 잘못을 바로잡도록 도와준다
- 152 한계 설정 시 유용한 팁
- 155 한계를 정할 때 확인해야 할 점

CHAPTER 7

실전 육아

PART 1
일상생활 중 돌보기

- 158 일상의 리듬
- 160 특별 의식
- 161 옷 입기와 외출하기
- 165 먹기
- 169 잠자기
- 172 양치하기

PART 2
변화 다루기

- 173 화장실 사용하기
- 176 고무젖꼭지 떼기
- 177 형제자매

PART 3
유아가 배울 만한 유용한 기술

- 184 나누기
- 186 어른 말에 끼어드는 방법 배우기
- 186 내성적인 유아를 위한 기술
- 188 때리기, 물기, 밀기, 물건 던지기
- 192 집중력 키우기
- 193 불만감 다루기
- 194 아이가 매달리며 집착할 때
- 197 영상 기기를 이용하는 시간
- 198 이중 언어

CHAPTER 8
육아하는 부모를 위한 처방

- 204 부모가 되기 위한 준비 작업
- 205 육체 돌보기
- 206 배우려는 마음가짐 갖기
- 206 하루를 차분히 시작하고 끝내기
- 207 현재에 머무르기
- 209 관찰하기
- 210 부모와 아이의 감정 탱크 채우기
- 211 천천히 하기
- 213 아이의 가이드 되기
- 214 집을 적극 활용하기
- 215 정직하기
- 216 삶과 선택에 책임지기
- 217 실수에서 배우기
- 217 충만한 감정 느끼기
- 218 자기 자신을 돌보기
- 218 계속 연습하기

CHAPTER 9
공동 육아

- 222 다른 사람은 어떨까?
- 223 부모도 사람이다
- 223 한쪽 부모 선호 현상
- 224 가족과 함께 일하는 비결
- 226 서로 다른 입장을 이해한다
- 227 조부모와 아이를 돌보는 분
- 229 가족 간에 갈등이 생길 때
- 230 이혼이 기피 단어가 되어야 할 이유는 없다

CHAPTER 10
영유아 이후

- 232 취학(유치원, 학교) 준비
- 233 성인이 되기까지
- 237 교육에 변화가 필요한 순간
- 237 평화의 시간

몬테소리 사례
전 세계 가정 방문 & 몬테소리 교육을 하는 가정이 전하는 말

- 240 **오스트레일리아**
  카일리, 애런, 캐스퍼, 오티스 그리고 오토
  우리가 몬테소리를 하는 방식
- 241 **몽골**
  에네리엘, 바야나, 니모 그리고 오디
  미니니무
- 242 **캐나다**
  베스, 앤서니 그리고 쿠엔틴
  우리의 몬테소리 생활
- 243 **미국**
  에이미, 제익스, 샬럿 그리고 사이먼
  미드웨스트 지방의 몬테소리
- 244 **나의 가족**
  시모네, 올리버 그리고 엠마
  오스트레일리아 그리고 네덜란드
- 245 **나의 교실**
  자카란다 트리 몬테소리
  네덜란드 담스테르담

- 246 참고 문헌

- 248 감사의 글

부록

- 252 이렇게 말하지 말고, 이렇게 말해 보자
- 254 몬테소리 교구와 가구는 어디에서 구할 수 있을까?
- 256 몬테소리 학교에 대해
  - 256 몬테소리 학교에서 찾아볼 것
  - 257 몬테소리 학교의 일반적인 하루 모습
  - 258 몬테소리 방식은 모든 아이에게 적합할까?
  - 259 몬테소리 교육을 받고 일반 학교에 진학하는 아이는 어떤 모습으로 변화할까?
- 260 감정과 욕구
- 262 지점토 만드는 방법
- 264 유아를 위한 몬테소리 활동 목록

유아와 함께하는 일상

1

12 유아를 바라보는 관점을 바꿔 보자
16 내가 유아를 사랑하는 이유
18 유아에 대해 우리가 알아야 할 것
20 몬테소리의 유아 양육 방식
22 이 책을 활용하는 방법

유아를 바라보는
관점을 바꿔 보자

사람들은 유아 toddler에 대해 많이 오해한다. 유아를 어려운 존재로 여긴다. 그래서인지 애정을 갖고 인내하며 아이와 함께하는 삶의 방식을 보여 주는 올바른 사례가 그리 많지 않다.

유아기는 막 걷기 시작하고 세상을 탐험하며 단어로 소통하는 방법을 배우는 시기다. 유아는 충동 조절을 잘하지 못한다. 카페나 식당에 조용히 앉아 있지 못하며 개방된 공간을 보면 뛰기 시작하고 (종종 가장 불편한 시간과 장소에서) 성질을 부린다. 그리고 재미있어 보이면 무엇이든지 만진다. 그래서 유아를 "미운 2살"이라고 부른다. 이들은 말을 듣지 않고 계속해서 물건을 던진다. 잠을 자지 않고 먹지 않으며 화장실 사용도 하지 않는다.

내 아이들을 키울 때 나는 아이가 말을 듣지 않으면 으름장을 놓거나 물건으로 구슬려서 또는 타임아웃 time-out(일정한 장소를 지정하고 일정한 시간 동안 아무것도 하지 않는 일종의 반성 시간-옮긴이)을 이용해 아이가 협조하게 만들곤 했다. 그런 방법이 영 마뜩잖았지만 대안을 찾기 어려웠다.

첫 아이가 아주 어릴 때 어떤 라디오 인터뷰를 들은 적이 있다. 라디오 프로그램에 초대된 손님은 타임아웃을 체벌로 이용할 때의 악영향에 관해 이야기했다. 그의 말에 따르면 타임아웃은 아이가 부모의 지지를 원할 때 소외감을 느끼게 만든다. 그리고 아이는 벌을 준 어른에게 마음이 상해 행동을 교정하지 않는다. 그가 대안을 제시해 줄 거로 기대하고 라디오에 귀를 기울였지만 인터뷰는 거기에서 끝났다. 이후 그 "대안"을 찾는 일이 내 사명이 되었다.

새내기 부모로서 처음 몬테소리 학교에 갔을 때 나는 몬테소리 교육 방식에 금방 매혹되었다. 환경이 매우 섬세하게 준비되어 있었고 아이들을 환영하는 분위기였다. 교사들은 언제든지 쉽게 만날 수 있었고 아이(그리고 부모)를 존중하는 태도를 보였다. 나는 입학 대기자 목록에 이름을 올린 후 부모-유아 수업을 수강했다.

이 수업에서 나는 몬테소리 방식과 유아에 대해 많은 것을 배웠다. 유아는 도전이 많은 환경에서 잘 자란다. 유아는 이해받기를 원하고 스펀지처럼 주변 세상을 빨아들인다. 수업을 들으며 내가 유아들과 쉽게 관계를 맺었다는 것을 깨달았다. 유아의 관점이 무엇인지 알 수 있었고 그들이 배우는 방식에 매료되었다. 또한 운이 따라서 페른 판질의 보조 교사로 일을 시작할 수 있었다.

나는 2004년 국제 몬테소리 협회 Association Montessori Internationale에서 훈련을 받았다. 그리고 삶이 이끄는 대로 호주 시드니에서 네덜란드 암스테르담으로 거처를 옮겼는데, 암스테르담에 몬테소리 부모-자녀 수업이 전혀 없다는 것을 알고 놀랐다. 그래서 내가 직접 자카란다 트리 몬테소리 Jacaranda Tree Montessori 학교를 열었다.

수업에서 나는 부모들이 유아를 새로운 방식으로 바라보고 가정에 몬테소리 교육 방식을 적용하는 방법을 지도했다. 이 수업을 진행하며 만난 천여 명가량의 유아와 부모들에게서 많은 것을 배웠고 진정 그 과정을 즐겼다. 나는 '긍정적 훈육' 교사 훈련에 참여했고 '비폭력적 소통' 수업을 수강했다. 또한 수많은 책과 자료를 꾸준히 읽고 교사, 부모들과 소통하며 라디오와 팟캐스트를 듣고 있다. 유아기를 지나 어느덧 10대가 된 내 아이들에게서도 배운다.

내가 배운 것을 여러분과 나누고 싶다. 몬테소리가 전하는 지혜를 간단하고 이해하기 쉽게 만들어 당신이 가정에서 적용할 수 있게 돕고 싶다. 이 책을 펼친 당신은 이제 아이와 함께하는 당신단의 여정에 첫발을 내디딘 셈이다. 당신의 아이가 몬테소리 학교에 다니든 다니지 않든 그런 것은 중요하지 않다. 당신은 아이와 함께하는 방법과 아이를 이끌고 지원하는 도구를 얻게 될 것이다.

당신이 아이들을 대하는 데 어려움을 겪고 있다면 이 도구는 특히 효과가 좋다. 혼란스러운 환경을 정리하고 평화로운 가정을 만드는 방법을 배우게 된다. 아이에게 "좋아."라고 말하고 아이가 자유롭게 탐험할 수 있는 공간을 만들 수 있다. 그리고 아이에게 적합한 몬테소리 활동을 가정에서 할 수 있는 방법을 배울 수 있다.

하루아침에 이루어지지는 않는다. 당신의 목적이 몬테소리 교실을 재생산하려는 것이 아니므로 일단 아주 작은 것에서부터 시작한다. 이미 가지고 있는 것을 활용한다. 집에 있는 장난감들은 정리해서 치워 두고 번갈아 가며 사용한다. 아이들의 관심사를 진지하게 관찰하는 것에서 시작해 점진적으로 몬테소리의 아이디어를 가정과 일상에 적용하는 자신을 발견하게 될 것이다.
    내 의도는 유아와 좀 더 평화롭게 지내는 방법을 보여 주는 것이다. 아이를 호기심 많고 책임감 있는 사람으로 키우기 위한 씨앗 심는 일을 돕고 싶다. 아이와 관계를 맺고 아이를 키우는 일은 수년에 걸쳐 이루어진다. 몬테소리 박사의 철학을 매일 일상에 적용해 실천할 수 있다. 이제 유아의 시선으로 세상을 보는 방법에 대해 알아보자.

내가 유아를 사랑하는 이유

대부분의 몬테소리 교사들은 선호하는 연령이 있다. 나는 유아들과 함께하는 것이 좋다. 사람들은 내가 유아를 선호한다고 하면 대개 혼란스러워한다. 유아는 다루기 어렵고 매우 감정적이며 어른의 말을 듣지 않는다고 생각하기 때문이다. 나는 유아라는 그림을 새롭게 그리고 싶다.

유아는 지금 이 순간을 산다. 유아와 함께 길을 걸으면 즐겁다. 걸으면서 어른은 머릿속으로는 먼저 해야 할 일 목록을 만들고 저녁 식사는 뭘 할지 고민하지만 아이들은 지금 이 순간을 산다. 노면에 자라는 잡초를 발견하고 즐거워한다. 유아와 시간을 보내면 아이들이 어떻게 이 순간을 사는지 알 수 있다. 아이들은 바로 지금 이 순간에 집중한다.

유아는 힘들이지 않고 자연스럽게 배운다. 몬테소리 박사는 6세 미만 아이들이 스펀지가 물을 빨아들이듯 모든 것을 힘들이지 않고 자연스럽게 받아들이는 것을 관찰했다. 몬테소리 박사는 이를 "흡수정신the absorbent mind"이라고 표현했다.

1살 된 아이를 앉혀 놓고 문법이나 문장 구조를 가르칠 필요가 없다. 3살이 되면 아이들은 이미 놀라울 정도의 어휘를 습득하고 간단한 문장을 구성하는 법을 배운다. 복잡한 단락을 구사하는 아이들도 있다. 이를 성인의 언어 습득과 비교해 보라. 성인이 한 언어를 배우려면 부단한 노력과 시간을 들여야 한다.

유아는 능력이 엄청나다. 우리는 일반적으로 자녀가 있기 전까지는 유아들이 얼마나 엄청난 능력을 소유하고 있는지 깨닫지 못한다. 18개월에 가까워지면 아이는 할머니 집으로 가고 있다는 것을 알아차리기 시작한다. 할머니 집에 도착하기도 전에 아이는 가는 길에 있는 사물을 알아보고 이를 파악한다. 책에서 코끼리를 보면 바구니에서 장난감 코끼리를 꺼내 온다. 집을 아이들이 이용하기 쉽게 꾸며 놓으면 아이들은 능력을 발휘해 즐겁게, 적극적으로 활동한다. 아이들은 흘린 것을 닦고, 아기가 사용할 기저귀를 가져오고, 쓰레기를 쓰레기통에 넣고, 음식 만드는 일을 돕고, 스스로 옷 입는 것을 좋아한다.

하루는 수리공이 우리 집에 온 적이 있었다. 내 딸이(당시 2살도 안 되었을 때다.) 수리공 앞을 지나 침실로 가서 옷을 갈아입고, 젖은 옷을 빨래 바구니에 넣고 놀이를 하러 갔다. 이 모습을 지켜보고 놀란 수리공의 표정을 나는 결코 잊지 못한다.

유아는 순수하다. 나는 못된 성품을 타고나는 아이는 없다고 생각한다. 누군가가 장난감을 가지고 노는 것을 보면 유아는 단순히 이렇게 생각한다. '지금 당장 저 장난감을 가지고 놀고 싶어.' 그리고 그 아이에게서 장난감을 빼앗는다. 유아는 특정 반응을 끌어내기 위해 어떤 일을 하기도 한다.('이 컵을 떨어뜨리고 엄마, 아빠의 반응을 보는 거야.') 뭔가 자기 뜻대로 되지 않으면 불만스러워한다. 하지만 그렇다고 심성이 못되거나 앙갚음 또는 복수심이 있다고 할 수는 없다. 유아는 그저 충동적이고 하고 싶은 욕구를 따라갈 뿐이다.

유아는 원한을 품지 않는다. 가야 할 시간이 되었는데 공원에 더 있고 싶어 하는 유아가 있다고 치자. 아이는 성질을 부린다. 이런 짜증은 30분 이상 지속될 수 있다. 하지만 일단(때로는 도움을 받아) 짜증이 가라앉으면 명랑하고 호기심 많은 원래의 모습으로 돌아온다. 어른과는 달리 아침에 일어나 꿈자리가 사나웠다고 온종일 짜증이 나 있지 않다.

또한 유아는 놀랍도록 너그럽다. 가끔 우리는 잘못을 저지른다. 이성을 잃고 약속을 잊어버리거나 그저 아무런 이유 없이 언짢아한다. 유아에게 사과하는 경험을 통해 우리는 타인과의 관계를 모범적으로 개선하는 방법을 배울 수 있다. 사과하면 아이는 우리를 꼭 안아 주거나 아주 따뜻하고 다정한 말을 건넨다. 그렇게 아이와 굳건한 유대 관계를 맺으면 우리가 아이를 돌보듯 그들도 우리를 돌본다.

유아는 진정성이 있다. 내가 유아들과 시간 보내는 것을 좋아하는 이유는 그들이 직선적이고 솔직하기 때문이다. 유아의 진정성은 전염된다. 그들은 진심을 말한다. 솔직하게 속마음을 내보인다. 유아와 시간을 보내 본 사람이라면 버스에서 아이들이 누군가를 가리키며 큰 소리로 "저 사람은 머리카락이 없어."라고 말하기도 한다는 것을 안다. 이럴 때 우리는 창피함에 버스 좌석 속으로 가라앉아버리지만 아이들은 창피해하는 기색이 없다. 이런 솔직함 때문에 유아들은 사람들과 잘 어울린다. 뭔가 계산하지 않고 저변에 깔린 동기가 없고 정치적인 술수를 쓰지도 않는다.

유아는 오롯이 자기 자신이 된다. 자신을 의심하지 않고 남을 판단하지도 않는다. 유아에게서 배우면 성공하게 될 것이다.

Note · 내가 말하는 유아는 1살에서 3살가량의 아이들을 지칭한다.

유아에 대해 우리가 알아야 할 것

유아는 "싫어요."라고 말할 수 있어야 한다. 유아가 경험하는 가장 중요한 발달 과정이 "자아 확인의 위기crisis of self-affirmation"이다. 18개월에서 3년 사이 아이는 자신의 정체성이 부모와 분리됨을 깨닫고 자율성을 좀 더 바라기 시작한다. 동시에 "싫어요."라고 말하고 '나'라는 인칭대명사를 사용하기 시작한다. 독립성을 향한 움직임이 쉽게 이루어지지는 않는다. 아이는 모든 것을 스스로 하기를 바라며 우리를 밀어내기도 하고, 그 어떤 일도 하길 거부하거나 우리에게 매달리기도 한다.

유아는 움직여야 한다. 동물이 우리에 갇히기 싫어하듯 유아도 오랫동안 가만히 앉아 있으려 하지 않는다. 유아는 동작을 완전하게 습득하길 원한다. 일단 서면 기어오르고 걸으려 한다. 걷게 되면 이제 뛰고 무거운 물건을 옮기려 한다. 물건이 무거울수록 더 잘한다. 예를 들어 커다란 물건, 무거운 가방과 가구를 옮기는 것처럼 최고 수준에 도전하려는 욕구를 "최대 노력maximum effort"이라고 부른다.

유아는 주변 세상을 탐험하고 발견해야 한다. 몬테소리 접근 방식은 이를 받아들여 아이들을 위한 공간을 마련해 아이가 안전하게 탐험할 수 있도록 한다. 실생활에 참여하고 오감을 모두 활용하며 야외도 탐험할 것을 권고한다. 아이들이 흙을 파고, 잔디에서 신발을 벗고 다니고, 물속에서 첨벙거리고, 비가 올 때 뛰어다니게 하자.

유아는 자유가 필요하다. 자유로운 아이는 호기심 많은 어른으로 성장한다. 자유는 아이 스스로 체험하고 발견하게 하며 자기 자신을 통제하고 있다고 느끼게 해 준다.

유아는 제한도 필요하다. 여기서 제한은 아이들을 안전하게 지키고, 아이들이 다른 사람과 환경을 존중하며 책임감 있는 사람으로 성장하게 도와준다. 한계를 정하면 아이가 소리 지르고, 화내고, 비난하는 상황을 미연에 방지할 수 있다. 선을 넘기 전에 어른이 개입을 할 수 있기 때문이다. 몬테소리 접근 방식은 너무 자유방임적이지 않으며 심한 간섭을 용인하지도 않는다. 부모가 아이를 차분하게 지도할 수 있도록 가르친다.

유아는 질서와 일관성을 원한다. 유아는 상황이 매일 똑같은 것을 좋아한다. 같은 일정, 같은 장소에 물건이 있어야 하고 동일한 규칙이 적용되는 것을 원한다. 그래야 세상을 이해하고 무슨 일이 벌어질지 배우는 데 도움이 되기 때문이다. 제한이 일관되지 않으면 유아는 우리가 오늘 어떤 결심을 하는지 알아내기 위해 계속 시험을 하려 들 것이다. 그래서 떼를 쓰거나 짜증 부리는 게 효과가 있다는 걸 알면 또다시 그렇게 하려고 할 것이다. 이를 "간헐적 강화" 또는 "부분적 강화"라고 한다. 아이의 욕구를 파악하면 우리는 좀 더 인내하고 아이를 이해할 수 있다. 그리고 매일 똑같은 것을 제공할 수 없다면 추가로 지원한다. 유아가 어리석다고 생각하지 않는다. 아이 관점에서 보면 그것이 아이가 바라는 방식이 아니라는 것을 알 수 있다. 먼저 아이가 진정할 수 있게 도움을 주고, 진정하면 해결책을 찾게 도와준다.

유아는 우리를 힘들게 하려는 게 아니다. 아이들은 힘든 시간을 겪고 있다. 교육자 제니 앤더슨이 뉴욕 타임스에 "아이의 짜증을 저항이 아닌 고통으로 보기"라는 제목의 글을 기고했는데 나는 이 글이 좋다. 아이들이 어른을 힘들게 하는 행동을 할 때 그것이 실은 도움을 요청하는 외침이라는 걸 알면 '지금 저 아이를 어떻게 도와줄 수 있을까?'라고 생각하게 된다. 그러면 아이에게서 공격받았다는 느낌에서 벗어나 도움을 줄 방법을 찾을 수 있다.

유아는 충동적이다. 유아의 전두엽 피질(뇌에서 자기 통제와 의사 결정을 내리는 부분)은 지속해서 발달한다. 향후 20년 동안 계속 발전할 것이다. 즉 아이가 또다시 탁자에 기어 올라가려고 하거나 누군가에게서 물건을 빼앗으려 할 경우 아이를 지도해야 한다는 의미다. 또한 아이가 감정적으로 굴어도 인내심을 가져야 한다. "우리가 유아의 전두엽 피질이 되어 줘야 한다."라고 말하고 싶다.

유아는 우리가 말하는 것을 처리할 시간이 필요하다. 아이에게 신발을 신으라고 반복해서 말하지 말고 머릿속으로 10까지 세면서 아이가 우리의 요청을 실행할 시간을 줘야 한다. 대개 8까지 세면 아이들이 반응하기 시작하는 걸 볼 수 있다.

유아는 소통을 원한다. 아이들은 다양한 방법으로 우리와 소통하려 한다. 아기가 기분이 좋아 까르륵 소리를 내면 우리도 똑같이 까르륵 소리로 화답하면 된다. 어린 유아는 옹알이를 할 텐데 그때 아이가 하는 말에 관심을 가지고 지켜본다. 조금 더 자란 유아라면 질문하고 답하기를 좋아한다. 이때는 좀 더 다양한 언어를 아이에게 가르쳐 줄 수 있다. 어린아이들이지만 이들은 우리의 말을 스펀지처럼 흡수한다.

유아는 뭔가 숙달하는 것을 좋아한다. 유아는 완전히 숙달할 때까지 어떤 기술을 반복하는 것을 좋아한다. 그들을 관찰하면 무엇을 완전히 터득하려 하는지 알 수 있다. 대개는 도전할 만큼 어렵지만 아예 포기할 정도로 난도가 높지는 않다. 아이들은 완벽하게 해낼 때까지 반복한다. 그래서 목표를 달성하면 다른 것으로 옮겨간다.

유아는 가족을 돕고 가족의 일원이 되는 것을 좋아한다. 유아는 자기 장난감보다 부모가 사용하는 물건에 더 관심을 가진다. 유아들은 우리가 음식을 준비하고, 빨래하고 손님 맞을 준비 등의 일을 할 때 함께 일하는 것을 좋아한다. 시간을 충분히 줘서 성공할 수 있도록 기다려 주고 결과에 대한 기대치는 낮춘다. 그러면 아이에게 가족을 돕는 것, 가족의 일원이 되는 것에 대한 많은 것을 가르칠 수 있다. 이는 아이들이 학교에 입학하고 10대가 되어서도 계속 알아야 할 것들이다.

몬테소리의 유아 양육 방식

고백하건대 처음 몬테소리에 왔을 때 내 관심사는 다소 피상적이었다. 몬테소리의 환경과 활동에 끌렸다. 내 아이들에게 아름답고 흥미로운 교구와 공간을 제공해 주고 싶었다. 내가 틀린 것은 아니었다. 그게 시작하기 가장 쉬운 지점이다.

몇 년이 지난 후 나는 몬테소리는 진정한 삶의 방식이라는 걸 알게 되었다. 몬테소리는 단순한 활동이나 공간 이상으로 내가 아이들과 함께하는 방식과 내 수업을 듣는 아이들 그리고 일상생활에서 만나는 아이들에게 영향을 미쳤다. 몬테소리는 아이의 호기심을 자극하고 비판하지 않으며 아이 그 자체로 보고 받아들이는 법을 이야기한다. 심지어 아이가 정말 하고 싶어 하는 것을 못 하게 통제할 필요가 있는 상황에서도 아이와 연결되는 법을 가르쳐 준다.

몬테소리 방식을 가정에서 적용하는 것이 어렵지는 않다. 하지만 우리가 부모에게서 받은 교육 방식, 주변 사람들의 양육 방식과는 매우 다를 것이다. 몬테소리 접근 방식에서는 아이를 자기만의 특별한 길을 가는 인격체로 본다.

우리는 가이드이자 다정한 지도자로서 아이들을 지원한다. 아이는 우리가 생각하는 잠재성의 틀에 끼워 맞추는 존재가 아니며 우리의 경험을 보충하거나 어릴 때 이루지 못한 욕구를 충족시키는 대상도 아니다. 정원사인 우리는 씨앗을 심고, 적절한 조건을 만들고, 충분한 양식과 물 그리고 빛을 준다. 씨앗을 관찰하고 필요하면 보살피는 방식으로 방향을 조정하며 자라는 것을 지켜본다. 부모로서 아이를 양육하는 것도 이와 같다. 이게 바로 몬테소리 방식이다. 우리 아이들이 바로 씨앗이다. 씨앗을 심은 후 적절한 조건을 만들고 필요할 때마다 지원 방식을 개선해 나가며 아이가 자라는 것을 지켜본다. 아이들이 나아갈 삶의 방향은 그들이 직접 만드는 것이다.

"부모를 포함해 교육자는 좋은 정원사와 농부가 작물을 대하듯 행동해야 한다."
- 마리아 몬테소리, 『인간의 형성 The Formation of Man』

유아는 영민하다

유아가 융통성이 부족해 보이는 것 ("내가 제일 좋아하는 숟가락이 없으면 아침을 먹을 수 없어요!")은, 실은 철저한 질서 감각을 표현하는 행위다.

유아가 버티면서 고집 피우는 것으로 보일 때가 있지만, 실은 일이 항상 잘 풀리지는 않는다는 것을 배우고 있는 것이다.

짜증 나는 똑같은 게임을 반복하는 것처럼 보이지만, 실은 어떤 일을 완전히 습득하려 애쓰는 것이다.

심하게 짜증 내고 성질 부리는 것처럼 보이지만, 실은 "나는 엄마(아빠)를 아주 사랑해요. 온종일 매달렸던 것을 모두 놓아 버려야 안전하다고 느껴요."라고 말하는 것이다.

일부러 천천히 해서 우리를 약 올리는 것처럼 보이지만, 실은 자기 나름의 방식으로 사물을 탐험하는 것이다.

아이가 공공장소에서 하는 듣기에 창피한 말은, 실은 거짓말을 할 수 없는 능력, 정직성을 보여 주는 것이다.

아이가 오동통한 작은 팔로 당신 목을 감싸 조르는 것은 밤잠을 설치게 만드는 행위로 보이지만, 실은 당신을 향한 순수한 사랑을 표현하는 것이다.

이 책을
활용하는 방법

이 책을 처음부터 끝까지 읽을 수도 있고, 관심이 가는 부분만 선별해서 살펴본 후 오늘 당장 써먹을 수 있는 실용적인 팁을 얻을 수도 있다.

어디에서부터 시작해야 할지 내용을 찾는 게 부담스러울 때가 있다. 그래서 몬테소리 방식을 가정과 실생활에 적용하는 데 도움이 되도록 각 장 끝에 핵심 질문을 넣었다. 참고 사항을 쉽게 찾아볼 수 있도록 여러 곳에 도표와 목록을 수록했다. 또한 부록에 있는 "이렇게 말하지 말고, 이렇게 말해 보자." 부분을 살펴보면 유용한 정보를 얻을 수 있다. 내용을 기억하는 용도로 이 표를 복사해서 걸어 놓는 것도 좋다.

몬테소리가 추구하는 모든 철학을 포함해 다양한 참고 서적, 팟캐스트, 훈련 프로그램 등을 소개했다. 몬테소리 접근 방식을 보완하고, 내 수업을 듣는 아이들과 자녀를 위해서 부모가 다정하면서 자신 있는 가이드 역할을 하는 데 도움이 될 만한 자료들을 수년에 걸쳐 수집했다.

이 책을 영감의 원천으로 사용하기 바란다. 최종 목표는 이 책에 수록된 활동을 모두 실행하거나, 완전히 깨끗한 공간을 만들거나 완벽한 부모가 되는 게 아니다. 아이를 어떻게 바라보고 지원할지 그 방법을 배우는 것이다. 아이와 재미있게 지내는 방법을 배우고 그들이 어려워할 때 도와주는 방식을 익히는 것이다. 너무 심각해지려 할 때는 웃기 바란다. 교육은 여정이지 종착지에 도착하는 게 아니니까.

몬테소리 소개

2

24　간략한 몬테소리 역사
25　전통적 교육 vs 몬테소리 교육
26　몇 가지 몬테소리 원칙

간략한 몬테소리 역사

마리아 몬테소리는 1800년대 후반 이탈리아에서는 드문 몇 안 되는 여성 의사였다. 그녀는 로마에 있는 진료소에서 일했는데 가난한 사람들과 그들의 자녀를 돌보았다. 환자의 건강을 치료할 뿐 아니라 돌보고 옷을 지어 입히기까지 했다.

몬테소리는 로마에 있는 수용소에서 정서적, 정신적으로 장애가 있는 아이들을 관찰했다. 감각 능력을 상실한 아이들이었다. 한번은 아이들이 과자 부스러기를 먹으려는 게 아니라 접촉 감각을 자극하려고 집어 드는 것을 보았다. 몬테소리는 이런 아이들에게 교육이 답이라고 생각해 약이 아닌 교육을 제안했다.

몬테소리는 기존 방법론을 적용하지 않았다. 대신 자신이 받은 의학 교육의 목적과 과학적 관찰 방법을 적용했다. 아이들을 참여하게 만드는 것이 무엇인지, 아이들이 어떻게 배우는지 이해했으며 이들을 교육할 수 있는 방법을 찾고자 했다. 몬테소리는 장애아들을 대상으로 교육 자료를 검증하고 개선하며 철학, 심리학 그리고 인류학에 몰두했다. 결국 그녀가 돌보던 아이들 대다수가 장애가 없는 아이들보다 더 높은 점수로 국가시험에 통과했다. 이후 사람들은 몬테소리를 기적을 일군 사람이라 불렀다.

로마에 있는 슬럼가에 아이들을 돌볼 수 있는 학교를 세워 달라는 요청을 받은 후, 몬테소리는 자신의 아이디어를 이탈리아 교육 시스템에 적용할 수 있게 되었다. 이곳이 1907년 1월 개원한 최초의 어린이집 카사 데이 밤비니 Casa dei Bambini다. 몬테소리의 작업은 곧바로 주목을 받았고 국제적으로 퍼져나갔다.

현재는 극지방을 제외한 모든 대륙에 몬테소리 학교와 훈련 프로그램이 있다. 미국에만 4,500개, 전 세계적으로 20,000개 몬테소리 학교가 있다. 내가 살고 있는 80만 인구의 암스테르담에는 몬테소리 학교가 20개 이상 있고 유아부터 18세까지 청소년을 수용한다. 구글 창업자 래리 페이지와 세르게이 브린, 아마존 최고경영자 제프 베조스, 전前 영부인 재클린 케네디 오나시스, 노벨상을 수상한 소설가 가브리엘 가르시아 마르케스가 몬테소리 학교 출신이다.

몬테소리 박사는 2차 세계 대전 때 인도로 망명한 시기를 포함해 전 세계를 돌며 지속해서 교육에 매진했고, 전 연령 아이들을 위한 교육 방법론을 발전시켰다. 이는 그녀가 1952년 네덜란드에서 사망할 때까지 계속되었다. 마리아 몬테소리는 자신의 일을 "평생 교육"이라고 불렀다. 단순히 교실에서만이 아닌 실생활에서도 이루어지는 교육을 의미한다.

전통적 교육 vs 몬테소리 교육

전통적 교육에서는 교사가 교실 앞에 서서 아이들이 배울 것을 결정하고 알아야 할 것을 가르친다. 이른바 하향식 접근이다. 또한 두루 적용되는 방식이다. 교사는 모든 아이가 배울 준비가 되었는지 결정한다. 예를 들어 모든 아이가 같은 날 'a'라는 글자를 배운다.

몬테소리 교육에서는 아이, 어른 그리고 학습 환경 사이의 관계가 역동적이다. 아이들이 배움을 주도하고 어른과 환경은 돕는 역할을 한다. 학습 자료들은 교구장 위에 가장 쉬운 것부터 어려운 것 순으로 배열되어 있다. 아이들은 그 순간 흥미 있는 활동을 선택해 자기만의 속도로 자료를 살펴본다. 교사는 아이를 관찰하고 아이가 어떤 활동에 숙달한 것 같아 보이면 다음 단계의 활동 자료를 제시한다.

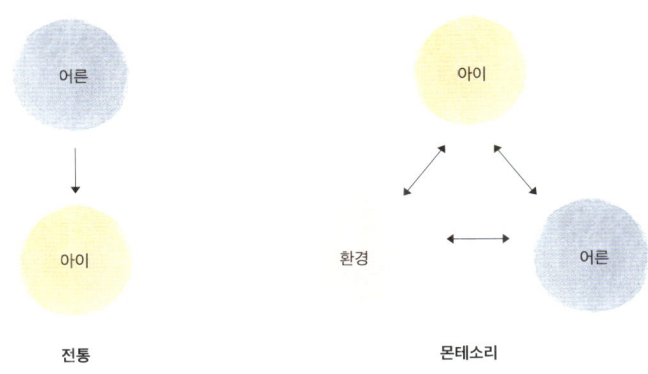

위의 몬테소리 교육 도표에서 화살표는 양방향을 가리키고 있다. 환경이 아이와 서로 소통한다. 환경은 아이의 호기심을 유발하고, 아이는 환경 속에 있는 자료를 이용해 배운다. 어른과 환경도 서로에게 영향을 미친다. 어른은 환경을 조성하고, 관찰하고 아이의 필요에 따라 조정한다. 그리고 아이와 어른은 상호 존중에 기반한 역동적인 관계를 맺는다. 어른은 아이를 관찰하며 도움이 필요한 경우에만 개입하고 이후 빠져나와 아이 스스로 능숙해질 수 있도록 한다.

몬테소리 박사는 저서를 통해 몬테소리 교육의 목적은 **아이에게 사실을 알려주는 게 아니라 스스로 배우고 싶어 하는 자연스러운 욕구를 길러주는 것**이라고 반복적으로 말한다. 이런 원칙은 교실에서만 적용되는 게 아니다. 우리가 집에서 아이와 교류하는 방법에도 영향을 미친다. 우리는 아이가 스스로 발견하도록 지원하고, 자유를 주고 한계를 설정한다. 아이가 원활하게 활동할 수 있도록 집을 꾸미면 아이가 실생활에 참여할 수 있다.

몇 가지 몬테소리 원칙

1. 준비된 환경

나는 자카란다 트리 몬테소리에서 1주일에 8번 수업을 한다. 내 일의 상당 부분은 아이들이 도착하기 전에 끝난다. 나는 세심하게 주의를 기울여 아이들을 배려하는 수업 환경을 준비한다.

- 아이들 수준에 맞는 활동을 준비한다. 너무 어려워서 포기하지 않으면서 숙달할 수 있을 정도의 난이도여야 한다.
- 아이들이 활동을 성공적으로 해내도록 필요한 모든 도구를 준비한다. 물건을 운반할 쟁반, 뭔가 흘렸을 때 닦을 천, 아이들이 반복적으로 사용할 미술 재료, 크래커 위에 토핑을 얹을 때 사용할 수 있는 도구로 아이용 토핑 스프래더를 구비해 놓는다.
- 바닥에 앉아서 아이들 눈높이에서 도구들이 어떻게 보이는지 살펴본다. 아이들이 도판이나 삽화를 즐기게끔 벽 아래쪽에 걸고, 바닥이나 낮은 탁자에 화초를 둬서 아이들이 돌보게 한다.
- 간결하면서도 아름다운 공간을 조성한다. 잡동사니를 치우고 엄선한 활동 몇 가지를 준비한다. 아이들이 각자 할 수 있는 활동 도구가 완전히 갖춰졌는지, 빠진 부분은 없는지 확인한다.

교실을 청소한다는 기분은 절대 들지 않는다. 이렇게 준비하는 목적은 아이들의 흥미를 유발하고 아이들이 자유롭게 탐험하며 배울 수 있게 하기 위해서다. 교실, 가정, 휴양지의 임대 숙소, 야외 공간 등 어디에서나 아이를 위해 준비된 환경을 만들 수 있다.

2. 배우고자 하는 자연스러운 욕구

몬테소리 박사는 아이들에게는 배움의 동기가 내재해 있다는 것을 알아냈다. 아기들은 물건 잡는 법, 몇 번이고 반복해서 서는 법 그리고 걷는 법을 배운다. 아이들은 우리의 지원과 환경 속에서 이 모든 일을 자신의 힘으로 해낸다. 말하기, 읽기와 쓰기, 수학 배우기, 주변 세상을 알아 가는 것도 이와 같다. "준비된 환경prepared environment" 속에서 아이가 스스로 발견하면 아이들은 이를 경이롭게 느끼고 배우는 것을 좋아하게 된다. 환경을 탐험하는 데 지시할 필요가 없다.

몬테소리 수업에는 여러 연령의 아이들이 섞여 있다. 어린아이는 큰 아이에게서 배울 수 있고, 큰 아이는 어린아이를 도와줌으로써 자신이 터득한 것을 강화할 수 있다. 유아는 노는 것이 일이다. 유아는 호기심이 충만한 타고난 학습자다. 우리는 그 잠재력을 건드려 주기만 하면 된다.

3. 직접 참여하는 구체적인 학습

"아이의 지능은 도움 없이도 일정 수준까지 발달할 수 있다.
그러나 도움을 받으면 지능은 더 높은 수준에 도달하고, 품성은 더욱 강화된다."
- 마리아 몬테소리, 『흡수하는 정신The Absorbent Mind』

손은 구체적인 방식으로 정보를 받아들여 뇌로 전달한다. 무엇인가를 듣고 보며 배울 수 있는데 듣거나 볼 때 손을 같이 사용하면 한층 더 깊이 있게 배울 수 있다. 수동적 학습에서 능동적 학습으로 바뀐다.

몬테소리 교실에서는 아름다우며 아이들의 흥미를 끄는 교구를 준비한다. 아이는 손으로 교구를 만지고 스스로 발견한다. 우리는 유아에게 촉각을 경험할 수 있는 놀이를 제공한다. 아이들은 우리가 말하는 물건을 집는다. 우리는 아이들을 위해 다양하고 아름다운 미술 재료를 제공한다. 아이들이 벨크로, 지퍼, 단추 등을 여닫으며 재미있게 잠금 방식을 이해할 수 있도록 한다. 또한 주방에서 음식을 준비할 때 아이들은 손가락으로 반죽에 구멍을 내거나 버터 바르는 칼로 바나나를 자르는 등 옆에서 돕는다.

몬테소리 교실에서 3세에서 6세용 수학 자료를 이용해 직접 체험하며 배우는 사례 한 가지 소개하겠다. 이 수업에서 작은 황금색 구슬은 1을 의미한다. 구슬 10개를 꿰

놓으면 10이다. 이 10개짜리 구슬 10줄을 모아 매트 하나를 만든다. 이 매트는 100이다. 이런 매트 10개를 쌓아 만든 사각형 덩어리 하나는 1,000이다. 이 자료를 이용해 아이는 덧셈을 할 수 있다. 1,234 더하기 6,432의 값을 구하려면 아이는 1,000을 의미하는 사각형 블록, 100짜리 매트 2개, 10개를 꿰어놓은 구슬 3줄 그리고 구슬 4개를 집는다. 6,432도 같은 요령으로 고른다. 이렇게 해서 더하면 아이들은 이제 1,000짜리 블록 7개, 100짜리 매트 6개, 이런 식으로 합계를 구할 수 있다.

대부분 아이가 종이에 적으면서 덧셈을 배우는 것과 달리 이렇게 더해야 할 값을 직접 눈으로 보고 구체적으로 손으로 구슬을 잡아서 답을 구할 수 있다. 아이들이 초등교육의 상위 단계로 올라갈 때 이런 구체적 근거를 추상적 연산을 하는 데 이용할 수 있다. 이때는 더 이상 자료가 필요하지 않지만 아이가 원한다면 언제든지 다시 자료를 사용할 수 있게 한다.

4. 민감기

활동, 언어, 수학, 읽기 등 아이가 어떤 한 분야에 특별히 관심을 보일 때를 "민감기 sensitive periods"라고 부른다. 아이가 일정한 기술이나 개념을 배우게끔 맞춰진 시기를 의미하는데 쉽게 힘들이지 않고 나타난다. 우리는 아이가 어떤 민감기에 있는지 관찰할 수 있으며 아이의 관심을 더욱 장려하기 위해 적절한 활동을 제공하면 된다.

유아가 어떤 단어를 따라서 말하는 등 우리를 따라 하기 시작하면 언어 민감기에 들어섰다는 것을 알고, 아이가 연습할 수 있도록 익숙하거나 새로운 단어를 알려주는 데 초점을 맞춘다. 아이가 탁자에 기어오르려 하면 활동 민감기에 들어섰다고 할 수 있으니 그에 맞는 기술을 연습하게 해야 한다. 가구에 올라가게 두지 말고 베개와 담요 등을 이용해 장애물을 만들고, 균형을 잡을 수 있고 기어오를 수 있는 대상을 만든다.

29쪽에 나온 도표에는 각 민감기에 접어든 아이의 흥미를 충족시켜 줄 수 있는 방법들이 수록되어 있다.

Note · 특정 민감기를 놓칠까 봐 염려하는 사람들이 있다. 읽기를 예로 들어 보자. 읽기 민감기를 놓치면 아이는 읽기를 배우는 데 어려움을 느낄 수 있다. 그래도 궁극적으로 읽기를 배우게 된다. 하지만 성인이 외국어를 배울 때처럼 좀 더 의식적인 노력이 필요하다.

유아의 민감기

민감기가 나타나는 정확한 시기는 아이마다 다르다.

언어

말하기와 관련된 민감기가 있다. 아이들은 우리의 입을 보고 옹알이를 하고 우리가 말하는 것을 따라 하다가 폭발하듯 말을 쏟아 낸다. 쓰기에 대한 관심은 3.5세 이후, 읽기는 4.5세쯤 시작된다.

- 언어 사용이 풍부하다.
- 모든 것에 적절한 이름을 붙인다.
- 책을 읽는다.
- 유아와 대화한다. (유아가 반응할 시간을 준다.)
- 아이의 관심사를 따른다.

질서

유아는 질서를 좋아한다. 몬테소리 박사는 엄마와 함께 걷는 아이를 유심히 관찰했다. 아이는 엄마가 자신의 외투를 벗기자 매우 속상해했다. "질서(사물이나 상황이 돌아가는 방식)"가 변했기 때문이다. 엄마가 다시 옷을 입자 아이는 진정했다.

- 규칙적인 패턴을 반복해서 다음에 무슨 일이 있어날지 아이가 알게 한다.
- 모든 것의 자리를 정하고 모든 것이 제자리에 있게 한다.
- 무엇인가가 매일 똑같이 돌아가지 않아 아이가 속상해하면 상황을 이해하도록 설명해 준다.

운동 능력 습득

어린 유아는 대근육 활동과 소근육 활동을 습득하기 시작한다. 걷고 손을 사용하는 방법을 배운다. 더 큰 유아는 이런 기술을 연마해서 좀 더 미세하게 조정하는 활동을 시작한다.

- 아이가 대근육 활동과 소근육 활동을 연습할 수 있도록 다양한 기회를 제공한다.
- 연습할 시간을 준다.

예의범절

예의범절을 습득하는 민감기는 대략 2.5세에 시작된다. 이전에는 어른이 어린 유아에게 가르칠 예의범절의 본보기가 된다. 아이는 어른의 행동을 흡수한다.

- 장황한 설명 없이도 아이가 예의범절을 점진적으로 익혀 발전할 수 있다고 믿는다.
- 집에서 매일 아이에게 예의범절을 시범 보이고 아이가 실천하게 한다. 낯선 사람을 대상으로도 실행한다.

세부 사항

18개월부터 3살까지 아이는 아주 작은 물건과 매우 정밀한 것에 흥미를 느낀다.

- 집에 있는 것(그림, 꽃, 손으로 만든 공예품 등)에 관해 자세히 설명해 준다.
- 적합하지 않은 물건은 치운다.
- 아이들 시선에 맞춰 바닥에 앉아 아이들이 무엇을 보는지 살펴본다. 보기 좋게 만든다

감각 체험

유아는 환경을 탐구해 알게 된 색깔, 맛, 냄새, 촉감, 소리에 매료된다. 아이가 자라면서 여기서 받은 인상을 분류해 체계적으로 정리하기 시작한다.

- 아이가 모든 감각을 체험할 수 있도록 실내와 실외에서 충분히 경험할 기회를 준다.
- 자유롭게 탐험하고 알아볼 시간을 준다.
- 발견 활동을 같이한다.

5. 무의식적 흡수정신

　태어나서 대략 6세까지 아이들은 힘들이지 않고 자연스럽게 정보를 흡수한다. 몬테소리 박사는 이를 "흡수정신"이라고 불렀다. 태어나서 3살까지는 완전히 무의식적으로 이를 실행한다. 아이가 힘들이지 않고 흡수정신을 이용해 손쉽게 정보를 흡수하면 책임감을 알려줄 필요가 있다. 아이가 너무도 쉽게 주변 언어를 흡수하고(풍부한 어휘를 습득하며 이해), 우리가 가구나 물건을 조심스럽게 다루는 방법, 다른 사람을 존중하며 친절하게 대하는 방식, 사물을 두는 순서(질서를 만드는 것) 그리고 그들 주변 환경의 아름다움을 받아들이기 때문이다.

　아이에게 책임감을 심어 줄 필요가 있는 이유는 몬테소리 박사가 언급했듯 스펀지는 깨끗한 물은 물론이고 더러운 물도 구분하지 않고 빨아들이기 때문이다. 아이는 긍정적 경험은 물론 부정적 경험도 여과 없이 받아들인다. 심지어 우리가 느끼는 감정이나 태도도 흡수할 수 있다.

　예를 들어 우리가 뭔가를 떨어뜨린 후 자신의 실수를 용서하지 않고 짜증을 내거나, 어떤 기술을 연마해서 개선할 수 있다고 생각하는 성장하는 마음가짐이 아니라 고정된 굳은 마음가짐을 보이면(예를 들어 그림을 잘 못 그린다고 생각한다.) 그런 것을 그대로 흡수해버린다. 그래서 가능하면 항상 주의하고 아이들에게 긍정적인 역할 모델이 되어야 한다. 아름다움, 다정함과 친절함을 아이들이 흡수할 수 있도록 해야 한다.

6. 자유와 제한

　사람들은 종종 "몬테소리 학교는 사실상 아이들에게서 손을 떼서 그저 무엇이든 자기 좋아하는 대로 하게 내버려 두지 않나요?"라고 말한다. 그리고 "몬테소리 학교는 너무 엄격해서 아이들이 어떤 물건을 만질 때 반드시 특정 규칙을 따르게 하지 않나요?"라는 말도 자주 듣는다. 몬테소리는 이 두 가지 의견의 중간 지점에 속한다. 허락 그리고 자율과 통제 중간쯤에 있다. 학교 또는 가정에서 우리는 아이들이 책임감을 느끼고 자기 자신과 다른 사람, 주변 환경을 존중하는 방법을 배우기 위해 지켜야 할 몇 가지 규칙을 세운다. 이런 규칙이 정하는 테두리 안에서 아이들은 선택의 자유를 누린다. 또한 의지대로 활동할 자유가 있다.

　몬테소리 학교에서 아이들은 사용할 수 있는 물건을 자유롭게 가지고 놀고 작업할 것을 선택한다. 쉬거나 다른 아이들을 방해하지 않는 선에서 관찰한다. 주변 다른 사람들을 존중하는 선에서 교실을 자유롭게 돌아다닐 수도 있다. 이런 한계 내에서 우리는 아이들을 따라가고 아이들이 각자의 시간표대로 발전할 수 있다고 믿으면 된다.

가정에서는 아이에게 계절에 맞는다는 전제하에 무엇을 입을지 결정할 자유를 준다. 아이는 앉아서 먹는다는 조건하에 스스로 먹을 간식을 결정하고, 집에 있는 다른 사람을 해치지 않고 물건을 깨뜨리지 않는다는 조건하에 스스로 표현할 자유를 누린다.

어떤 사람들은 "아이들이 해야 할 것이 있다는 점은 어떻게 배우지요? 항상 아이에게만 초점을 맞추고 관심을 주면 점점 더 응석을 부리지 않을까요?"라고 말하며 걱정하기도 한다. 아이들이 원하는 것은 무엇이든 마음대로 하도록 방종을 허락하라는 게 아니다. 부모로서 우리가 예상하고 기대하는 것을 확실하게 밝히고 필요한 경우 애정을 가지고 제한한다. 아이가 자기 자신 또는 다른 사람에게 해가 되는 행동을 하면 어른이 개입한다. 공원에서 나와야 하는데 아이가 그렇게 하지 않으면 공원에서 떠날 수 있도록 부드럽게 도움을 준다.

아이들 관점에서 보는 법을 배우고 상호 존중한다. 부모인 우리들을 포함해 다른 사람들을 배려하고 환경을 보호하는 법을 아이에게 보여 준다. 일정한 한계 내에서 아이에게 자유를 준다.

7. 독립심과 책임감

"제가 스스로 할 수 있게 해 주세요." 몬테소리 교육에서는 아이가 독립심을 키우는 방법을 가르친다. 아이들이 가능하면 빨리 성장하도록 독립심을 가르치는 게 아니라 (아이는 아이다워야 한다.) 아이들이 좋아하기 때문에 하는 것이다. 아이들은 뭔가 더 할 수 있기를 원한다. 그들은 가족, 학급, 사회의 일원이 되고 공헌하고 싶어 한다. 자기 힘으로 신발 끈을 묶고, 물건을 제자리에 두고 친구를 도와줄 때 만족스러워한다. 자신의 힘으로 할 수 있을 때, 티셔츠를 입혀 주려는 엄마와 싸울 필요가 없을 때, 주의를 듣지 않고 스스로 목욕탕에 들어갈 때 아이들 얼굴에 평화가 스쳐 간다.

독립심을 통해 아이는 자기 자신, 타인 그리고 환경을 **책임감 있게 돌보는 법**을 배운다. 아이들은 깨지기 쉬운 물건을 조심스럽게 다루는 법, 친구에게 도움을 청하는 법도 배운다. 자기 물건을 챙기고 다루는 법, 다른 사람을 다치게 했을 때 사과하고 보상하는 법, 화초와 교실 그리고 주변 환경을 보살피는 법을 배운다. 아이뿐 아니라 유아도 이런 것을 배운다.

8. 개인별 발전

모든 아이는 자기만의 발달 시간표를 가지고 있다. 몬테소리는 아이들 각자의 시간표를 존중할 뿐 아니라 저마다 에너지 정도가 다르고, 다른 일에 집중하는 능력도 각기 다르다는 사실을 인정하고 존중한다.

시각, 청각, 촉각 그리고 이 모든 감각이 혼합된 학습 방식에서 아이들은 저마다 다른 양상을 보인다. 하나의 기술에 완전히 익숙해질 때까지 계속해서 반복하는 것을 좋아하는 아이가 있고, 다른 사람들을 관찰하면서 배우는 아이가 있다. 다른 아이보다 더 많이 움직여야 하는 아이들도 있다. 몬테소리는 아이들이 각자 다른 방식으로 배우며 개인별로 발전 과정이 다르다는 점을 인정하고 그에 맞춰 지원한다.

9. 존중

몬테소리 교사들은 자신이 교육하는 아이를 성인을 대할 때와 똑같은 방식으로 대하며 존중한다. 교사가 아이들에게 이야기하고 아이들과 접촉해야 할 때 허락을 구하는 방식(예를 들면 "내가 너를 들어 올리려는데 괜찮겠니?"), 아이가 자기만의 방식으로 발전할 수 있도록 둘 때의 모습을 보면 이를 확인할 수 있다. 어른이 책임지고 관리하지 않는다는 의미가 아니다. 어른은 필요한 경우 아이들의 행동을 제한한다. 다만 부정적이거나 공격적인 태도가 아닌 아이를 존중하며 확신을 갖고 개입한다는 의미다.

10. 관찰

관찰은 몬테소리 방식의 기본 토대다. 내가 몬테소리 교육을 받을 때 아기와 어린 아이들을 250시간 이상 관찰했다. 아이나 상황을 분석하지 않고 성급한 결론을 내리지 않으며 편견과 선입견을 품지 않는 훈련을 했다.

관찰한다는 것은 벽에 달린 카메라처럼 본다는 의미다. 사실에 근거하고 아이의 움직임, 언어, 자세, 행동 등 오로지 보이는 것만 기록한다. 관찰은 지금 아이가 정확히 어디에 있는지 보여 준다. 아이들이 관심 있는 것이 무엇이고 무엇을 숙달하려 하는지, 발달상의 변화가 언제 일어나는지, 한계를 설정하고 개입할 때는 언제며 다시 빠져나오기 전에 약간 도움을 줘야 하는 때는 언제인지를 알아내는 데 도움이 된다.

실천하기

1. 아이가 민감기에 접어들었음을 보여 주는 신호를 감지할 수 있는가?
   현재 아이는 무엇에 관심을 보이는가?
2. 아이가
   - '흡수정신'의 양상을 보이는가?
   - 자연스러운 학습 욕구를 보이는가?
3. 전통적인 교육 방식인 하향식 학습에 비해
   아이들 스스로 배움을 주도하는 접근 방식에 대해 어떻게 생각하는가?

다음 3장에서는 몬테소리 원칙을 실생활에 접목하는 법과 활동을 소개할 것이다. 이를 유아 상황에 맞춰 실천해 보자.

- 아이들이 탐험하기 좋아하는 흥밋거리가 무엇인지 알아보고 아이들을 관찰한다.
- 아이들에게 언어, 활동 그리고 함께할 시간을 준다.
- 아이들이 성공적으로 활동할 수 있도록 집을 꾸민다.
- 실생활에 아이가 참여할 수 있게 한다.
- 아이들의 호기심을 키워 준다.
- 일정한 규칙을 정해 아이들이 한계 사항을 알게 한다.
- 지시하는 윗사람이나 아랫사람이 아닌 아이들의 가이드가 되어 준다.
- 일정한 틀에 맞추기보다 아이들이 특별한 존재로서 개성을 꽃 피울 수 있게 한다.

아이의
전인적 발달을 위한
몬테소리 활동

3

- 36　유아를 위한 위한 몬테소리 활동
- 37　몬테소리 활동을 구성하는 요소
- 38　아이에게 활동을 보여 주는 방법
- 40　기억해야 할 일반적인 원칙
- 44　활동 준비 방법
- 48　활동 종류
  - 48　눈과 손의 협응
  - 51　음악과 동작
  - 53　실생활 활동
  - 58　미술과 만들기
  - 61　언어
- 76　야외 혹은 자연에서 몬테소리 활동하는 방법
- 78　몬테소리 장난감이 아닌 것은?

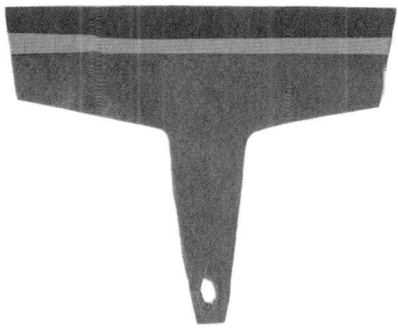

유아를 위한 몬테소리 활동

집에서 몬테소리를 실행하기 가장 쉬운 방법은 몬테소리 활동부터 시작하는 것이다. 몬테소리 활동은 아동의 전인적 발달을 목표로 한다. 아이가 무엇을 필요로 하는지 아는 것에서 시작해 그 욕구를 채워 줄 수 있는 활동을 준비한다.

유아는 다양한 방식으로 손을 사용(움켜쥐기, 자기 몸의 중간 지점 너머로 손을 뻗을 수 있는 능력, 사물을 한 손에서 다른 손으로 옮기는 행위, 물건 운반하기, 양손 함께 사용하기)하려는 욕구를 보인다. 즉 손을 사용해 대근육 활동 gross-motor skills, 자기표현 그리고 소통하려 한다.

유아를 위한 몬테소리 활동은 다음 5가지 영역으로 나뉜다.
1. 눈과 손의 협응 eye-hand coordination
2. 음악과 동작
3. 실생활 활동 practical life (일상생활에서 하는 활동들)
4. 미술과 만들기
5. 언어

부록에 "유아를 위한 몬테소리 활동" 목록이 있다. 연령은 그저 참고용 지표로 기재했다. 아이를 따라가며 어떤 활동이 아이의 관심을 끄는지 관찰하고 너무 어렵거나 쉬운 것은 제외한다.

몬테소리 활동을 구성하는 요소

몬테소리 활동은 보통 **하나의 기술을 습득**하는 것을 목표로 잡는다. 예를 들어 아이는 작은 구멍을 통해 공을 상자 안으로 집어넣는 활동을 하면서 하나의 기술을 터득한다. 전통적인 방식에서는 플라스틱 장난감을 누르면 한쪽에서는 공이 떨어지고 동시에 다른 쪽에서는 소리가 나게 해 여러 가지 기술을 동시에 연마하도록 시도하는데 그것과 다르다.

몬테소리 활동은 **자연 재료**를 사용하는 것을 선호한다. 우아는 모든 감각을 이용해 탐험한다. 나무 같은 자연 재료는 만지기에 좋고 아이들이 입에 넣어도 일반적으로 안전하다. 무게는 대개 크기에 비례한다. 가격이 좀 더 비싸기는 하지만 나무로 만든 장난감이 더 견고하다. 중고품으로 살 수도 있다. 그리고 그 장난감을 다 사용하면 다른 아이들에게 물려줄 수 있다. 직물로 짠 바구니 같은 자연 재료로 만든 정리함을 준비해 아이와 장난감 담기 활동을 한다. 손으로 직접 만든 재료는 공간을 아름답게 만드는 효과까지 있다.

몬테소리 활동은 대개 **시작, 중간, 마침**으로 구분된다. 아이는 작은 활동으로 시작해서 점차 발전해 마침내 활동의 "작업 주기work cycle"를 완성한다. 여기에는 완성된 결과물을 교구장에 두는 것까지 포함된다. 아이들은 활동하면서 평화로움을 경험하고 완성하면 만족감을 느낀다. 예를 들어 꽃꽂이할 때 처음에는 오로지 꽃병에 물을 붓고 스펀지로 흘린 물을 닦아내는 데간 흥미를 보일 것이다. 그러다가 천천히 모든 단계를 배워나간다. 작은 꽃병에 물을 채우고, 꽃을 모두 꽂고, 마지막으로 재료를 치우고 쏟은 물을 닦아내며 작업 주기를 완성한다.

몬테소리 활동은 **완성**을 추구한다. 활동을 완전하게 끝마치는 것은 숙달 감각을 익히는 데 중요하다. 예를 들어 퍼즐을 하는데 조각이 하나 없어졌다면 아이가 속상해할 수 있다. 그래서 퍼즐 조각이 여러 개 없어졌을 경우 아예 이 활동 자체를 제외한다.

활동 도구는 대개 개인별로 **쟁반이나 바구니**에 담아서 준다. 이 쟁반이나 바구니에는 아이 스스로 활동을 완성하는 데 필요한 모든 것이 갖춰져 있다. 가령 물과 관련된 활동이라면 물을 흘렸을 때 닦을 수 있는 스펀지나 장갑을 넣어 둔다.

아이들은 **반복**을 통해 기술을 숙련한다. 활동은 정확하게 아이의 수준에 맞아야 한다. 너무 쉽지 않아야 하고 포기할 정도 어렵지도 않아야 한다. 나는 개인적으로 건조대에 걸려 있는 그림 위에 일렬로 쭉 서 있는 빨래집게를 보는 게 좋다. 아이들이 그림을 말리기 위해 열심히 빨래집게를 이용해 그림 꽂기를 했다는 증거이기 때문이다.

아이가 활동 중 어떤 한 부분만 집중하고 반복할 수 있다. 예를 들면 스펀지를 짜거나 수도꼭지에서 물을 받는 것만 계속 반복할 수 있다. 잘 관찰해서 아이가 숙달하고자 하는 부분을 반복하게 둔다. 궁극적으로는 아이는 그다음 단계로 넘어가거나 아예 다른 활동을 한다.

아이에게 활동을 **선택할 자유**를 준다. 아이가 숙달할 수 있도록 한정된 활동을 보여 주고 스스로 선택할 수 있는 자유를 준다.

"가르쳐야 할 것을 우리가 선택할 필요가 없기 때문에 교육이 쉬워진다. 그러려면 아이의 정신적 취향을 만족시킬 수 있도록 모든 것을 아이 앞에 펼쳐 놓아야 한다.
아이에게 절대적인 선택의 자유를 주어야 한다. 그러면 아이는 반복적 경험을 통해 흥미와 진지한 관심을 한층 키워 갈 것이고 그 과정에서 원하는 지식을 얻을 수 있을 것이다."

- 마리아 몬테소리, 『인간의 잠재력을 교육하려면 To Educate the Human Potential』

아이에게 활동을 보여 주는 방법

몬테소리 교사 훈련에서 교사는 교실에서 하는 활동을 아이들에게 보여 주는 방법을 "시범"을 통해 배운다. 시범을 보일 때는 쟁반을 교구장으로 옮기는 것부터 시작해 단계별로 활동을 실행하고, 쟁반을 다시 교구장으로 가져다 놓는 것까지 모든 과정을 자세하게 세분화한다. 그리고 활동별 시범 항목을 반복해서 연습한다. 그래서 수업 중 아이가 도움이 필요하면, 교사인 우리는 연습을 통해 이미 그 활동을 잘 알고 있음으로 즉석에서 개입해 아이가 필요로 하는 만큼 도움을 줄 수 있다.

가정에서도 똑같은 방식을 적용할 수 있다. 우리가 활동을 준비하고 먼저 해 본다. 그다음 활동을 세분화하고 아이가 어떻게 그 활동을 하는지 관찰한다. 아이가 관심 가는 활동을 직접 고르게 하고, 할 수 있는 선까지는 개입하지 않고 스스로 하게 내버려 둔다. 아이가 뭔가를 빼먹어도 스스로 눈치채고 다시 하는지 일단은 지켜보기만 한다. 아이들이 힘들어하고 답답해하면 그때 "여기를 봐."라고 말하고 천천히, 예를 들어 병뚜껑 돌리는 방법을 보여 준다. 그리고 다시 물러나 아이가 어떻게 하는지 지켜본다.

아이에게 활동을 보여 주는 방법에 대한 요령을 몇 가지 소개한다.
- 손동작을 정확하고 천천히 해서 아이들이 관찰할 수 있게 한다. 예를 들어 단추를 푸는 동작을 보여 줄 때 동작을 모두 세분화해 천천히 하나씩 아이에게 보여 준다.
- 시범을 보일 때는 말을 하지 않는다. 말을 하면 아이는 말하는 우리를 봐야 할지, 손동작을 봐야 할지 혼란스러울 수 있기 때문이다.
- 시범을 보일 때는 똑같은 방식으로 보여 준다. 그러면 아이가 놓쳤던 단계를 다시 습득하기 쉬워진다.
- 아이가 할 수 있는 방식으로 물건을 다룬다. 예를 들어 쟁반이나 유리잔 등을 옮길 때 두 손을 사용한다.
- 아이가 도움을 원하지 않아도 "밀어, 밀어."라는 구두 신호는 받아들일 것이다. 또는 아이가 주어진 활동에 숙달할 때까지 혼자 힘으로 하게 내버려 둔다. 아이는 포기했다가 나중에 다시 할 수도 있다.

SLOW 천천히
HANDS 손으로
OMIT 생략하기
WORDS 단어

몬테소리 수업에서 만난 친구 장 가리 파넬에게서 나는 맨 처음 SHOW가 의미하는 것이 무엇인지 들었다. '손은 천천히 사용하고, 말은 생략하는 게 좋다.'라는 뜻이다. 아이에게 뭔가 새로운 것을 보여 줄 때 기억하기 좋은 표현이다. 이렇게 하면 아이들은 훨씬 쉽게 습득한다. 동작은 느리고 아이가 따라가기 쉽게 한다. 그런데 동작과 동시에 말로 설명을 하면 아이는 말을 들어야 할지 동작을 봐야 할지 헷갈린다. 우리가 조용히 하면 아이는 동작에 집중할 수 있다.

기억해야 할 일반적인 원칙

1. 아이가 주도하게 한다

아이의 호흡과 관심을 따라간다. 어른이 제안하거나 놀이를 주도하기보다 아이 스스로 시간을 충분히 들여 선택하게 한다. 아이 스스로 숙달하고 싶은 활동을 선택하게 한다. 너무 쉽지도 어렵지도 않은 것이 좋다. 쉽지 않지만 너무 어려워서 포기하지 않을 정도의 활동이 적절하다.

2. 아이가 원하는 만큼 활동하게 둔다

아이가 한 가지 활동에 숙달할 수 있게 하려면 연습할 때 서둘러 끝내지 않도록 한다. 다른 형제자매가 기다려도 마찬가지다. 일단 활동을 끝냈으면 다시 하고 싶은지 아이에게 물어본다. 반복적인 연습을 통해 그 활동에 완전히 능숙하게 되며, 아이의 집중력도 더 좋아진다.

아이가 고도로 집중하고 있는 상태를 방해하지 않는 게 이상적이다. 간단한 말 한마디에 아이는 집중력이 흐려져 아예 그 활동을 포기할 수 있다. 아이가 우리의 피드백을 원할 때까지 기다린다. 아이가 답답해하면 그때 개입해서 도움을 준다. 또는 아이가 활동을 끝냈는지 본 후, 저녁을 먹으러 식탁으로 오라는 등 말을 건넨다.

3. 아이를 시험하는 질문은 하지 않는다

인식하지 못할 수 있지만 우리는 계속해서 아이들에게 질문한다. "이게 무슨 색이야?", "내가 사과를 몇 개 가지고 있지?", "할머니께 네가 걷는 모습을 보여드릴래?"

내 아들이 어릴 때 나도 이런 식으로 했다. 종종 아이에게 새로 익힌 기술을 선보이거나 신호에 맞춰 새로 배운 동작를 해 보라고 시켰다. 한편으로는 뽐내고 싶었던 마음이었던 것 같고, 다른 한편으로는 좀 더 빨리 배우기를 원해서 아이를 재촉했던 것 같다. 이런 식으로 유도하는 것은 아이를 시험하는 것이다. 이제는 안다. 그리고 대개 정답은 오직 하나다.

만약 아이가 말한 답이 틀리면 우리는 "아니, 그 꽃은 파란색이 아니라 노란색이야."

라고 말할 수밖에 없다. 이는 아이의 자신감을 키워 주는 데 결코 도움이 되지 않는다. 아이를 시험하는 질문을 하는 대신 계속해서 사물의 이름을 말하고, 호기심을 유발하는 질문을 하고, 아이가 숙달한 것이 무엇이며 여전히 연습하는 것이 무엇인지 알기 위해 관찰해야 한다.

내가 질문하는 유일한 상황은 아이가 답을 확실하게 알고 있고 얼른 말하고 싶어서 안달이 나 있다는 것을 내가 100퍼센트 확신할 때다. 예를 들어 아이 스스로 파란색 물건을 알아보았다면 나는 그것을 가리키며 "이건 무슨 색이야?"라고 묻는다. 그러면 아이들은 잔뜩 신이 나서 "파란색!"이라고 대답한다. 이 현상은 대개 아이가 3살 정도일 때 시작된다.

4. 활동이 끝나면 활동 도구를 치운다

아이가 하나의 활동을 끝내면 활동 도구를 교구장에 가져다 놓도록 한다. 이는 활동에 시작과 중간 단계 그리고 끝이 있음을 강조하는 것이다. 교구장 위 정해진 장소에 도구를 가져다 놓으면 그 공간이 정돈되면서 질서가 잡힌다.

어린 유아들을 교육할 때 물건을 가져왔다가 활동 막바지에 원래 있던 자리에 다시 놓는 것을 먼저 시범 보인다. 그리고 아이와 함께 물건을 교구장에 다시 가져다 놓는 연습을 한다. 아이가 물건을 하나 들고 가면 우리는 또 다른 물건을 들어 옮긴다. 그다음에는 우리가 교구장을 살짝 두드리면 아이 스스로 물건을 교구장에 가져다 놓게 한다. 계단을 올라가듯 단계적으로 연습을 시킨다. 점진적으로 아이 스스로 물건을 치우는 모습을 보게 될 것이다.

우리가 매일 요리하고 싶지 않듯 아이가 매일 이렇게 하지 않을 수 있다. 그러면 아이에게 어떻게 하라고 지시하기보다는 "내가 가져다 놓았으면 좋겠어? 좋아. 그러면 이건 내가 들 테니 너는 저걸 가지고 오렴."이라고 말하는 게 좋다. 유아보다 더 큰 아이들도 어떤 활동을 능숙한 수준으로 하려면 도움이 필요하다. "먼저 블록을 가져다 놓고 그다음에 이 책을 치우자."라고 말해 보자.

아이가 다른 활동으로 옮겨 갈 경우 그들의 집중력을 깨뜨리지 않는 게 좋다. 나는 아이가 다음번에 어떻게 행동해야 할지 보여 주는 차원에서 내가 직접 활동 도구를 치운다. 아이들이 우리가 하는 행동을 보지 않을 수 있지만 안 보는 것 같으면서 실은 보고 있다. 그리고 무의식적으로 우리가 하는 행동을 흡수한다.

5. 시범을 보인다

아이들은 우리와 주변 사람들을 관찰해서 많은 것을 배운다. 그러니 어린아이들이 우리를 보고 따라 해서 얼마나 성공적으로 배우는지 생각해 볼 만하다. 예를 들어 두 손으로 의자를 밀어 넣거나, 탁자나 교구장에 앉지 않는다거나 한 번에 물건 하나씩만 운반하는 것 등을 시범 보일 수 있다.

6. 무슨 도구든지 모두 사용할 수 있도록 하지만 부적절할 때는 막는다

아이들은 다양한 방식, 많은 경우 우리가 예상하지 못한 방식으로 활동을 탐구한다. 아이들의 행동을 교정하기 위해 개입하다 보면 창의성을 제한하게 되는데, 우리는 이를 원치 않는다. 아이가 물건을 망가뜨리거나 아이 자신 또는 타인에게 해를 끼치는 게 아니라면 개입할 필요가 없다. 그저 나중에 어떤 물건을 쓰는 목적을 설명해 줄 필요가 있음을 기억해 두는 정도면 족하다. 예를 들어 아이가 물뿌리개에 물을 채우면 물뿌리개를 이용해 화초에 물 주는 모습을 보여 준다.

아이가 물건을 부적절하게 사용할 때는 조용히 개입한다. "컵을 창문에 던지면 안 된단다." 이렇게 말하고 컵은 물을 마시는 데 사용하는 것이라고 보여 주거나 던져도 되는 활동, 예를 들어 드럼을 치거나 작은 망치로 못을 치는 활동 등을 하게 한다.

7. 아이 수준에 맞게 고친다

활동을 좀 더 쉽게 때로는 좀 더 어렵게 수정해야 하는 경우가 있다. 예를 들어 아이가 모양 맞추기를 하는데 구멍에 맞는 모양을 찾아 끼우는 것을 어려워하면 좀 더 쉬운 모양, 예를 들어 원통형을 끼우게 하고 어려운 모양은 치워 둔다. 그리고 천천히 새로운 모양을 추가해 아이가 기술을 익히게 한다. 좀 더 어린 유아의 경우 상자 안에 물건 개수가 적을 때 집중력이 좋아진다. 예를 들어 내가 진행하는 수업의 경우 보통 나무 외양간에 5개에서 8개의 동물을 두는데, 아이들은 금방 익숙해진다. 아이들이 자라면 물건을 더 추가한다.

8. 활동 도구는 쉬운 것에서 어려운 것 순으로 교구장에 놓는다

난도가 높아지는 순서대로 활동 도구를 놓음으로써 아이들이 쉬운 것에서 어려운 것 순으로 단계를 밟아 나갈 수 있도록 한다. 어떤 단계를 너무 어려워하면 그 이전 단계로 돌아간다.

9. 이미 가지고 있는 것을 사용한다

이 책에 나오는 자료를 모두 다 살 필요는 없다. 유아의 흥미를 유발하는 활동에 대한 아이디어를 제공하기 위한 것일 뿐이다. 집에 있는 물건을 이용해서 비슷한 활동을 할 수 있다. 다음 예를 참고한다.

- 아이가 슬롯에 동전 집어넣기를 재미있어하면 동전 넣기 상자를 사지 말고, 신발 상자에 큰 단추가 쉽게 들어갈 정도의 구멍을 뚫어 사용한다.
- 실 꿰기를 재미있어하면 구멍이 뚫려 있는 펜네 파스타 면에 신발 끈을 꿰어 보게 한다. 이때 신발 끈의 한쪽 끝은 매듭을 지어 준다.
- 여닫기에 흥미를 보이면 뚜껑이 달린 병을 주고 뚜껑 여닫기를 하게 한다. 잠금 장치가 다양한 지갑 등을 사용하는 것도 좋다. 지갑 안에 재미있는 물건을 넣어 두고 아이가 찾아내게 한다.

10. 작은 조각이나 날카로운 물건을 주의한다

몬테소리 활동에서는 작은 부품이나 칼, 가위 등을 사용하는 경우가 많다. 이런 활동을 할 때는 항상 지켜봐야 한다. 계속 주변을 맴돌며 감시할 필요는 없다. 아이들이 도구를 안전하게 사용하는지 차분하게 지켜본다.

활동 준비 방법

일반적으로 유아는 그 순간 재미있어 보이는 것을 선택한다. 그러니 교구장에 활동 도구를 아무렇게나 놓지 말고 약간 시간을 들여 아이들이 흥미를 느끼게끔 배열해 보자.

1. 교구장에 활동 도구와 교구를 펼쳐 놓는다

장난감 상자 속에 활동 도구를 보관하지 말고 교구장에 펼쳐 놓으면 아이가 무엇을 가지고 놀 수 있는지 쉽게 알아볼 수 있다.

2. 재미있게 만든다

활동 도구를 바구니나 쟁반에 펼쳐 놓으면 아이는 더욱 흥미를 느낀다. 아이가 더 이상 활동에 관심을 보이지 않을 때는 쟁반을 바꾸면 다시 아이의 흥미를 끌 수 있다.

3. 세트로 구성해서 보여 준다

필요한 모든 재료를 바구니나 쟁반에 진열한다. 예를 들어 쟁반에 지점토를 담은 그릇, 모양을 잡거나 자르고 패턴을 만들 때 사용하는 도구, 탁자 위에 깔 매트 등을 하나의 세트로 준비해 둔다.

4. 모든 것을 준비해서 아이가 스스로 할 수 있게 한다

그림 그리기를 할 때 이젤 한쪽에는 앞치마를 걸어 놓고 반대편에는 재료를 쏟을 때 사용하거나, 마지막에 이젤을 닦을 때 사용할 수 있는 젖은 헝겊을 걸어 놓는다. 바구니에 새 종이를 넣어 두고 빨랫줄과 집게를 준비해 아이가 그린 그림을 직접 걸 수 있게 한다. 나이가 어린 유아는 이 단계에서 도움이 필요하겠지만 단계적으로 스스로 할 수 있게 된다.

5. 완성된 활동만이 좋은 것은 아니다

유아는 완결된 활동보다 완성되지 않은 활동에 더 끌린다. 교구장에 활동 도구를 놓을 때 도구들을 흐트러뜨려 놓는다. 예를 들어 활동이 퍼즐이라면 흐트러트린 퍼즐 조각들은 그릇에 담아 왼쪽에 두고, 빈 퍼즐 판을 오른쪽에 놓는다. 왼쪽에서 오른쪽으로의 이동은 읽기 활동을 위한 간접 준비 작업이다.

활동 준비 방법
예시

준비 요소

- 쟁반
- 완성되지 않은 활동
- 왼쪽에서 오른쪽으로
- 가장 쉬운 것에서 가장 어려운 것으로 교구장에 배열
- 아이 눈높이에 맞추기
- 아이 흥미를 끌 만큼 재미있고 예쁜 것
- 너무 쉽거나 너무 어렵지 않으면서 아이가 흥미를 갖고 해 보려 할 정도의 난이도
- 모든 것이 다 준비된 상태
- 아이 스스로 다룰 수 있는 재료들

1. 수채화

쟁반에 둘 것

- 수채화 붓
- 물이 조금 담긴 작은 병
- 수채화 물감(아이가 색깔을 하나씩 찾을 수 있다면 한 가지 색으로 시작한다. 물감을 다 섞어서 매번 갈색으로 변하지 않게 한다.)

그 외 준비물

- 테이블용 깔개
- 수채화용 종이(일반 종이 보다 약간 더 두꺼운 것)
- 흘린 것을 닦을 천

2. 테이블 세팅

다음의 것을 준비하고 아이에게 보여 준다.

- 진짜 유리컵(유아가 잡고 다룰 수 있을 정도로 작은 것)
- 사발이나 접시
- 작은 포크, 숟가락, 칼(아이가 이것 중 하나를 사용하고 있을 경우)

그 외 준비물

- 포크, 숟가락, 칼, 사발 그리고 컵 놓을 자리가 표시된 테이블 매트

활동 종류

1. 눈과 손의 협응

유아는 계속해서 움켜쥐기를 연습하며 두 손을 함께 써서 무엇인가를 한다. 이런 동작에 새로움과 흥미를 더할 방법을 찾아보라.

꿰기

꿰기 활동을 통해 아이는 움켜쥐기, 눈과 손의 협응, 손재주 등을 향상시킬 수 있고 두 손을 함께 사용하는 방법도 연습할 수 있다.

- 아기는 생후 12개월에 이르면 커다란 고리나 팔찌를 말뚝에서 뺐다가 다시 걸 수 있게 된다.
- 나이가 어린 유아는 큰 고리에서 작은 고리 순으로 배열할 수 있다.
- 빨강, 노랑, 파랑 3가지 색깔의 말뚝과 똑같은 색깔의 고리를 이용한 활동이 있다. 처음에 아이는 고리를 아무 말뚝에나 끼워 넣는다. 그러다 어느 순간 빨간 고리를 파란 말뚝에 끼워 넣으려다 멈춘다. 이후 빨간 말뚝을 찾아 빨간 고리에 끼워 넣는다. 색깔을 구분하기 시작하는 것이다.
- 먼저 아이에게 수평으로 고리 끼우는 일을 시켜 본다. 수직으로 솟은 말뚝이 아니라 수평의 가로 말뚝을 준비한다. 이렇게 하면 아이는 신체의 정중선을 거쳐 한쪽 손에서 다른 손으로 옮기는 활동을 할 수 있게 된다. (이것을 정중선 넘어가기라고 부른다.)
- 다음은 구슬 꿰기로 넘어간다. 중간 단계로 먼저 아이에게 구슬과 약 30cm 길이

의 나무 막대기를 주고 구슬을 꿰어 보게 한다.
- 이번에는 신발 끈의 구슬을 꿰어 보게 한다. 꿰기 활동 세트 중에는 신발 끈 말단이 약 3~4cm 나무로 마감될 것이 있는데 이것을 이용하면 어린 유아들도 쉽게 구슬 꿰기를 할 수 있다.
- 다음 단계로 일반 신발 끈에 큰 구슬을 꿰는 활동을 시켜 본다.
- 이후 얇은 신발 끈에 좀 더 작은 구슬 꿰기를 시킨다.

넣기

넣기 활동을 통해 아이들은 사물을 상자에 넣는 법을 배우고 대상 영속성 object permanence(어떤 물건이 없어졌다가 다시 돌아올 수 있다는 것)을 이해하기 시작한다.

- 생후 12개월까지 아기는 상자 안에 공을 넣거나 망치로 공을 때려 구멍에 넣는 것을 재미있어한다.
- 12개월 정도 된 어린 유아는 원통형 모양을 구멍에 집어넣는 단계에 접어든다. 그리고 정육면체, 삼각형 프리즘 등 좀 더 복잡한 모양을 집어넣을 수 있게 된다.
- 손을 사용하는 게 능숙해지면 아이는 커다란 동전 또는 포커 칩을 좁은 틈 안에 집어넣기 시작한다. 내가 운영하는 몬테소리 교실에서 아이들이 가장 좋아하는 활동 중 하나가 동전 상자를 열쇠로 열어 동전을 넣는 것이다.

여닫기

아이들이 손을 사용하게 하는 또 다른 방법은 다양한 상자를 손으로 여닫는 연습을 시키는 것이다.

- 잠금 열쇠가 달린 지갑, 빈 병, 누름단추로 닫는 상자, 지퍼 달린 지갑 등을 이용한다. 나는 이것들 안에 조그만 장난감 아기, 주사위, 팽이, 열쇠 등 여러 가지 물건을 숨겨 놓고 아이가 찾게 한다.
- 열쇠가 딸린 자물쇠를 포함해 다양한 자물쇠를 달아 놓은 잠금 상자 안에 작은 물건을 넣어 놓고 아이가 찾게 한다.

나무 말뚝을 꽂을 수 있는 판과 고무줄: 너트와 볼트

이 활동은 아이들이 소근육 활동fine-motor skills을 익히고 능숙해지는 데 큰 도움이 된다.

- 고무줄을 당겨 나무 판에 끼우는 동작을 하면서 조정 능력이 향상된다.
- 한 손으로 볼트를 잡고 다른 손으로 너트를 돌리면 양손을 모두 사용하게 된다.
- 다양한 크기의 너트와 볼트를 주고, 아이가 크기별로 분류하게 한다.

분류하기

18개월 정도부터 유아는 물건을 색깔, 모양, 크기별로 분류하는 데 관심을 가진다. 아이에게 물건을 준다. 해변이나 숲속, 정원에서 아이가 직접 물건이 담긴 꾸러미를 찾게 하면 더 좋다. 물건들을 한꺼번에 커다란 상자에 넣고 작은 상자에 분류하게 한다. 구획이 나뉘어 있는 상자면 더 좋다. 다음의 물건들이 분류 활동을 하기에 좋다.

- 2~3가지 색깔, 크기, 모양의 단추
- 2~3가지 종류의 조개껍데기
- 2~3가지 종류의 견과류

입체감을 인지할 수 있는 가방(일명 수수께끼 가방)

2살 반 정도가 되면 아이는 물건을 만져서 그것이 무엇인지 알아내는 데 흥미를 느낀다. 이는 수수께끼 가방이라고 부르는 입체 감각(입체 감각이란 물건을 만져 보고 느껴서 무엇인지 알아낼 수 있는 능력을 의미한다.)을 인지할 수 있는 가방에 흥미를 느끼면서 시작된다. 가방(안을 들여다보기 힘든 것이 좋다.) 안에 여러 가지 물건을 집어넣는다. 아이가 손을 집어넣어 만져 보고 그것이 무엇인지 추측하게 한다. 아니면 우리가 어떤 물건의 이름을 말하면 아이가 가방 안에서 그 물건을 만져 보게 한다.

- 임의의 물건 혹은 주제가 있거나 2개씩 쌍으로 이루어진 물건을 가방에 집어넣는다.
- 구별하기 힘든 동물 인형이 아닌 열쇠, 숟가락처럼 모양이 다른 물건을 둔다.

퍼즐

아기와 어린 유아는 퍼즐을 흩트려 놓기 좋아한다. 퍼즐 조각이 지정된 곳에 꼭 들어맞는 꼭지 달린 퍼즐은 이 나이대 아이들에게 적격이다. 아이가 18개월에 접어들 무렵이면 간단한 모양을 퍼즐 판에 끼워 넣을 수 있을 것이다.

- 어린 유아는 커다란 꼭지가 달린 간단한 모양의 퍼즐 3개~5개 조각부터 시작한다. 아이가 퍼즐 조각을 판에 끼워 넣지 못해도 이 활동으로 소근육을 연마할 수 있다. 이때 어른이 개입해서 퍼즐을 판에 끼워 넣는 시범을 보이면 아이들은 어른의 모습을 보고 따라 하고 반복할 수 있다.
- 18개월부터 아이는 꼭지가 작거나 아예 꼭지가 없는 9조각 퍼즐을 할 수 있다.
- 직소 퍼즐이 다음 단계다. 직소 퍼즐은 모든 퍼즐 조각의 크기가 똑같아 보인다. 사물의 모양, 예를 들어 나무 모양의 퍼즐도 있다. 퍼즐 조각 개수에 따라 난이도가 달라진다.

Note · 어린아이들은 성인과 똑같은 방식으로 직소 퍼즐을 완성하지 않는다. 성인은 보통 모서리에서부터 시작한다. 하지만 아이들은 퍼즐을 공간적으로 본다. 어떤 모양이 서로 맞는지 보는 것이다.
아이가 직소 퍼즐을 처음 시작할 때 우리가 먼저 시범을 보이거나, 서로 갖는 퍼즐 2조각을 아이에게 주고 맞춰 보게 한다. 그러면 아이는 천천히 스스로 퍼즐을 맞춰 가고 결국에는 완성한다.

2. 음악과 동작

음악

인간은 모두 움직여야 하고, 모든 문화에는 춤추고 노래하는 역사가 있다. 집에서 아이들이 음악을 즐기는 분위기를 만들기 위해서 꼭 우리가 노래를 잘 부르거나 음악을 연주해야 할 필요는 없다. 우리가 즐기면 아이들도 즐거워할 것이다. 악기로 소리를 내고, 아이들이 만드는 리듬을 흉내 내고, 아이들 동작을 따라 하고, "시작과 정지" 게임을 하는 것도 노래를 부르는 일만큼이나 즐겁다.

유아에게 적절한 악기들
- 마라카스(양손에 들고 흔들어 소리를 내는 간단한 악기), 탬버린, 박 그리고 셰이커 등 흔들어서 소리를 내는 악기
- 실로폰, 드럼, 톤 블록 tone block(가느다란 홈이 있는 목편을 막대기로 쳐서 소리 내는 타악기-옮긴이)같이 나무망치로 때려서 소리가 나는 악기
- 하모니카나 피리처럼 불어서 소리가 나는 악기
- 손잡이를 돌려서 소리가 나는 음악상자

음악을 듣는 것 자체가 활동이다. 약간 구식이기는 하지만 CD 플레이어나 아이팟(음악만 들어 있는 것)을 이용해 아이가 스스로 음악을 선택하게 한다. 춤출 때 사용하는 전용 매트를 준비해서 아이들이 직접 펼치게 할 수도 있다. 많은 아이가 음악이 나오면 본능적으로 몸을 움직인다. 가족마다 나름대로 직접 춤을 추거나 리듬을 맞추는 춤추기 문화가 있을 것이다. "버스 바퀴는 돌고 돌고", "머리 어깨 무릎 발"과 같은 노래에 맞춰 동작을 함께하는 것도 재미있다 아이를 음악회에 데려가는 것도 좋다. 수많은 콘서트장이 어린아이들을 환영하고 어린이를 위한 특별 공연을 개최한다. 이런 공연에서는 마지막에 아이들이 악기를 직접 볼 수 있다.

움직이기

아이들이 여러 가지 다양한 활동을 할 수 있도록 한다.

- 달리기
- 점프하기
- 자전거 타기
- 기어오르기
- 미끄러지기
- 균형 잡기
- 공차기와 던지기
- 깡충깡충 뛰기, 한 발로 깡충깡충 뛰기
- (원숭이가 매달려 있듯) 양손을 번갈아 매달리며 건너가기

가능하면 이런 활동을 할 때 야외로 나간다. 날씨에 상관없이 뒷마당이나 가까운 숲, 운동장, 동네 광장, 바닷가, 산, 강, 호수 등으로 나간다. 스칸디나비아 사람들이 "옷만 제대로 갖춰 입으면 날씨 나쁜 것은 전혀 상관없다."라고 말하듯, 네덜란드에 살면서 우리는 습한 날씨에 맞는 옷을 입고 자전거를 탄다.

이런 활동을 어떻게 하면 집에서 할 수 있는지 고민해 본다. 내 교실에는 기어오르기를 할 수 있는 등반 벽이 설치되어 있다. 어린아이들은 낮은 곳에 있는 지지대를 딛고 위로 올라간다. 2살이 되어 어른이 도와주면 오르기를 하고 머지않아 자기 몸무게를 지탱해 스스로 기어오르기를 한다. 이 활동에 맞게 아이의 몸 근육이 만들어지는 것이다. 또한 아이들은 숨기를 좋아한다. 그러니 이불, 의자, 해먹, 텐트 등을 이용해 공간을 만들어 보자. 나무가 무성한 정원도 재미있게 숨기 활동을 하기에 좋다.

3. 실생활 활동
일상생활 중 집에서 할 수 있는 활동

대부분의 부모는 유아가 가족과 주변 환경을 돌보는 활동을 하며 집 안팎의 일을 돕는 일을 좋아한다는 것을 알게 된다. 어른에게는 이런 활동들이 허드렛일로 여겨질 수 있지만 어린아이들은 그렇지 않다. 허드렛일을 너무 좋아한다. 또한 이 허드렛일은 활동이 과한 아이들을 진정시키는 데 효과가 좋다는 말을 언급하지 않을 수 없다.

몬테소리 박사는 몬테소리 학교의 아이들이 자기 자신, 반 친구들, 교실 그리고 주변 환경을 보살피는 데 도움이 되고 싶어 한다는 것을 알게 되었다. 그래서 이를 성공적으로 해내도록 아이들 크기에 맞는 도구를 준비했다. 이런 도구들을 이용하고, 앞치마를 찾아서 몸에 걸친 후 설거지를 하고, 그릇을 말리는 일련의 활동은 순서를 익히는 데 적격이다.

아이가 도울 때는 일을 좀 더 느리게 진행하고 그 과정을 지켜봐야 할 필요가 있다. 바나나 조각이 좀 뭉개질 수 있고, 끝이 없어진 콩이 더 많을 수 있으니 최종 결과물에 대한 기대치는 낮추는 게 좋다. 하지만 아이들이 기술에 숙달하면 점점 더 독립적으로 변한다. 내 아이들은 자라면서 빵 굽기와 요리를 도왔는데, 10대가 된 지금은 빵을 많이 굽고 때로는 저녁 식사를 만들어 내기도 한다.

다음은 아이들이 참여할 수 있는 집안일이다.

- **식물 돌보기**: 물 주기, 잎에 묻은 먼지 닦기, 씨앗 심기, (작은 깔때기를 이용해 작은 항아리에 물을 채워서) 작은 꽃병에 꽃 꽂기
- **음식 준비**: 채소 씻기, 달걀 풀기, 작은 그릇에 시리얼을 담고 작은 병에 담긴 우유 따르기
- **간식 시간**: 허락을 받은 공간(아이들이 딱 먹을 정도만 간식을 넣어 둔다. 아이들과 함께 이 공간에 매일 간식을 다시 채워 둔다.)에서 간식을 꺼내 와 스스로 먹기, 과일 껍질 까고 자르기, 크래커 위에 토핑 놓기, 오렌지즙 짜기, 작은 병에 마실 물 따르기
- **식사 시간**: 식탁 차리고 치우기, 설거지하기
- **빵 굽기**: 뒤집기, 재료 측정하기, 재료 넣는 것 돕기, 휘젓기
- **청소**: 쓸기, 먼지 털기, 쏟은 물 닦기, 창문 닦기, 거울 윤내기
- **반려동물 돌보기**: 반려동물 밥 주기, 개 산책 돕기, 물그릇 채워 주기
- **자기 자신을 돌보는 법 배우기**: 코 닦기, 머리 빗기, 이 닦기, 손 닦기
- **혼자 옷 입기**: 양말 신고 벗기, 벨크로 신발 잠그기, 티셔츠 입기, 바지 단추 잠그고 풀기, 외투 입기(몬테소리식 외투 입기는 163쪽 참고), 지퍼·똑딱이·단추 잠그고 풀기, 신발 끈 묶고 풀기 연습
- **세탁 돕기**: 빨래할 옷 세탁기로 가져오기, 세탁기에서 옷 넣고 꺼내기, 세제 넣기, 세탁한 옷 분류하기
- **자고 가는 손님을 위한 준비**: 침대 정돈하기, 손님용 수건 준비하기, 장난감 치우기
- **슈퍼마켓 가기**: 사진을 넣은 쇼핑 목록 만들기, 진열대에서 물건 꺼내기, 쇼핑 카트 미는 것 돕기, 계산대에 물건 놓기, 식료품 봉지 옮기기, 집에서 식료품 정리하기
- **자원봉사**: 다른 사람을 돕는 모습을 아이들에게 보여 주는 것은 빠르면 빠를수록 좋다. 나는 아이들이 어릴 때 주중에 지역 양로원을 고정적으로 방문해 자원봉사를 했다. 아기나 어린아이를 만나는 것은 노인들에게 아주 즐거운 일이었다. 그리고 내 아이들은 아주 어려서부터 남을 돕는 것은 멋진 일이라는 것을 배울 수 있었다.

가정에서 실생활 활동을 할 때 유용한 팁

무엇보다 재미있어야 한다. 너무 힘들어지기 전에 멈추고 지속해서 연습한다.

- 물, 주방 세제, 여행용 샴푸 등 무엇이 되었건 필요한 만큼만 꺼내 놓는다.
- 조금 쏟았을 때 닦아 낼 장갑, 아이들용 빗자루, 많이 쏟았을 때 사용할 대걸레 등 청소 도구를 준비한다.
- 아이가 2살 미만이면 활동은 1단계 내지 2단계 정도만 한다. 이 단계에 숙달하면 다음 단계로 이동한다. (예: 앞치마 입기, 닦기, 젖은 옷 세탁기로 가져가기 등)
- 결과가 아닌 과정에 초점을 맞춘다. 아이가 도우면 일은 더 길어지고 결과는 완벽하지 않을 수 있다. 하지만 아이가 이런 기술에 숙달하면 오랫동안 가정일을 돕게 될 것이다.
- 아이들이 우리를 도울 수 있는 방법을 찾는다. 아이들이 더 어리다면 방법을 좀 더 간단하게 만든다. 18개월 된 유아는 우리가 바지를 세탁 바구니에 집어넣으러 갈 때 티셔츠를 들고 따라오는 일을 할 수 있다. 샐러드용 채소를 씻을 수도 있다. 2살이 되면 아이는 우리를 더 많이 도울 수 있다.
- 아이 스스로 교구를 배열할 수 있게 바구니, 쟁반 그리고 작은 가방을 준비한다. 예를 들면 창문 닦기를 하는 데 필요한 모든 도구를 함께 준비해 둔다.
- 많은 돈을 들여야 할 필요는 없다. 집에 있는 물건들을 이용해 활동을 준비하면 예산이 많이 들지 않는다. 나무 빗자루나 러닝 타워 learning tower과 같이 좀 더 크고 좋은 물건은 생일이나 특별한 날에 구입한다.

집에서 하는 실생활 활동의 이점

아이는 실생활 활동으로 즐거움을 얻을 뿐 아니라 여러 가지 면에서 이점을 누린다.

- 가정에서의 책임감을 배운다.
- 함께 만들고 연습하며 활동을 익힌다.
- 협업을 통해 유대감을 쌓는다.
- 이런 기술에 숙달하려면 반복해야 하는데, 반복은 집중력을 키우는 데 좋다.
- 아이들은 가정의 일원으로서 자신이 가정에 공헌한다는 느낌을 좋아한다.

가정에서 할 수 있는 연령별 실생활 활동

집에서 아이를 실생활 속 활동에 참여시키는 방법과 관련해 다음의 다양한 연령별 활동 목록을 참고하기 바란다.

먼저 12개월에서 18개월 사이의 아이가 기술을 습득할 수 있도록 간단한 활동을 제시한다. 이를 발판 삼아 18개월에서 3살까지 아이들을 위한 활동으로 점차 난도를 높여 간다. 3살에서 4살 아이들은 어린 아이들의 활동과 비교해 좀 더 길고 복잡한 활동을 할 수 있다.

12개월 ~ 18개월

주방
- 손잡이가 달린 작은 주전자를 이용해 물이나 우유 따르기 (소량만 따르게 해서 많이 흘리지 않도록 한다.)
- 시리얼에 우유 따르기
- 숟가락으로 시리얼을 그릇에 퍼 담기
- 장갑으로 쏟은 것 닦기
- 접시를 주방으로 나르기
- 컵에 물이나 우유 따라 마시기

욕실
- 머리 빗기
- 도움을 받아 이 닦기
- 손 닦기
- 욕실 장난감 치우기
- 수건 가져와서 걸기

침실
- 기저귀, 속옷 가져오기
- 세탁 바구니에 더러워진 옷 집어넣기
- 커튼 열기
- 옷 입을 때 두 가지 중에서 고르기
- 도움을 받아 옷 입기
- 양말 벗기

기타
- 장난감 치우는 일 돕기
- 신발 가져오기
- 부모님 돕기 ("물뿌리개 좀 가져다줄래?")
- 불 켜기, 끄기

18개월 ~ 3살

주방
- 간식, 샌드위치 준비하기
- 바나나 껍질 벗겨서 자르기
- 밀감 벗기기
- 도움을 받아서 사과 껍질 넛기고 자르기
- 과일과 채소 씻기
- 오렌지 주스 만들기
- 식탁 차리기, 치우기
- 식탁 닦기
- 쓰레받기와 빗자루를 이용해서 바닥 쓸기
- 부모님의 커피 만들어 주기 (커피 기계 버튼 누르기, 컵과 컵 받침 가져오기)

욕실
- 코와 이 닦기
- 세수하기
- 작은 여행용 물비누 통에 있는 비누로 콤 닦기

침실
- 이불보를 당겨서 이부자리 정돈 돕기
- 옷 고르기
- 혼자 힘으로 옷 입기

기타
- 외투 입기
- 식물에 물 주기, 작은 꽃병에 꽃 꽂기
- 먼지 털기, 창문 닦기
- 가방, 배낭 싸서 옮기기
- 벨크로로 잠그는 신발 신기
- 장난감을 바구니에 넣어 교구장에 올려놓기
- 세탁기, 건조기에 빨래 채우기, 빼기
- 색깔별로 양말과 옷 분류하기
- 개 목줄 채우기, 개에게 빗질해 주기
- 슈퍼마켓에서 물건 가져오기, 카트 밀기, 사 온 식료품 꺼내기

3살 ~ 4살

주방
- 식기세척기 안에서 식기 꺼내기
- 빵 굽기를 할 때 재료 측정하고 섞기
- 감자나 당근 같은 채소 껍질 씻어서 벗기기
- 요리 돕기 (예: 라자냐 만들기)

욕실
- 변기 사용하기, 물 내리기, 변기 뚜껑 닫기
- 젖은 옷 세탁 바구니에 두기
- 변기 사용 후 도움을 받아 밑 닦기
- 머리 감기 (낭비를 최소화하기 위해 여행용 용기에 담긴 샴푸 사용)

침실
- 이부자리 정돈하기, 이불 당겨 정리하기
- 서랍, 이불장에 옷 정리해서 넣기

기타
- 반려동물 밥 주기
- 재활용품 분류 돕기
- 빨래 개기
- 양말 개기
- 진공청소기 돌리기
- 리모컨으로 자동차 문 열기

- 집에서 하는 실생활 활동은 대개 순서가 있고 단계를 거치는데, 아이들의 집중력이 향상될 때마다 활동 단계를 늘릴 수 있다.
- 이런 활동은 또한 동작과 움직임이 많다. 이는 아이들이 소근육과 대근육을 이용한 기술을 익히기 좋다. (예: 물을 쏟지 않고 따르기, 스펀지 사용하기)
- 활동하면서 언어를 사용할 기회가 많다. 함께 작업하고 있는 것에 관해 이야기하고 주방에서 쓰는 도구, 음식, 청소 도구 등의 단어를 알려준다.
- 아이들은 새로운 기술, 독립심, 자립심을 배운다.

나는 아이들이 원할 때 튼튼한 기초를 세우는 작업을 시작하는 것이 좋다고 언제나 말한다. 이런 실생활의 기술은 아이들이 자기 자신, (반려동물을 포함한) 타인 그리고 환경을 돌보는 법을 배우는 데 도움이 된다.

4. 미술과 만들기

몬테소리 환경이 멋진 예술가를 배출하느냐는 질문을 받았을 때 몬테소리 박사는 이렇게 대답했다. "멋진 예술가를 배출하는지는 모르겠지만 몬테소리 환경에서 자란 아이들에게는 눈으로 보고 감정을 느끼는 영혼이 있고 그에 복종하는 손이 있지요."

유아에게 미술과 만들기 활동은 자기표현, 동작 그리고 다른 물질과 재료를 경험하는 기회가 된다. **결과보다 과정이 중요**하다는 의미다.

- 어린 유아는 그리기로 시작한다. 종이, 발색이 잘되는 크레용이나 색연필을 사용한다. 두툼한 색연필은 어린 유아가 잡기 좋고 일반 색연필보다 더 많은 색을 낸다. 밀랍이나 콩 같은 자연 재료로 만든 크레용이 그림 그리기에 좋다.
- 수채화 그리기도 할 수 있다. 처음에는 한두 가지 색깔로 시작하는 것이 좋다. 색깔을 너무 많이 사용하면 다 섞여 갈색으로 변하기 때문이다. 쟁반에 물을 담을 조그만 병(호텔에서 사용하는 잼을 넣는 작은 병 크기가 적당하다.), 수채화 붓, 수채화 물감을 놓을 접시를 준비한다. 책상을 더럽히지 않기 위해 매트를 깐다. 여분의 종이와 물을 엎질렀을 때 닦을 천도 준비한다.

- 18개월부터는 가위를 사용할 수 있다. 잘 잘리면서 끝이 둥근 진짜 가위를 사용한다. 책상에 앉아서 가위 사용하는 적합한 방법을 아이에게 보여 준다. 가위 날이 아닌 손잡이를 잡도록 지도한다. 아이가 가위를 사용할 때는 잘 지켜봐야 한다. 작은 종이를 주면 아이가 자르기 쉽다. 이렇게 자른 종이들은 작은 봉투에 넣고 스티커를 붙여서 봉인한다.
- 18개월부터는 풀을 이용한 활동을 아주 재미있어한다. 아이들은 작은 붓에 풀을 찍거나 막대기형 풀을 이용해 종잇조각 뒤편에 풀을 발라 큰 종이에 붙이는 동작을 하면서 소근육을 이용하는 기술을 연마할 수 있다.
- 유아들은 물감과 분필을 이용하는 것을 좋아한다. 어린 유아들의 경우 우리가 지켜볼 수 있을 때만 물감을 쓰게 한다. 손, 바닥 또는 탁자를 닦을 젖은 헝겊을 준비한다.
- 찰흙, 공예용 지점토, 모래 놀이 장난감인 키네틱 샌드는 유아용 공작 재료로 아주 좋다. 여기에 밀방망이, 쿠키 틀, 무딘 칼이나 모양 만들기 도구를 추가하면 여러 가지 재료를 사용해 많은 것을 만들 수 있다. 나는 아이들과 지점토로 만들기 하는 것을 좋아한다. (집에서 지점토 만드는 방법은 262쪽 참고)
- 2살 반쯤 되면 간단한 바느질 활동을 해 볼 수 있다. 바느질 상자 안 끝이 뭉툭한 짜깁기 바늘, 실, 사선으로 구멍을 낸 가로서로 10cm 크기의 네모난 카드보드를 준비한다.
- 예술 감상을 돕는 차원에서 미술관에 가 본다. 미술관에서 색깔, 촉감, 동물 등을 찾아본다. 미술관 기념품 가게에서 엽서를 고르고 전시된 그림을 찾는 등 간단한 게임을 해 본다.

미술과 만들기 할 때의 팁

1. 지시하지 않는다

아이에게 미술 재료로 무엇을 만들어야 할지 보여 주기보다는 재료를 사용하는 방법을 보여 주고 아이가 실험할 수 있게 둔다. 이런 이유에서 몬테소리 교사들은 컬러링 북을 선호하지 않는다. 선 안쪽만 색칠해야 한다고 암시하기 때문이다. 비슷한 맥락에서 우리는 아이들이 잔디는 오직 초록색, 하늘은 무조건 파란색으로 칠하도록 제한하지 않는다. 자유롭게 선택하는 과정에서 창의성을 발휘할 수 있다.

2. 피드백을 준다

몬테소리에서는 아이의 작품을 보고 교사가 "좋다."라고 말하기보다는 아이에게 자신이 만든 작품을 좋아하는지 그렇지 않은지 묻는다. 아이들 의사를 따른다. 피드백을 해 주고 격려한다. 우리가 보는 것을 묘사하기도 한다. 예를 들면 "여기 노란색으로 선을 그렸구나."라고 말한다. 이는 "잘했어."라는 말보다 더 의미가 있을 수 있다. 그러면 아이는 우리가 그들의 작품을 볼 때 무엇을 감상하는지 알 수 있게 된다.

유아들은 대개 자기표현을 동작으로 나타내므로 "이게 뭐야?"라고 묻기보다 "네 그림에 대해 말해 줄래?"라고 물어보는 게 좋다. 특별히 어떤 그림을 그린 것이 아닌 그저 몸동작을 표현한 것일 수도 있다.

3. 품질 좋은 재료를 사용한다

나는 항상 양보다 질을 권장하는데 미술 재료는 특히 품질이 중요하다. 잘 부러지고 색깔도 풍부하지 않은 싼 색연필을 많이 구입하기보다는 품질 좋은 것으로 조금 사는 것을 선호한다.

4. 예를 보여 준다

아이들에게 미술 재료 사용하는 방법을 보여 줄 때는 그림을 그리기보다 구불구불하고 늘어진 선을 그리는 게 낫다. 완벽한 꽃을 그려서 보여 주면 아이들은 그저 낙서만 하고 있기 쉽다. 아예 포기해버리는 아이들도 생길 것이다.

아이들이 그린 자화상에 작은 사랑의 하트를 그리고 있지는 않은가? 나란히 앉아 같이 뭔가를 창조하는 것은 재미있고 강력하게 추천하는 일이지만, 아이들 종이에 그림을 그리기보다는 내 종이에 따로 그리는 게 낫다. 우리는 아이의 의도를 모른다. 미술 시간에 동급생이 그린 그림이라고 생각하라.

예술가의 멋진 작품을 벽에 걸 때는 아이들 눈높이에 맞춰서 그림을 걸어 놓는다. 그러면 모든 가족이 감상할 수 있다.

5. 언어

"사물에 이름을 붙이는 민감기가 있다. 단어를 알고 싶어 하는 아이의 욕구에 어른이 적절히 반응하면 아이에게 평생 지속될 풍성하면서 정확한 언어를 선물할 수 있다."

- 실바나 몬타나로, 『인간의 이해 Understanding the Human Being』

아이가 아름답고 풍성한 언어를 쉽게 흡수할 수 있도록 한다. 과일 이름(바나나, 사과, 포도 등), 여러 가지 탈 것의 이름(트랙터, 이동식 크레인), 새의 이름(플라멩크, 큰 부리새)을 익힐 수 있도록 한다. 즐겁게 하라. 어떤 새, 나무 혹은 트럭의 이름을 모르면 우리가 사용하는 어휘의 한계를 발견하는 기회이다. 그때는 아이와 함께 그 사물의 이름을 찾아보라.

단어 바구니(또는 명명법 재료)

단어를 배우고 싶어 하는 유아를 위해 단어 바구니를 만든다. 바구니 안에는 주방에서 쓰는 물건, 호주에 사는 동물, 도구, 악기 등 주제별로 분류된 물건들을 넣는다. 아이는 익숙한 사물을 통해 쉽게 새로운 단어를 배우게 된다.

- 첫 번째 단어 바구니에는 우리가 이름을 말하면 아이들이 만지고 느끼고 탐구할 수 있는 **실제 물건**을 넣는다. 과일이나 채소를 3개에서 5개 정도 넣어 두면 된다.
- 다음 단계에서는 **실물 모형**을 넣는다. 교실이나 집에 진짜 코끼리를 데려올 수는 없으니 좀 더 많은 실물 모형을 사용한다. 이번에도 우리가 물건의 이름을 말하면 아이가 그것을 잡게 한다. 촉각을 이용한 직접 체험으로 언어를 배우는 방법이다.
- 이제 아이는 3차원 물건도 2차원 그림과 똑같다는 것을 배울 준비가 된다. **카드 그림과 똑같은 물건**을 골라낼 수 있듯, 실제 물건과 이 물건이 그려진 그림을 맞출 수 있다. 사진과 사물이 거의 같은 크기가 되도록 사물을 사진 찍어서 인화한다. 유아들은 사진 위에 사진 속의 사물을 올려놓고 "숨기기 놀이"를 하면서 즐거워한다.
- 일단 아이가 물건과 똑같은 사진을 골라내면 **비슷한 그림이 그려진 카드**를 줘도 맞

추기를 할 수 있을 것이다. 예를 들어 비슷하게 생겼지만 정확하게 똑같지는 않은 쓰레기 트럭 사진 카드를 만들어 아이에게 주면 아이는 단순히 크기, 색깔이나 형태를 비교하고 맞추기보다는 쓰레기 트럭의 본질을 끌어낼 수 있다. 이 단계는 책에 있는 그림과 집에 있는 사물을 보고 맞추는 활동을 통해 이루어진다. 아마 아이는 장난감 앵무새를 집어 들고 책장으로 달려가 자기가 제일 좋아하는 책에 나와 있는 앵무새 그림을 우리에게 보여 줄 것이다.
- 마지막 단계는 **단어 카드**다. 주제별 사물(탈 것, 정원 일을 할 때 사용하는 도구 등)의 그림이 그려진 카드를 주고 아이가 이름을 익힐 수 있게 한다.

책

좋은 책을 골라 아이들과 나눌 수 있고, 소리 내서 읽어 줄 수 있다. 6세 이하의 아이들은 주변 세계를 관찰한 것을 근거로 세상을 이해하기 시작한다. 따라서 아이들은 일상생활에서 알게 된 것을 담고 있는 책(예: 쇼핑, 할아버지 댁에 가기, 옷 입기, 도시 생활, 계절 그리고 색깔 등에 관한 것)을 좋아한다. 내가 진행하는 수업 시간에는 잰 오르메로드의 『햇빛Sunshine』이라는 책이 가장 인기 있다. 이 책은 단어는 없고 어린 여자아이가 일어나서 외출 준비하는 모습을 보여 준다.

아이들이 마녀에 관한 책을 읽고 마녀가 진짜로 존재하며 무섭다고 생각한다 해도 놀라지 않기 바란다. 몬테소리 수업에서는 아이들이 6살이 넘어야 판타지(특히 공포 판타지)를 도입한다. 6살이 되어야 아이들은 실제와 가상의 차이를 이해하기 때문이다.

책을 고를 때 알아 둘 점
- **사실적인 그림**: 아이들은 일상생활에서 사실적인 그림을 본다. 그래서 보는 즉시 쉽게 사물과 그림을 연관시킨다. 곰이 차를 운전하는 그림보다는 사람이 운전대를 잡고 있는 그림이 들어간 책을 고른다.
- **아름다운 그림**: 아이들은 책을 통해 예술성을 흡수한다. 그러니 삽화가 멋진 책을 찾아라.
- **단어 수**: 어린 유아들에게는 한 쪽에 한 단어나 간단한 문장이 있는 책이 좋다. 자라면서 쪽당 좀 더 긴 문장이 있는 책을 보여 준다. 큰 유아는 책을 읽으며 운율 맞추는 것을 좋아한다. 시집을 읽는 일도 잊지 말자.
- **유형이 다른 책**: 보드 북(하드커버)으로 시작해서 아이들이 책을 다루는 법을 배우

면 페이퍼백으로 넘어간다. 접고 펼치는 유형의 책도 유아들이 좋아한다. 책을 펼칠 때 조심하는 법을 가르친다.
- **우리가 즐기는 책**: 아이들은 어른에게서 책 읽기의 즐거움을 배운다. 그러니 당신이 여러 번 읽고 싶은 책을 선택한다. 아이들은 종종 '한 번 더요! 다시 한번 더!'를 외친다는 점을 기억하라.
- **다양성을 반영한 책**: 다양한 가족, 인종, 국가 그리고 우리와 다른 신념 체계를 담고 있는 책을 찾는다.

유리컵 다루는 법을 보여 주듯 책 다루는 법을 아이들에게 보여 준다. 조심스럽게 책장 넘기는 동작을 천천히 재현하고, 책을 다 보고 나서는 진열장에 다시 꽂는 모습도 보여 준다. 가끔은 현실적이지 않은 책을 보여 주고 싶을 때가 있다. 그러면 "곰들은 정말 도서관에 갈까요? 아니죠. 재미있지요? 이런, 그런 척만 하는 거예요. 자, 무슨 일이 일어났는지 한번 알아볼까요?" 하는 식으로 재미있게 말한다.

아이와의 대화

주변 세상 묘사

아이들 주위에 있는 어른들의 언어와 행동은 아이들이 언어를 배울 수 있는 기본 원천이다. 그러므로 일상생활을 하며 언제든지 우리가 하는 일을 묘사한다. 바깥에서 걸어 다니기, 아침에 옷 입기, 저녁 식사 만들기 등 무엇이든지 묘사한다. 개의 이름, 채소, 음식, 탈 것, 나무 그리고 새 등 우리가 발견하는 것에 적절한 단어를 부여하여 언어를 풍부하게 사용한다.

자기표현

어린 유아들도 대화할 수 있다. 대화는 말하기의 중요성을 아이가 알게 하는 데 도움이 되고 언어 발달을 증진한다. 하던 일을 멈추고 아이들 눈을 보고 필요한 만큼 충분히 시간을 준다. 그리고 쉽진 않겠지만 아이들 말을 가로채지 않는다. 아이가 볼ball을 보고 "보-보"라고 말하면, 문장 속에 '볼'이라는 실제 단어를 넣어서 말한다. 우리가 듣고 있다는 것을 아이에게 보여 준다. 예를 들면 "그래. 네가 볼을 정원에 던졌어."라고 말한다. 이야기를 확장하기 위해 아이에게 간단한 질문을 한다. 아이가 아직 말을 배우기 전이거나 정확하게 무슨 말을 하고 싶은지 파악이 안 되면 아이에게 말하고 싶은 사물을 보여 달라고 한다.

조용한 순간

하루 중 조용한 순간이 있어야 한다. 배경 소음은 완전히 걸러 낼 수는 없으며 언어 습득에도 이상적이지 않다. 어른은 아이가 하는 모든 일에 피드백을 주고 싶어 한다. 하지만 때로는 아이가 조용한 시간을 갖고 자신이 한 일을 스스로 평가할 시간을 보내게 하는 것도 좋다. 아이들은 유아 언어와 간단한 지시사항 이상을 이해한다. 일상생활 속 가족 간 소통에 그들도 포함되고 싶어 한다.

언어를 익히는 법
3단계 레슨

1단계
사물 이름 말하기

단어 바구니를 사용할 때 기본 목표는 유아가 어떤 단어를 익힐 수 있도록 하는 것이다. 우리는 사물을 보고, 돌려보고, 만져 보고, 느끼며 이름을 말하는데, 이때는 그저 이름만 말한다. 예를 들어 기린을 말할 때 긴 목을 가진 동물이라는 식으로 묘사나 설명을 하지 않고 그저 "기린"이라고 이름만 말한다.

2단계
게임하기

아이들이 물건을 구별할 수 있는지 알아보기 위해 게임을 한다. "수염을 찾아볼래?"라고 말했을 때 다이가 수염을 찾으면 "수염을 찾았네."라고 말하고 카드를 섞는다. 카드로 몇 가지 게임을 할 수 있다.

- 카드를 한 장씩 내려놓고 아이가 카드 그림과 일치하는 물건을 찾게 한다.
- 아이에게 물건을 고르게 한 후, 카드를 보여 주고 물건과 일치하는 카드를 고르게 한다.
- 카드의 그림이 안 보이게 부채처럼 쥐고 아이에게 카드를 고르게 한다. 고른 카드와 일치하는 물건을 찾게 한다. 아이가 카드와 일치하지 않는 물건을 고르면 어떤 사물의 이름을 혼동하는지 기억해 둔다.

"틀렸어."라고 말하며 교정하지 않는다. 대신 "바이올린을 첼로 카드 위에 놓고 싶은 거구나."라는 식으로 말한다. 나중에 1단계로 되돌아가 사물 이름을 다시 확인한다.

3단계
테스트하기

3살 이상의 아이는 대개 사물의 이름을 숙지한 상태다. 우리가 "이게 뭐야?"라고 물을 때 아이는 답을 안다는 것에 신이 나 사물의 이름을 말하고 아주 기뻐한다.
3살 미만의 아이에게는 이 3단계는 하지 않는다. 대개 말을 하기 전 단계이거나 실수를 할 수 있는데 그럴 경우 아이가 자신감을 잃을 수 있기 때문이다. 아이들이 사물의 이름을 완전히 알기 전까지는 3단계 테스트는 하지 않는다.

1 | 눈과 손의 협응

1. 꼭지 달린 퍼즐

이 꼭지 달린 퍼즐(페그 퍼즐)은 5조각인데 어린 유아에게 적격이다. 꼭지 크기가 작아서 유아들이 움켜쥐기를 연습하는 데 도움이 된다. 18개월부터 할 수 있다.

2. 넣기

작은 구멍에 동전을 집어넣는 기술을 연습할 수 있다. 16개월 정도된 아이들이 시작하는 활동으로 우리 반에서 가장 인기가 좋다.

3. 너트와 볼트

이 세트는 너트와 볼트를 제일 작은 것에서 큰 것 순으로 정렬하고, 볼트를 너트에 집어넣는 연습을 하기에 적격이다. 맞는 구멍에 볼트를 넣는 것부터 시작한다. 큰 유아들은 너트 작업에 익숙해지는 것을 좋아한다. 2살부터 시작할 수 있다.

4. 수수께끼 주머니

수수께끼 주머니는 오로지 만지기만 해서 물건이 무엇인지 배우는 활동에 사용한다. 주제에 따라 쌍으로 이루어진 사물 또는 (가장 더러운 수준은) 집에 있는 물건을 무작위로 주머니 안에 숨긴다. 2살 반부터 할 수 있다.

5. 꿰기

꿰기 활동은 아이가 두 손을 다 사용하는 연습을 하기에 좋다. 아이의 능력에 따라 구슬의 크기와 실의 굵기를 달리한다. 16개월부터 할 수 있다.

6. 여닫기

아이들은 낡은 지갑, 뚜껑이 달린 단지 그리고 지퍼나 똑딱이 단추, 걸쇠 등 각기 다른 잠금장치가 달린 상자 안에서 작은 물건을 찾아 내는 것을 좋아한다. 18개월부터 할 수 있다.

7. 분류하기

유아는 유형, 크기, 색깔별로 분류하기에 흥미를 느낀다. 작은 단추를 색깔별로 분류하는 것은 2살부터 가능하다.

8. 손잡이 달린 나무판과 고무줄

이 활동을 하면서 눈과 손을 함께 사용하는 법에 능숙해지는 유아들을 지켜보는 게 참 즐겁다. 아이들은 고무줄을 당겨서 손잡이에 거는 법을 배우는데 이는 집중력을 키우는 데 아주 좋다. 큰 유아들은 이 활동을 하며 재미있는 패턴을 만들어 내기도 한다. 2살부터 가능하다.

2 | 음악과 동작

1. 때리기
악기를 때려서 소리를 내는 것은 모든 연령의 유아에게 아주 좋다. 트라이앵글, 드럼, 톤 블록, 실로폰 등을 생각해 보라. 어린 유아의 경우 필요하다면 도움을 준다. (예: 아이들이 때리는 동안 트라이앵글을 잡아준다). 모든 연령의 유아가 할 수 있다.

2. 흔들기
흔들어서 소리를 내는 악기는 음악과 동작 활동을 시작 할 때 다루는 제일 쉬운 도구이다. 마라카스는 달걀 모양부터 좀 더 전통적인 것까지 모양이 다양하다. 구슬이 떨어지거나 흔들릴 때 마음을 진정시켜주는 소리를 내는 레인메이커도 사용해 보라. 모든 연령의 유아가 할 수 있다.

3. 음악상자
유아들은 손잡이를 돌려서 소리를 내는 것을 재미있어한다. 어린 유아들은 처음에는 약간 도움이 필요할 수 있다. 어른이 음악상자를 잡고 있으면 아이가 손잡이를 돌리게 한다. 어린 유아용으로는 크고 튼튼한 것이 좋고, 큰 유아에게는 좀 더 작은 음악상자를 주고 돌리게 하면 즐거워할 것이다. 모든 연령의 유아가 할 수 있다.

4. 불기
유아들은 하모니카나 피리 같이 간단한 악기를 좋아한다. 아이는 이런 악기로 리듬, 속도, 소리의 크기 그리고 다양한 음을 실험할 수 있다. 모든 연령의 유아가 할 수 있다.

5. 페달 없는 자전거 타기
키가 충분히 크면 아이는 페달 없는 자전거를 탈 수 있다. 자전거에 올라타 관성으로 저절로 움직이면서 균형을 잡는 느낌에 익숙해지면 천천히 발을 뗄 수 있다. 일반 자전거 타는 방법을 배우기 전에 유용한 과정이다. 아이의 호흡에 맞춰 연습하면 자연스럽고 쉽게 일반 자전거로 옮겨 갈 수 있다. 2살부터 가능하다.

6. 야외
자연으로 나가 자연이 주는 것들을 모아 보고 산책하면서 얻은 것으로 무엇인가를 만들어 보는 일은 야외에서 아이와 즐길 수 있는 몇 안 되는 소중한 활동 중 하나이다. 자주 야외로 나가라. 날씨가 안 좋다면 그에 맞는 옷을 갖춰 입으면 된다. 모든 연령의 유아가 할 수 있다

7. 공
여러 가지 공을 가지고 야외로 나가서 아이가 공을 차고 굴리면서 재미있게 조절, 강도 연습을 하게 한다. 유아들은 보통 야외에서 공간을 충분히 쓰면서 공을 가지고 놀게 하면 좋다. 모든 연령의 유아가 할 수 있다.

8. 미끄럼틀
68쪽 사진에 나온 것은 피클러Pikler 미끄럼틀인데 실내용이다. 아이들이 자라면 미끄럼틀 높이를 아이 신장에 맞춰 조정한다. 아이들은 미끄럼틀에서 내려오는 것만큼 올라가기도 좋아한다. 놀이터에 있는 미끄럼틀을 쓸 때는 가급적이면 아이 스스로 독립적으로 사용할 수 있게 하면 좋다. 모든 연령의 유아가 할 수 있다.

3 | 실생활 활동

1. 자기 돌보기

여러 가지 기술을 단계적으로 천천히 익히는 비계 설정 기술을 아이에게 연습시켜 스스로 돌보는 법을 익히게 한다. 아이는 점점 더 자기 돌보기를 잘할 수 있게 된다. 아이들은 이 닦기, 머리 감기, 코 닦기, 손 닦기를 포함한 여러 가지 기술에 숙달하는 것을 좋아한다. 15개월부터 가능하다.

2. 음식 준비하기

유아는 자기 간식을 차리고 식사 준비 돕는 것을 좋아한다. 아이 손에 맞는 작은 도구들을 찾아 주면 성공적으로 해낼 수 있다. 처음에는 도움이 필요하기도 하다. 예를 들어 아이에게 사과 껍질 벗기는 법을 보여 준다. 그다음에 우리가 사과를 판에 놓고 잡고 있으면 아이가 꼭지에서 바닥으로 껍질을 벗긴다. 껍질은 그릇에 담아 뒀다가 쓰레기통에 버리게 한다. 사과 절단기를 안전하게 다루는 방법을 아이에게 보여 준다. 그리고 아이가 절단기 중간에 사과를 밀어 넣고 자르게 한다. 사과 자르기는 2살부터 시도해 볼 수 있다.

3. 식탁 차리기

낮은 찬장에서 아이가 그릇, 숟가락과 포크, 유리컵을 꺼낼 수 있도록 한다. 아이들은 지시사항에 따라 표시된 자리에 그릇, 숟가락과 포크를 놓는다.

4. 빵 굽기

측량해 놓은 재료를 넣고, 나무 숟가락으로 재료를 섞고, 반죽을 치대고, 쿠키 틀을 사용하고, 케이크 장식 얹는 것을 아이가 도울 수 있다. 마지막에 나온 결과물을 맛보는 일도 아이와 함께할 수 있다. 12개월부터 가능하다.

5. 창문 닦기

아이가 분무기를 잡고 창문 닦는 것을 보면 놀랍다. 이 반복 동작은 아이의 손힘을 강화하는 데 매우 효과적이다. 아이가 창문 맨 위에서 아래까지 고무 청소기로 닦은 후 천을 이용해 물기를 닦아 내게 한다. 창문에서 광채가 나게 하려면 물에 식초를 섞어서 사용하면 된다. 18개월부터 가능하다.

6. 꽃꽂이

꽃꽂이를 하면서 유아는 소근육 활동을 연마하고 힘을 조절하여 물을 운반해 붓는 연습을 할 수 있다.(동시에 집안을 아름답게 가꾸는 효과도 있다.) 처음에 아이는 수도꼭지에 작은 단지를 대고 물을 채운다. 움직일 때 물이 쏟아질 수 있으니 이에 대비해 단지를 쟁반에 올려놓고 옮기게 한다. 작은 깔때기를 이용해 단지에 받은 물을 꽃병에 붓게 한다. 꽃을 꽃병에 꽂고 작은 깔개 위에 꽃병을 놓는다.(집중력을 기르는 데 좋다.) 물을 약간 쏟을 것을 대비해 스펀지를 준비한다. 18개월부터 할 수 있다.

7. 청소하기

빗자루, 대걸레, 쓰레받기, 장갑 그리고 스펀지 등을 작은 것으로 준비 한다. 유아가 집 돌보는 법을 연습하게 한다. 대부분의 아이는 쓸고 닦고 먼지 터는 일 돕는 것을 좋아한다. 작은 쓰레받기와 빗자루는 부스러기를 쓸어 담는 데 유용하며 아이가 두 손을 같이 쓰는 연습을 하는 데 아주 좋다. 12개월부터 할 수 있다.

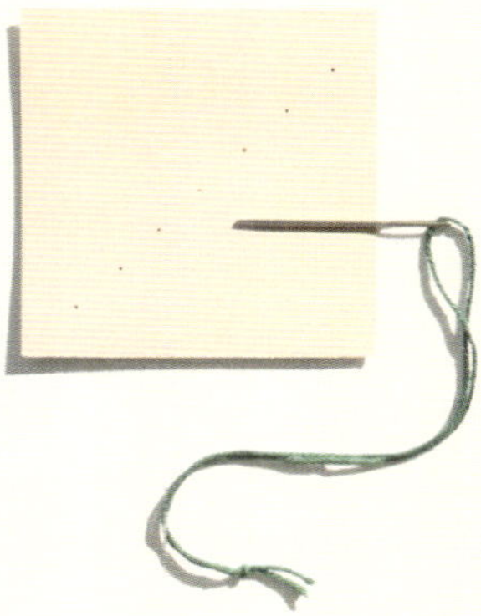

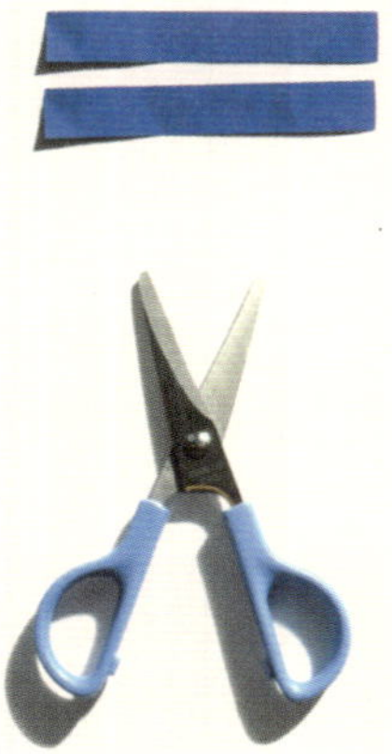

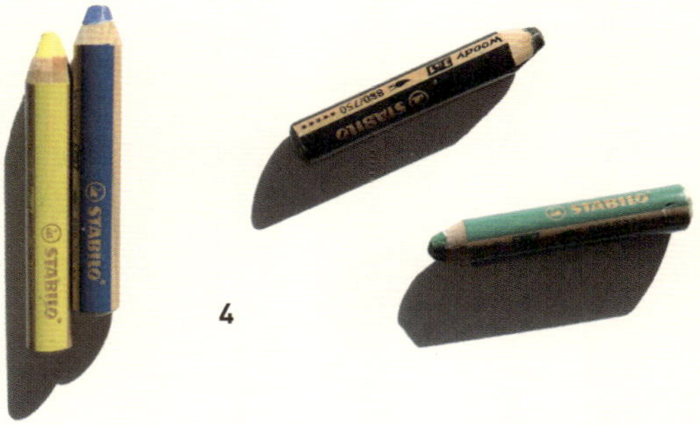

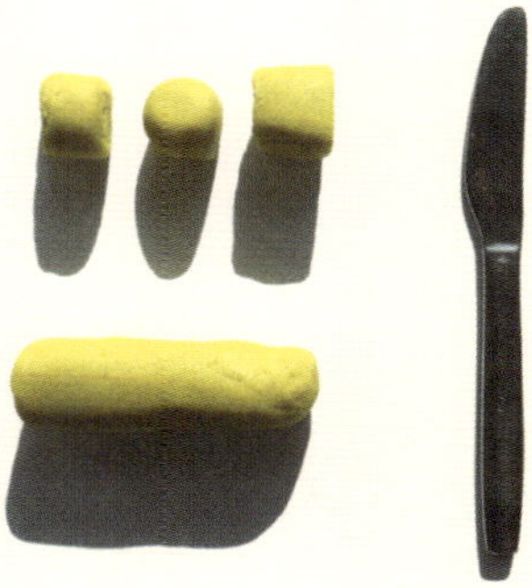

4 | 미술과 만들기

1. 수채화 물감

수채화 물감은 그림을 그리고 싶어 하는 유아에게 적격이다. 마커나 페인트를 쓸 때처럼 물건을 어지르지 않으면서 어린 유아라도 성공적으로 수채화를 그릴 수 있다. 처음에는 한 가지 색으로 시작한다. 고체 물감 한 개짜리를 쓰거나 물감 팔레트에서 색깔 하나만 쓴다. 가능하다면 팔레트를 색깔별로 절단한다. 아이는 붓에 물을 적시거나, 붓에 물감을 바르고 종이에 칠하는 것을 연습할 수 있다. 그림 그리는 법을 배우는 게 아니라 재료를 사용하는 법과 종이 위에서 동작을 표현하는 법을 배우는 것이다. 18개월부터 할 수 있다.

2. 바느질하기

간단한 바느질 카드, 뭉툭한 짜깁기 바늘, 끝에 매듭을 지은 이중 가닥 실을 사용한다. 짜깁기 바늘을 카드 구멍에 집어넣은 다음 카드를 뒤집어서 바늘을 반대편에서 완전히 빼내는 동작을 아이에게 보여 준다. 그다음에 다시 바늘을 다음 구멍으로 집어넣고 다시 카드를 뒤집어서 바늘을 빼내면 꿰매기 패턴이 된다. 이렇게 해서 바느질 카드를 완성하면 가위로 실을 끊은 다음 매듭을 짓는다. 2살부터 가능하다.

3. 가위질하기

아이를 탁자 앞에 앉히고 먼저 안전하게 가위를 잡는 방법부터 가르친다. 아이는 먼저 두 손을 이용해서 가위를 열었다 닫는 동작을 해 본다. 다음에는 어른이 빳빳한 카드를 가늘게 자른다. 그리고 아이가 가느다랗게 자른 종이를 싹둑싹둑 자르게 한다. 그렇게 자른 조각을 모아서 그릇에 담은 다음 작은 봉투에 넣고 스티커로 봉인한다. 이 과정을 반복한다. 손에 힘이 생기면 아이는 한 손에는 가위를 들고 다른 손에는 종이 띠를 들고 자를 수 있다. 2살 정도면 시작할 수 있다.

4. 낙서하기

유아용 낙서하기 재료로 내가 제일 좋아하는 것은 부드럽고 굵은 색연필과 밀랍 크레용이다. 종이의 크기, 색깔과 재료는 이따금 바꿔 가며 다양성을 가미한다. 여기에서도 아이는 그리는 법이 아니라 재료를 사용하는 법을 배운다. 12개월부터 가능하다.

5. 분필과 지우개

굵은 분필은 유아가 쉽게 쥘 수 있다. 분필과 커다란 칠판을 제공한다. 사람이 걸어 다니는 인도를 활용해도 좋다. 칠판의 크기가 크면 아이들이 분필로 그림을 그리고 지울 때 팔 전체를 자유롭게 움직일 수 있어서 좋다. 12개월부터 시작할 수 있다.

6. 풀 붙이기

종잇조각에 풀을 발라 큰 종이에 붙이는 활동은 미세 동작을 연마하는 데 도움이 된다. 아이에게 아교 솔과 풀 통을 준다. 또는 막대 풀을 준다. 작은 조각 뒤편에 풀을 바른 후 큰 종이에 붙인다. 18개월부터 가능하다.

7. 찰흙, 지점토, 키네틱 샌드를 이용한 활동

손을 이용해 간단한 도구로 찰흙을 빚고 만드는 활동은 아이가 손힘을 기르고 창의력을 키우는 데 도움이 된다. 납작하게 밀거나, 나무처럼 말거나, 작은 조각으로 자르고 말아서 공을 만드는 등 여러 가지 방법으로 찰흙을 다룰 수 있다. 아이가 다양한 감각을 체험할 수 있도록 나는 가끔 찰흙 대신 지점토나 키네틱 샌드를 쓴다. 16개월부터 할 수 있다.

1

2

3

4

5

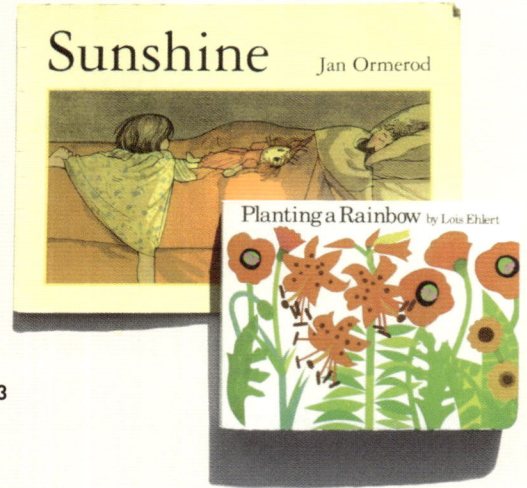

5 | 언어

1. 실물 모형

새로운 단어를 배우기 위해 진짜 같은 실물 모형을 주제별로 사용한다. 요리 도구들, 아프리카에 사는 동물 또는 악기 등을 예로 들 수 있다. 아이가 사물의 이름을 들은 후 그 물건을 만지고 느껴 볼 수 있게 한다. 구체적인 재료를 이용해 배우는 것도 가능하다. 모든 연령의 유아가 할 수 있다.

2. 카드

아이가 커 가면 주제별로 그림이 그려진 카드를 이용해 어휘를 익힐 수 있다. 이때는 실물 모형이든 실제 물건이든 구분하지 않고 사용한다. 이 책에 나온 작품은 빈센트 반 고흐의 작품 카드다. 18개월부터 가능하다.

3. 책

어른과 아이 둘 다 좋아하는 책을 찾았을 경우 아이와의 책 읽기는 정말 즐거운 일이다. 계절, 실생활, 동물, 색깔, 모양, 탈 것, 자연 그리고 아이가 제일 좋아하는 주제를 다룬 책을 찾는다. 큰 유아들은 살펴볼 부분이 자세히 나온 책이나 숫자 세기 책도 좋다. 어느 연령의 유아든지 가능하다.

4. 실제 물건

아이가 어휘를 배울 수 있는 가장 직접적인 방법은 실생활에서 사용하는 물건을 통해서다. 과일 이름을 배우듯 집이나 시장에서는 꽃을, 공원에서는 나무와 새를 그리고 집 주변에 널린 물건의 이름을 익힐 수 있다. 74쪽에 나온 것은 완두콩과 완두콩 카드인데 아이들은 이런 자료를 보고 3차원 사물이 2차원 그림으로 표현될 수 있다는 점을 배운다. 12개월부터 가능하다. 카드를 사용하는 것은 14개월부터 할 수 있다.

5. 카드와 사물(똑같은 것과 비슷한 것)

어떤 사물을 그리거나 사진을 찍어 카드를 만든다. 아이가 카드와 똑같은 사물을 골라내 맞추면, 그다음에는 비슷하지만 완전히 똑같지는 않은 카드를 사용한다. 가령 모형 덤프트럭을 놓고 유사하지만 완벽히 똑같지는 않은, 모델이 다르거나 색깔, 크기가 다른 덤프트럭이 그려진 카드를 제시한다. 이 활동은 아이가 덤프트럭의 본질을 이해하는 데 도움이 된다. 카드를 사용하는 활동은 14개월부터 가능하다.

야외 혹은 자연에서
몬테소리 활동하는 방법

"아이들에게 자유를 주고, 격려하고, 비가 올 때는 밖에서 뛰어놀게 하라. 아이들이 물웅덩이를 발견하면 신발을 벗고 놀게 하라. 풀밭에 이슬이 촉촉하면 맨발로 마음껏 뛰고 밟게 하라. 나무 그늘이 아이들을 초대하면 나무 아래에서 평화롭게 쉬게 하라. 아침이 오면 모든 생명이 잠에서 깨어나듯, 아침이 되어 태양이 아이들을 깨우면 소리 치고 마음껏 웃게 하라."

- 마리아 몬테소리, 『아이의 발견 The Discovery of the Child』

1900년대 초반부터 몬테소리 박사는 야외 활동과 자연의 중요성을 포함해 아이들의 발달과 관련된 전체론적인 아이디어를 가지고 있었다. 1900년대 초반에 그런 생각을 했다는 것이 놀랍기만 하다. 자연은 우리를 진정시키고 아름다움을 인식하게 하며 지구와 환경을 돌아보게 하는 능력이 있다.

어린아이들은 감각을 이용해 배운다. 위에 인용한 몬테소리 박사의 말은 아이들의 경험이 얼마나 풍부해질 수 있는지를 구체적으로 보여 준다.

도시에 산다면 몇 개월에 한 번씩 자연으로 떠나는 모험을 계획한다. 바닷가에서 오후를 보내거나 텐트 또는 오두막에서 며칠을 보낸다. 야외와 자연에서 몬테소리 활동을 할 수 있는 방법을 몇 가지 소개한다.

1 **계절별로 활동한다.** 계절에 따라 우리는 도시락을 챙겨 공원이나 가까운 숲을 찾아 나뭇잎이나 도토리, 나뭇가지, 돌멩이, 솔방울 등을 모은다. 계절별로 과일 따기도 할 수 있다.

2 **채소를 가꾼다.** 집에서 채소를 가꾸기 위해 반드시 정원이 있어야 하는 것은 아니다. 화분용 흙과 삽, 씨앗 그리고 물통을 준비한다. 거름(퇴비 통에 음식 찌꺼기를 집어넣거나 벌레를 준비한다.)은 아이들이 먹거리 순환을 이해하고 흙으로 양분이 되돌아가는 과정을 배우는 데 도움이 된다.

3 **몸을 움직인다.** 나무에 오르기, 담장 따라 걸으며 균형 잡기, 나무 그루터기 혹은 통나무에 올라가거나 앉기, 나뭇가지에 매달리기, 폐타이어로 그네타기, 페달 없는 자전거 타기, 공차기, 줄넘기, 추적해서 잡기, 빨리 달리기 그리고 천천히 걷기를 할 수 있다.

4 **자연의 아름다움을 느낀다.** 움직이는 곤충들, 나뭇잎의 물방울, 노을 색, 산 풍경, 호수의 고요함과 파문, 바다 움직임, 나무에 부는 바람 흔적을 관찰한다. 꽃과 이웃집 정원에서 노니는 꿀벌들을 감상한다. 확대경을 잡고 가까이서 자세히 관찰한다. 나무와 풀의 움직임 소리를 들어 보고 비와 꽃 냄새를 맡아 본다.

5 **조용한 시간을 갖는다.** 앉아서 구름을 볼 만한 자리, 조용히 앉아 있거나 그저 호흡할 만한 곳을 찾는다.

6 **보물찾기를 한다.** 그림 목록을 만들어서 목록에 있는 모든 사물을 같이 찾아본다. 정원, 공원, 숲속 그 밖의 야외 어디에서나 할 수 있다.

7 **친구를 초대한다.** 오두막, 아이용 장난감 집이나 장애물 코스를 만들고 친구들을 초대한다.

8 **미술 활동을 한다.** 진흙, 물, 나뭇잎, 꽃, 흙, 씨앗, 풀 그밖에 찾을 수 있는 자연의 보물을 이용한다. 무늬를 뜨고 특정 모양을 만들거나 아이와 함께 얼굴 또는 동물을 만들어 본다.

9 **악기로 담장을 만들어 본다.** 정원에 냄비나 프라이팬, 종 그리고 때로 면 소리가 나는 물건들을 매달아 놓고, 이것들을 쳐서 소리를 낼 막대기를 준비한다.

10 **사계절을 탐험한다.** 나쁜 날씨란 없다. 날씨에 맞는 옷차림을 하면 된다. 그러니 어른과 아이 모두 사계절용 의복과 신발을 준비해서 물응덩이 속에서 첨벙거려 보고, 눈사람을 만들고, 선블록을 바른 뒤 바닷가를 탐험해 보자. 매일 밖으로 나간다.

Bonus · **물을 이용해 활동한다.** 창문에 쿨 뿌리기, 양동이 채우기, 붓으로 벽돌 칠하기, 살수 장치 속을 뚫고 달려 보기, 모래와 물로 강 만들어 보기, 운동장에서 물 펌프 사용하기

몬테소리 장난감이 아닌 것은?

몬테소리 교실은 몬테소리 가정과 차이점이 있다. 몬테소리 교실에서라면 포함하지 않겠지만 가정에서 제약이 없는 놀이를 할 때는 몇 가지 정선된 장난감을 추가할 수 있다. 몬테소리 접근법에 아직 낯설다면 이미 집에 있는 장난감으로 시작한다. 아이들이 제일 좋아하는 것은 빼고, 더 이상 사용하지 않는 것은 기부하고, 나중에 쓸 장난감은 보관함에 넣어 둔다.

장난감 종류
- 듀플로/레고
- 나무로 만든 블록
- 헛간과 농장 동물들
- 나무로 만든 구슬 굴리기 장난감
- 집짓기 세트
- 기차 세트
- 보드게임
- 건설 현장, 응급 상황, 농장에서 타는 차량들
- 플레이모빌 세트 일상생활 편(공주나 해적이 나오는 판타지 지양)
- 자연을 모험하며 얻은 루즈 파트 loose parts (접하는 환경이나 사물, 그리고 경험 등이 문제 해결의 열쇠가 되고 아이들의 집중력과 창의력의 중심이 된다는 이론, 루즈 파트의 사물들은 움직여서 조합하고 새로운 것을 만들 수 있다. 자연에서 얻은 루즈 파트는 나뭇잎이나 가지, 조그마한 돌, 조개류 등이다. -옮긴이)

집에서 하는 개방형 놀이를 통해 아이는 다양하며 창의적인 방식으로 교구를 살펴볼 수 있다. 스스로 발견하고, 일상생활 속에서 풍부한 상상력에 기반을 둔 시나리오로 놀이를 한다. 하지만 이런 것들이 우리가 이번 장에서 논의한 몬테소리 활동의 대용품은 아니다.

몬테소리 활동은 유아가 기술에 숙달하는 과정에서 만족감을 충분히 느끼게 하고, 아이들 발달에 필요한 많은 요소를 채워 준다. 아이가 몬테소리 미취학 프로그램에 다닐 경우 프로그램에 집중하도록 몬테소리 교구를 복제해서 집에서 사용하지 말라고 권고한다. 대신 집에서는 아이가 실생활에 참여하고 체계화되지 않은 놀이를 하며 무엇인가 만들 기회를 준다. 야외에서 시간 보내고 충분히 휴식하게 함으로써 몬테소리 교육을 지속할 수 있다. 아이들은 실생활, 미술과 만들기, 음악과 동작, 그리고 책 읽기 등을 통해 계속 기술을 연마할 수 있다.

실천하기

1. 아이가 소근육을 발달시킬 수 있도록 눈과 손의 협응 활동을 하게 하는가?
2. 아이에게 풍부한 음악과 동작을 할 기회를 주는가?
3. 아이가 실생활(실제 일상 활동)에 참여할 수 있는가?
   (예: 음식 준비, 자기 돌보기, 환경 돌보기)
4. 미술과 만들기는 어떤 것을 할 수 있는가?
5. 대화, 책, 물건을 활용해 집에서 어떻게 풍부한 언어 환경을 제공하고 유지할 수 있는가?

이번 3장에서 우리는 아이의 흥미와 능력을 관찰하는 방법, 아이가 건강하게 성장할 수 있도록 돕는 아름답고 흥미로운 활동들을 살펴보았다. 이미 집에 있는 활동 도구를 사용하면 된다. 첫날부터 완벽하게 몬테소리 활동을 적용할 필요는 없다. 대신 몇 가지를 시도해서 가정에서 몬테소리 접근 방식을 실천해 본다. 아이들을 좀 더 자세히 관찰하고, 자신감을 갖고 계속해서 아이들을 따라가 보자.

간단하지만 아이들과 함께 추억을 만들 수 있는 것을 생각해 보자.
- 깔깔거리며 마음껏 웃어 보자.
- 집에서 아이들과 실생활 활동을 함께하자.
- 비가 오면 물에서 첨벙거리며 놀자.
- 가을에는 나뭇잎을 모아 창문가에 걸어 보자.
- 실내에 텐트를 쳐 보자.
- 계절에 상관없이 바닷가에 가서 조개껍데기를 찾아보자.
- 사랑하는 이들을 항상 안아 주자.
- 자전거로 도시를 돌며 상쾌한 공기를 마셔 보자.

아이가 있는 집 인테리어

4

82 몬테소리 스타일로 공간 꾸미기
83 공간별 세팅
    83 현관
    83 거실
    84 주방
    85 식사 공간
    86 침실
    86 욕실
    86 미술과 만들기 공간
    87 책을 읽을 수 있는 편안한 공간
    88 야외
90 머물고 싶은 집으로 만드는 방법
    90 잡동사니 처리하기
    91 편안한 분위기 조성하기
    91 일을 줄여 주는 집으로 만들기
    92 공유 공간
    93 작은 공간
93 가정 환경의 중요성
96 가정 방문

몬테소리 스타일로 공간 꾸미기

처음 몬테소리 교실에 들어갔을 때 아이들 욕구에 맞춰 아름답게 준비된 공간이라는 것을 분명히 느낄 수 있었다. 똑같은 원칙을 가정에도 쉽게 적용할 수 있다. 우리는 완벽한 가정을 목표로 하지 않지만 공간을 준비하고 설정하는 데 나름의 몬테소리 의도를 반영한다. 모든 공간을 아이들 크기에 맞춰야 하는 것은 아니다. 가정에는 다양한 신장과 체중을 가진 사람들이 있으며 저마다의 욕구도 다르다. 하지만 얼마든지 아이들이 즐거워하고 편안해하는 공간을 집 안에 만들 수 있다.

몬테소리 스타일로 공간을 꾸미는 8가지 팁

1. **아이 신장에 맞춘다.** 아이가 어른 도움 없이도 다룰 수 있는 가구를 구한다. 아이가 바닥에 앉았을 때 적정한 높이의 탁자와 아이에게 알맞은 의자를 찾는다. 필요하다면 가구의 다리를 조금 자른다.
2. **아름다운 공간을 만든다.** 아이가 즐길 수 있도록 아이 눈높이에 맞춰 예술품과 식물 등을 전시한다.
3. **독립성을 갖춘다.** 아이가 필요로 하는 모든 것이 준비된 활동과 관련된 재료는 쟁반과 바구니에 담아 따로 구비해 둔다. 아이가 활동하기 편안한 환경을 만들 수 있는 방법을 고안한다.
4. **활동 도구를 흥미롭게 배치한다.** 나이에 맞는 활동 도구들을 장난감 상자 속이 아닌 교구장에 아름답게 진열해 놓는다. 이렇게 해야 아이들이 보고 흥미를 느낀다.
5. **적은 게 좋다.** 아이가 집중하도록 활동 도구는 몇 가지만 진열한다. 아이들이 숙달하기 위해 연습하고 있는 것만 진열해서 너무 과하다고 느끼지 않게 한다.
6. **물건을 제자리에 둔다.** 유아는 질서에 특히 민감하게 반응한다. 모든 것을 적절한 자리에 두면 아이가 어떤 물건이 있어야 할 자리(그리고 치워야 할 곳)에 대해 배우는 데 도움이 된다.
7. **아이 관점에서 공간을 본다.** 아이 눈높이까지 낮춰서 공간을 살펴본다. 아이 관점에서 공간이 어떤 식으로 보이는지 연구한다. 아이는 교구장에 있는 철사 뭉치 또는 잡동사니가 재미있다고 느낄 수 있지만 동시에 어떻게 처리해야 할지 난감하다고 생각할 수도 있다.
8. **보관해 두고 번갈아 가며 진열한다.** 아이들 눈에 띄지 않으면서 보기 좋은 보관 공간을 만든다. 예를 들어 벽 색깔과 어울리는 바닥에서 천장까지 닿는 크기의 찬장, 다락, 실내 보관 창고, 소파 뒷 공간에 보관 상자를 쌓아 놓는다. 상자에 아이의 활동 도구들을 넣어 두고, 아이가 새로운 것에 도전할 때에 맞춰 번갈아 가며 교구장에 활동 도구를 진열해 둔다.

공간별 세팅

집안 여러 공간을 살펴보고 돈테소리 원칙을 어떤 식으로 적용할 수 있을지 생각해 보자. 여기서 제공하는 것은 하나의 예시일 뿐 처방이 아니다. 각자 상황에 맞춰서 적용하고 공간이나 빛에 제한이 있으면 창의력을 발휘해 다른 방식을 고안한다. (몬테소리 교구와 가구 목록은 254쪽을 참고한다.)

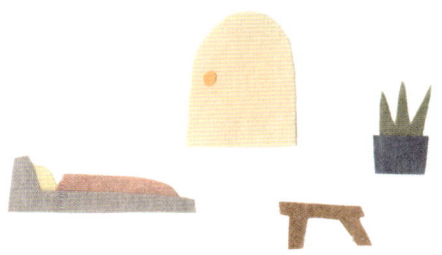

현관

- 아이의 배낭, 가방, 외투, 모자, 우비 등을 걸 수 있는 아이 신장에 맞춘 옷걸이
- 신발을 넣을 바구니나 선반
- 벙어리장갑, 스카프, 울 모자, 선글라스 등 계절별 소지품을 담을 바구니
- 휴지, 머리핀 그리고 선블록 등을 놓을 작은 탁자나 선반 그리고 낮게 설치한 거울
- 아이가 앉아서 신발을 신고 벗을 수 있는 낮은 의자나 벤치

Note · 아이가 한 명 이상이면 아이 숫자에 맞춰 바구니를 준비한다.

거실

- 활동 도구들을 놓을 2단 내지는 3단짜리 낮은 교구장. 아이가 한 명 이상이면 진열대 낮은 선반에 작은 아이의 활동 도구를 놓고 높은 곳에 큰 아이의 물건을 둔다. 작은 아이가 높은 선칸에 손을 대지 못하게 한다. 아니면 작은 아이가 열지 못하는 보관 상자를 이용한다. 참고로 내 교실에 있는 교구장의 크기는 가로 120cm, 세로 30cm, 깊이 40cm다.
- 작은 탁자와 의자를 둔다. 창가에 배치하면 더 좋다. 아이들 발이 바닥에 닿을 수 있도록 필요하면 가구의 다리를 자른다. 예를 들어 의자 높이는 20cm, 탁자 높이는 35cm 정도다.

- 말기 쉬운 바닥 매트(가로 70cm, 세로 50cm 정도)를 바구니에 보관했다가 활동을 위한 공간을 표시할 때 꺼내 쓴다.

주방

- 낮은 교구장, 찬장, 서랍, 아이에게 맞는 크기의 접시, 숟가락과 포크, 컵 그리고 식탁 매트가 소량 담긴 서랍
  - 진짜 컵, 접시 그리고 숟가락과 포크를 사용한다. 이 물건들이 깨질 수 있다는 것을 아이들이 알면 조심해서 운반하는 법을 배울 것이다. 유리컵은 깨지기 때문에 그저 말로 "컵을 떨어뜨리지 마."라고 하기보다는 두 손으로 들어야 한다는 사실을 아이가 기억하게 한다.
- 유아용 디딤대나 러닝 타워 등을 밟고 아이들이 주방 조리대에 닿을 수 있다. 아니면 준비할 음식을 식탁이나 낮은 탁자로 가져와서 돕게 한다.
- 아이 크기에 맞는 청소 도구
  - 대 빗자루, 대걸레, 작은 쓰레받기, 작은 빗자루
  - 장갑(손에 꼭 맞는 천을 준비한다. 아이가 쏟은 것을 쉽게 닦을 수 있다.)
  - 아이 손에 맞게 자른 스펀지
  - 걸레
  - 아이 몸집에 맞는 앞치마
- 음식을 준비할 때 사용하는 아이 크기에 맞는 주방 조리 도구
  - 사과 깎기와 사과 심 뽑는 기구
  - 손잡이가 달려서 잡아당길 수 있는 주스기, 오렌지 과즙 짜는 도구 또는 전기 오렌지 주서기
  - 작은 크래커 위에 아이가 좋아하는 토핑을 쉽게 펴 바를 수 있는 스프래더
- 자르는 기구
  - 바나나같이 부드러운 것을 자르는 데 사용하는 톱날이 없는 버터 칼로 도구 사용을 시작한다.
  - 좀 더 단단한 과일과 채소를 자를 때는 채칼을 준다.
  - 아이의 기술이 향상될 때에 맞춰 난이도를 올린다. 예를 들어 유치원에 갈 나이가 되면 좀 더 날카로운 칼로 자르는 기술을 시도해 본다.

- 아이들이 직접 물을 떠서 마실 수 있도록 손이 닿는 곳에 음수대를 놓거나 작은 주전자에 물을 담아 쟁반 의나 낮은 싱크대에 둔다. 물을 쏟을 때를 대비해 스펀지나 행주를 같이 둔다.
- 영양 많은 간식을 열기 쉬운 상자에 넣어 둔다. 아이가 식사 중간에 간식으로 먹기 적당한 양만 넣어 둔다. 아이가 아침 식사 후 바로 간식을 먹기 원하면 그날의 간식은 그걸로 끝이다.
- 계량컵, 숟가락, 저울 그리고 빵을 구울 때 사용하는 섞기 스푼
- 창문을 닦을 때 필요한 스프레이 통과 고무 롤러
- 실내에 화초가 있으면 작은 화분용 물뿌리개

안전 관련 주의 사항 · 날카로운 칼은 따로 보관하고 아이가 준비되었을 때 사용하는 법을 보여 준다. 아이가 칼을 사용할 때는 지켜본다.

식사 공간

- 간식 시간에 아이는 낮은 식탁과 의자를 사용한다. 아이가 식탁에서 계속 음식을 먹을 수 있게 격려한다. (음식을 가지고 돌아다니지 못하게 한다.)
- 나는 식사 시간에 아이들이 가족의 일원으로서 주방 식탁에 같이 앉는 것을 좋아한다. 아이가 혼자 힘으로 앉고 내려갈 수 있는 의자를 찾는다. 스토케Stokke 아이 의자나 그 비슷한 것이 적당하다.
- 식사할 때 아이에게 알맞은 크기의 주전자에 물이나 우유를 소량만 담아 둔다. 아이가 혼자 따라 마실 수 있게 한다. 쏟았을 때 손쉽게 치울 수 있는 정도만 채워 둔다.
- 음식을 쏟을 때를 대비해 장갑이나 스펀지를 준비해 둔다.
- 주방에서 식탁을 차릴 때 식기를 운반할 작은 바구니를 준비한다. 식사를 위해 식탁을 차릴 때는 아이가 식탁에 닿을 때 필요한 유아용 디딤대를 준비한다.
- 접시, 숟가락과 포크, 컵을 놓는 자리를 표시한 식탁 매트는 유아에게 유용하다. 내 수업을 듣는 부모 중 한 사람은 아이가 제일 좋아하는 식기 세트의 사진을 찍어서 편지지 만한 종이에 출력한 다음 코팅을 했다. 아이가 식탁을 차릴 때 사용할 수 있는 유용한 도구다.
- 식사할 때 (직접 고른) 꽃을 식탁에 두면 매일 특별한 행사를 하는 기분이 든다.

침실

- 아이 스스로 올라가거나 누울 수 있는 바닥용 매트리스나 유아용 침대
- 아이가 기상 후 조용히 가지고 놀 수 있는 몇 가지 활동 도구를 둘 교구장
- 책 바구니나 교구장
- 전신 거울. 아이가 자신의 몸 전체 윤곽을 보고 옷 입을 때 도움이 된다.
- 아이가 닿을 수 있는 선반이나 서랍 또는 옷을 걸 곳이 있는 작은 옷장. 계절에 맞춰 옷을 바구니에 넣어 두고 아이가 매일 고르게 한다. 계절에 안 맞는 옷은 손이 닿지 않는 곳에 따로 보관한다.
- 아이에게 안전한 공간으로 만든다. 전기 소켓은 닫아 두고 전선은 늘어진 상태로 두지 않는다. 질식 위험이 있는 커튼 줄도 치운다. 창문에는 안전 잠금장치를 설치한다.

욕실

- 아이가 일단 설 줄 알게 되면 기저귀를 갈 때 눕는 것을 싫어하는 경우가 많다. 그때는 아이를 세운 채로 앞으로 욕실이 변기를 사용할 공간이라는 점을 알려 준다. 또한 유아용 변기나 욕실 변기 사용을 시작한다. (변기 사용에 대해서는 7장을 참고한다.)
- 낮은 계단을 둬서 아이들이 욕조나 세면대에 손쉽게 오를 수 있게 한다.
- 작은 비누나 비누 펌프 통을 둬서 아이 스스로 손을 씻게 한다.
- 칫솔, 치약, 머리빗은 모두 아이 손에 닿는 곳에 둔다.
- 아이 신장에 맞춘 위치에 거울을 둬서 아이가 거울을 볼 수 있게 한다.
- 더럽거나 젖은 옷을 넣을 바구니를 둔다. 또는 세탁 구역에 둔다.
- 아이 손에 닿도록 수건걸이를 낮게 달아 둔다.
- 여행용 소형 용기에 바디워시, 샴푸, 린스를 넣어 두고 아이가 사용하는 법을 배우게 한다. 아이가 용기 짜는 것을 좋아하면 매일 소량만 채워 둔다.

미술과 만들기 공간

- 재료를 준비한다. 작은 서랍에 연필, 종이, 풀, 우표 그리고 콜라주 아이템을 둔다.

- 아이가 자라면 가위, 테이프 그리고 스테이플러 사용하는 법을 알려 준다.
- 적은 수량의 품질이 좋은 미술 재료를 선택한다.
- 도구는 활동 준비가 모두 이루어진 상태로 쟁반에 진열해 둔다. 쟁반 하나에는 그리기용 도구를, 다른 쟁반에는 풀 붙이는 활동에 필요한 도구를 둔다.
- 3살 정도 되면 아이는 자신에게 필요한 물건을 수집하는 걸 즐기기 시작한다. 이때 아이 스스로 교구장에서 미술 재료를 골라서 사용하도록 쟁반을 준비해 둔다.
- 만든 작품을 말릴 공간, 다시 사용할 수 있는 종이를 보관할 공간, 재활용 공간 등을 쉽게 구분할 수 있게 만든다.
- 유아는 결과보다 과정에 흥미를 느낀다. 완성된 작품을 보관하는 것에 대해 몇 가지 생각해 보자.
    - 아이가 보관하기 원하거나 다시 사용하고 싶어 하는 것은 사무실에서 사용하는 "미결함" 상자를 준비해 넣어 둔다. 이 상자가 꽉 차면 아이가 가장 좋아하는 작품을 모아서 스크랩북에 풀로 붙여 둔다.
    - 보관하기에는 부피가 너무 큰 작품은 사진을 찍어서 기록해 둔다.
    - 만든 작품을 선물 포장 종이로 재사용한다.
    - 아이가 종이 양면을 모두 사용하게 한다.
    - 아이가 만든 작품 중 몇 가지를 전시하는 화랑을 만든다. 예를 들어 작품을 번갈아 가며 끼울 액자, 작품을 걸 수 있는 줄이나 선 또는 냉장고 자석을 이용해 전시한다.

책을 읽을 수 있는 편안한 공간

- 책장이나 교구장을 정면이 향하게 둬서 아이가 손쉽게 책 표지를 볼 수 있게 한다. 또는 책 바구니를 사용한다.
- 책은 몇 권만 진열해 두고 필요할 때마다 바꿔 준다.
- 쿠션, 빈백, 낮은 의자 또는 편안한 바닥 매트를 비치한다.
- 창가 가까이 햇볕이 쏟아지는 곳이 좋다.
- 낡은 옷장 문을 없애고 그 안에 편안한 공간을 만든다. 작은 텐트를 쳐 놓는 것도 좋다.

야외

- 달리기, 점프하기, 깡충깡충 뛰기, 한발로 깡충깡충 뛰기, (원숭이처럼) 양손 번갈아 매달리기, 미끄러지기, 춤추기, 줄이나 낡은 타이어 또는 일반 그네를 타고 흔들기 등의 동작을 할 기회를 준다.
- 정원 가꾸기: 갈퀴질, 흙손질, 정원용 쇠스랑, 외바퀴 손수레 끌기 등
- 아이가 돌볼 수 있는 작은 채소 정원을 만든다. 정원에 만든 작은 밭이나 발코니 또는 실내에 화분을 두고 채소를 키울 수 있다면 아이들은 어디에서 채소가 나오고, 완전히 자라기까지 얼마나 시간이 오래 걸리는지를 봄으로써 자신이 먹는 음식에 감사하는 법을 배우게 된다.
- 조용히 앉거나 누워서 구름을 바라볼 수 있는 곳
- 물이 든 양동이와 붓으로 벽돌이나 콘크리트 포장 재료에 그림을 그릴 수 있다. 창문을 닦을 때 사용하는 스프레이 통, 물 펌프
- 모래밭(모래 상자)
- 작은 돌로 길을 낸 미로
- 아이가 외부용 신발을 신고 들어왔을 때 흙을 솔로 털어낼 문 옆 공간
- 계절별로 자연에서 얻은 것들로 만들기를 할 때 재료를 모아 둘 바구니나 단지
- 흙을 파고 진흙을 가지고 놀며 자연과 다시 연결되기
- 버드나무 가지로 만든 오두막이나 굴
- 아이가 탐험할 비밀 경로 만들기

야외에는 영감을 주는 원천이 많다. 나는 "자연 놀이터"가 좋다. 자연의 요소가 디자인에 통합되어 있기 때문이다. 뜰에 난 경사지가 만든 자연 미끄럼틀, 바위나 자연의 재료로 만들어진 길 등을 예로 들 수 있다. 영감을 얻고 싶다면 아이들을 위한 자연 놀이터를 만든 러스티 키힐러Rusty Keeler를 참고하라.

Note · 집에 야외 공간이 없다면 가까운 놀이터, 숲, 바닷가, 호수 또는 산 등에서 야외 활동을 할 수 있다.

유아를 위한 몬테소리 공간

가정에서 적은 비용으로 몬테소리 공간을 만들 수 있는 기본 가구와 도구 8가지를 소개한다.

1. 작은 식탁과 의자
2. 낮은 선반 혹은 교구장
3. 책 선반, 책 상자
4. 아이 스스로 사용할 수 있는 낮은 침대, 바닥 매트리스
5. 싱크대, 변기 등에 닿을 때 사용하는 등판이 없는 낮은 의자
6. 청소 도구를 달아 둘 수 있는 낮은 고리
7. 주방에서 사용하는 유아용 디딤대, 러닝 타워 learning tower
8. 집에 들어왔을 때 외투와 가방을 걸어 둘 낮은 고리

머물고 싶은 집으로 만드는 방법

잡동사니 처리하기

'물건이 너무 많아 집을 깔끔하게 할 수 없어.'라고 생각하는 분이 있을 것이다. 첫 번째 단계는 장난감, 책, 미술과 만들기 재료를 비롯해 집에 쌓이는 일반적인 잡동사니 수를 줄이는 것이다.

아이가 자주 사용하지 않거나 너무 어려운 활동 도구와 장난감은 상자에 넣어 둔다. 이 상자는 당분간 보관해 둔다. 아이에게 새로운 도전이 필요한 시기가 되면 이 상자 속 물건들을 다시 꺼낸다. 두 번째 상자에는 작은 아이가 더 이상 사용하지 않거나 너무 쉽다고 생각하는 물건을 보관한다. 이런 물건이 필요한 집을 찾거나 더 어린 형제가 사용할 경우를 대비해 따로 보관해 둔다.

아이가 자주 사용하는 물건 몇 가지는 항상 사용할 수 있는 상태로 둔다. 아이의 흥미를 더 이상 끌지 않는 것은 가지고 있지 않는다. 아이가 재미있어할 적합한 활동의 수를 알아 두고 그 활동의 개수를 지속하는 것이 중요하다. 이는 궁극적으로 아이가 재사용, 재활용, 기부, 새로운 것을 사용하게 되면 쓰던 것은 남에게 주기 등 장난감 관리하는 법으로 이어질 수 있다.

유아는 물건을 쉽사리 포기하지 않는다. 물건을 기부하거나 다른 가족에게 줄 수 있다는 생각에 아이가 익숙해지게 한다. 마지막으로 한번 더 가지고 놀 기회를 준다. 그리고 놀이를 끝내면 아이가 직접 그 물건을 상자 속에 넣게 한다. 그리고 상자를 집 밖으로 운반하는 작업을 아이가 돕게 한다. 상자를 즉시 배달하지 않을 거면 보이지 않게 치워서 아이가 이별 과정을 몇 번이나 반복해서 겪지 않게 한다.

최소한의 물품만 두고 집을 깔끔하게 관리하고 싶은 분에게는 곤도 마리에의 『버리면서 채우는 정리의 기적The Life-Changing Magic of Tidying Up』을 추천한다. 그는 오직 즐겁고 유용한 것들만 집에 가지고 있으라고 조언한다. 아이들 활동과 옷에도 같은 원칙을 적용해 보라. 그리고 더 이상 필요로 하지 않거나 버리기 전에 사용한 물건들에게 "고맙다."라고 말한다.

편안한 분위기 조성하기

잡동사니를 없애는 것이 집의 개성이 없어진다는 의미는 아니다. 쿠션, 담요, 화초, 미술 작품을 아이들 눈높이에 맞춰 놓는다. 따뜻함을 더하기 위해 자연 소재로 만든 바구니와 카펫을 선택한다. 집은 우리가 사는 나라와 시대에 맞춰져 있다. 가족별 고유 의식과 다양한 전통을 통합시키고, 문화별 가구나 보물로 집을 꾸밀 수 있다.

나는 종이로 만든 장식용 깃발, 손으로 뜨거나 짠 물건들 또는 아이와 함께 만든 공작품 등으로 집을 꾸미는 것을 좋아한다. 이런 장식품이 집을 개성 있고 특별하게 만든다. 아이들이 받아들이고 소중히 간직할 것들이다. 빈티지 아이템을 활용해 잡동사니가 너무 많다는 느낌이 들지 않도록 하면서도 집을 개성 있고 특별하게 만들 수 있다. 이 모든 요소는 공간을 조용하고 따뜻하게 만든다. 아이들이 집을 친근하게 느끼게 되면 집은 비로소 가정home이 된다.

일을 줄여 주는 집으로 만들기

유아를 키우는 일은 아주 힘들어서 쉽게 피곤해질 수 있다. 그러니 집을 꾸밀 때는 아이에게 편리한 것은 물론 우리 어른도 편안해야 한다. 아이가 좀 더 독립적이며 성공적으로 관리를 할 수 있도록 물건들을 배열한다. 아이 눈높이에 맞추고 그들의 필요에 맞게 물건을 놓으면 쉽게 사용할 수 있다. 아이가 만지기에 적절치 않은 것은 치운다. 아이가 자라는 것에 맞춰 계속해서 바꾸고 개선한다.

경험 많은 몬테소리 교사 수전 스티븐슨의 이야기를 소개하겠다. 수전은 수업 시간에 아이들이 도움을 청할 때마다 잘 적어 놓았다가 다음에 아이가 스스로 할 수 있게끔 교실 환경을 조성한다. 가령 아이가 휴지를 달라고 하면 휴지 상자를 아이 손이 닿는 곳에 둔다. 아이가 휴지를 상자에서 몽땅 다 꺼내 놓으면 작은 바구니에 휴지를 몇 장만 꺼내서 접어 두고 사용할 수 있게 한다.

우리는 집을 아이가 탐험하기에 안전한 공간으로 만들기를 원한다. 아이가 뭔가 위험한 것을 만지거나 유리컵을 만져 엎지르면 어느새 "안 돼!"라고 말하고 있는 자신을 발견한다. 유혹을 없애는 공간을 만드는 방법을 강구하자. 전기 소켓은 덮개를 씌우고 아이들이 다니지 말았으면 하는 공간은 가구로 막는다. 열지 말아야 하는 찬장에는 어린이를 위한 안전장치를 단다. 그리고 깨지기 쉬운 유리로 만든 캐비닛은 아이가 좀 더 클 때까지 보관 창고에 넣어 둔다.

집안 전체를 안전하게 만들 수 없어도 한 구역 정도는 아이가 자유롭게 놀 수 있도록 허용된 공간을 만든다. 필요하다면 이곳 출입구에 아기 전용문을 설치한다. 아이가 움직이길 원하니 아이의 동작을 제한하는 아기 놀이울playpen은 치우는 게 좋다.

공유 공간

아이가 한 명 이상이라면 다음 사항을 좀 더 고려해 볼 필요가 있다.

- 연령별로 공간을 꾸민다
    - 더 어린아이 또는 어떤 연령의 아이든지 사용할 수 있도록 활동 도구를 진열대 아래 칸에 둔다. 큰 아이에게 적합한 작은 물건들을 사용하는 활동 도구는 교구장 위 칸에 둔다.
    - 작은 물건들은 어린아이가 열기 힘든 상자 속에 보관한다.
    - 아이 스스로 혼자 갈 수 있는 공간을 한두 군데 정도 만든다. 의자 두 개와 담요로 아이가 숨을 수 있는 공간을 만드는 것처럼 간단하게 만들 수도 있다. 바깥에 "개인 공간"이라는 푯말을 매달아 놓고 다른 형제자매가 가까이 오면 그것을 보여 주며 이렇게 말한다. "개인 공간이라고 쓰여 있어. 지금은 형이 혼자 있고 싶은 거야. 그러니까 다른 할 것을 찾아보자."
    - 어린 동생이 중간에 끼어들면 활동을 간소화해 어린아이도 참여할 수 있게 한다.
- 장난감을 같이 쓴다.
    - 장난감과 활동 도구를 어떤 식으로 공유할지 계획을 세운다. (장난감 나누기에 대한 추가 정보는 7장을 참고한다.)
- 방을 같이 쓴다.
    - 공간을 아이별로 개인화한다. 예를 들어 침대 위 선반에 개인 물건, 사진, 수집품 등을 둔다.
    - 필요한 경우 커튼을 이용해 방을 나눠서 사생활을 확보해 준다.
    - 언제 불을 꺼야 하는지와 같이 공간을 사용할 때 합의할 점 등을 확실하게 한다.
    - 아이들이 혼자 있을 수 있는 공간을 만들어 준다.

작은 공간

집이 크면 작은 공간을 만들기 더 쉬울 거로 생각하기 쉽다. 그러나 집이 좀 작더라도 얼마든지 가능하다. 어쩌면 작은 공간에서 지켜야 할 필수 원칙일 수 있다. 우리는 제한된 공간을 최대한 효과적으로 사용하기 바란다. 그렇지 않으면 금방 잡동사니가 널려 있는 감당하기 힘든 상황에 빠질 수 있다. 공간이 작은 경우 창의성을 발휘하는 기회로 삼을 수도 있다.

도움이 될 만한 정보를 소개한다.
- 이층 침대나 높은 침대를 사용한다. 아니면 일본식 요 같은 매트리스를 사용하고 낮에는 다른 곳에 넣어 둔다.
- 다기능 가구를 사거나 가구를 없애서 놀 공간을 만든다.
- 가벼운 골조, 부피감이 적은 가구를 놓는다. 더 넓은 공간 같은 느낌을 주기 위해 중립적인 색깔을 사용한다.
- 잡동사니가 널려 있다는 느낌을 받지 않으려면 적은 재료만 진열해 둔다.
- 벽 공간(만들기 재료를 걸 수 있는 손잡이 보드 등)을 활용한다. 또는 침대 밑처럼 덜 사용하는 공간을 찾아서 물건 보관 장소로 이용한다. 천장 가까이에 놓인 보관용 캐비닛은 벽과 똑같은 색을 칠한다.

가정 환경의 중요성

다음의 아이디어는 혼란을 줄이고 아이들이 좀 더 참여하는 공간을 만드는 데 영감을 줄 것이다.

- 아이가 실생활에 참여하도록 격려한다.
- 아이의 독립성을 키우는 데 도움을 준다.
- 평화롭고 육아에 적합하며 가족 전체를 위한 창의적인 공간을 제공한다.
- 잡동사니가 덜한 상태에서 좀 더 집중력이 필요한 활동을 통해 아이가 집중력을 기를 수 있게 돕는다.

- 아이가 공간의 아름다움을 흡수하고 감상하게 한다.
- 자기 물건에 책임지는 법을 아이에게 보여 준다.
- 아이들이 살고 있는 공간의 문화를 흡수하는 계기를 제공한다.

적절하게 집을 꾸미는 것은 아이들과 함께하는 생활에 안정감을 만들어 내는 데 도움이 된다. 집을 가꾸는 과정에서 오늘 하루를 바꾸는 조그만 변화의 영감을 얻을 수 있기 바란다. 집을 정리하고 꾸미는 작업을 지속하면 공간을 더욱 편리하게 사용할 수 있고 보기에도 좋다. 아이들의 참여도도 높일 수 있다.

실천하기

1. 다음의 것들을 제공할 수 있는가?
   - 아이 크기에 맞는 가구
   - 화초나 미술품 등으로 꾸민 아름다움
   - 아이가 독립성을 키우는 방법
   - 흥미로운 활동
   - 잡동사니가 덜 있는 환경
   - 모든 것이 있고 제 자리에 있는 환경
   - 보관할 장소
2. 아이의 관점에서 공간을 볼 수 있는가?
3. 방마다 아이를 위한 공간을 만들 수 있는가?

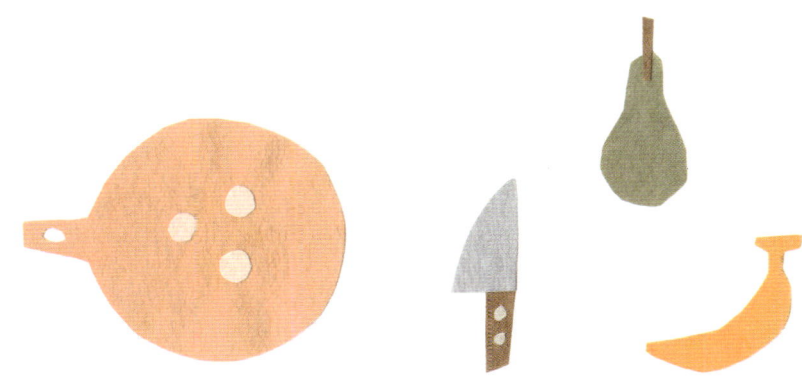

가정 방문

오스트리아

엘트런 폼 마르스Eltern vom mars에 나온 애나의 집을 보고 영감을 얻어 보자.

오스트리아에 있는 몬테소리 가정을 둘러보자. 모든 것이 아이 눈높이에 맞춰 마련되어 있고 공간은 간결하면서도 아름답다. 물건이 제자리에 사용할 수 있는 상태로 놓여 있어서 아이가 언제든지 이용을 할 수 있다. 단순한 색깔이 안정감을 준다. 그러면 이제 다른 곳을 구경해 볼까?

자기 자신을 돌보는 공간

이 조그마한 공간은 간결하지만 아름답다. 여기에서 아이는 코와 얼굴을 닦고 머리를 빗는다.

등받이가 없는 낮은 의자 위에는 휴지와 머리빗이 담긴 바구니가 있다. 그 밑에 있는 작은 바구니는 다 쓴 휴지를 모아 두는 용도로 쓰인다. 직각으로 달린 거울로 아이는 전신을 볼 수 있다. 집에서 나가기 전 자기 모습을 얼른 점검하기에 적격이다.

미술과 만들기 공간

이 공간은 아이를 위한 곳이다. 교구장이 개방되어 있어서 접근이 쉽다. 쟁반과 각종 보관 용기를 이용해 물건을 정리해 둬서 무엇이 있고 무엇을 쓸 수 있는지 살펴보기 매우 쉽다.

맨 위 교구장에는 색연필들이 색깔별로 분류되어 있다. DIY 유리병에 색연필을 넣고 간단한 메모를 적은 스티커를 붙였다. 작은 유리 단지 안에는 구슬과 꿰기 활동에 필요한 실이 담겨 있다. 와시 테이프, 구멍 뚫는 기계, 가위가 구비돼 있다. 마커펜은 투명 단지 속에 있다. 그리고 붓과 수채화 물감도 있다.

화초는 공간을 부드럽게 만든다. 아이가 음악을 골라서 들을 수 있도록 음악 재생기를 뒀다. 사진에는 안 나와 있지만 이 교구장 옆에는 아이가 미술과 만들기 활동을 할 때 이용할 수 있는 작은 탁자와 의자가 놓여 있다.

주방

낮은 서랍에 음식 준비에 필요한 도구들을 둬서 아이가 주방 일을 도울 때 사용할 수 있게 한다.

숟가락과 포크는 유리병에 꽂혀 있고 바구니 안에는 밀대, 거품기, 껍질 벗기는 칼이 있다. 작은 강판, 주스를 만드는 기구, 달걀을 자르는 칼, 사과를 자르고 심을 빼는 도구 등도 구비해 놓았다.

외부 공간

바닥 포장을 한 구역이 아이가 탐험할 만한 멋진 외부 공간으로 바뀌었다. 빗자루, 정원 관리 도구들이 고리에 걸려 있어서 언제든지 사용할 수 있다. 그 앞에는 물뿌리개와 양동이가 있다. 수직 공간을 이용해 화분을 여러 개 진열해 뒀다.

날씨가 좋을 때는 이곳을 다른 활동을 위한 공간으로 사용할 수 있다. 아침 식사를 쟁반에 간단하게 챙겨 나와서 먹거나 탁자와 의자를 놓고 앉아 있을 수도 있다.

충분한 관심을 받은
호기심 많은 아이로 키우기

PART 1
아이의 호기심 키워 주기

- 104 호기심을 키우는 5가지 요소
  - 104 아이에 대한 신뢰
  - 105 풍부한 학습 환경
  - 105 시간
  - 106 안전하고 안정감 있는 장소
  - 106 상상력을 발휘할 수 있는 기회
- 108 호기심 많은 사람으로 기르기 위한 7가지 원칙
  - 108 아이가 주도하게 한다
  - 109 직접 체험하는 학습 형태를 취한다
  - 110 아이가 실생활에 참여하게 한다
  - 111 서두르지 않는다
  - 112 아이가 스스로 할 수 있는 기회를 준다
  - 114 창의력을 키워 준다
  - 116 관찰한다

PART 2
아이를 있는 그대로 받아들이기

- 120 아이가 존재감, 소속감
  있는 그대로 받아들여진다는 감정을 느끼게 한다
- 121 아이의 통역사가 된다
- 122 감정은 무엇이든지 표현하게 하지만
  모든 행동을 허용하지 않는다
- 123 아이에게 칭찬 대신 피드백한다
- 125 역할과 꼬리표

PART 1

아이의 호기심 키워 주기

2장에서 논의했듯 몬테소리 교사는 아이를 사실fact로 가득 채워야 할 그릇이라고 생각하지 않는다. 아이는 진정 배우기를 좋아하고 스스로 발견하여 창의적인 해결책을 만들어 낸다. 가정에서 다음의 5가지 재료로 아이들의 호기심을 키워 줄 수 있다.

호기심을 키우는 5가지 요소

1. 아이에 대한 신뢰

몬테소리 박사는 아이가 배우고 성장하기를 원한다는 사실을 우리가 믿기를 바랐다. 아이는 발달하기 위해 해야 할 일을 본능적으로 알고 있다. 이는 아이에게 탐험할 풍부한 환경을 제공한다면 배움을 강요할 필요가 없고 또래 다른 아이들과 "다르게" 발달한다 해도 걱정하지 않아도 된다는 의미이다. 우리는 아이가 그만의 특별한 길을 가며 나름의 방식으로 자기만의 시간표에 맞춰 발전하고 있다는 것을 믿으면 된다.

또한 우리는 아이가 자기 신체의 한계를 스스로 배운다고 믿는다. 유아들은 주변 세상을 탐험하고 싶어 하는 호기심 많은 학습자다. 우리가 예방하지 못할 사고가 날 수 있다. 그리고 일어나게 허용해야 하는 사고도 있다. 결국 아이들은 그런 사고를 통해 배운다. 그리고 아이가 제지당하기를 원하면 우리가 그 역할을 하면 된다. "저런, 놀랐지? 네가 너를 해치는 걸 지켜보기가 힘들구나. 몸이 저절로 나아서 다행이야. 정말 신기하지?"라고 말한다.

아이가 어떤 식으로 발달하는지, 자신을 해치지는 않는지를 두고 우리는 내내 걱정만 하지 않는가? 미래에 대한 염려는 내려놓고 지금 이 순간 아이들이 자신만의 특별한 여정을 즐길 수 있도록 믿으면 되지 않을까?

2. 풍부한 학습 환경

아이가 주변 세상에 대한 호기심과 배우려는 욕구를 발전시킬 수 있도록 풍부한 학습 환경을 제공하고 그것을 탐험할 시간을 줘야 한다. 풍부한 학습 환경이 반드시 비싼 재료로만 채워져야 하는 것은 아니다. 자연을 탐험하는 일은 전혀 비용이 들지 않는다. 카드보드로 만든 튜브에 줄을 매달고, 사슬을 떨어뜨리고, 마른 콩을 분류하는 일은 거의 돈이 들지 않는다.

3장의 활동 부분에서 우리가 배운 핵심은, 아이들을 지속적으로 관찰해서 현재 아이가 숙달하고자 하는 것을 연습할 기회를 주는 것이었다.

우리 아이의 환경은 물리적, 사회적으로 어떤 모습인가? 그들 주변의 어른들은 어떤 모습인가? 환경이 아이들에게 탐험할 기회를 풍부하게 제공하는가?

3. 시간

아이가 탐험하고, 발견하고, 경이감을 느끼고, 욕구를 발전시키고 확장하려면 시간이 필요하다. 아무런 일이 정해지지 않은 시간, 서두르지 않는 시간, 심지어 지루하다고 느낄 시간이 필요하다. 탐구할 시간을 주라. 움직일 시간, 대화할 시간을 아이에게 주라. 연결될 시간, 경이로움을 발견하고 호기심을 발전시킬 시간을 줘야 한다.

당신이 일하든 온종일 아이와 함께 지내든 간에 우리에게 주어진 시간에 대해 창의적으로 생각해 보자. 매일 15분에서 30분 정도 계획에 없던 시간을 내기 위해 상황을 바꿀 수 있는가? 아니면 주말에 한두 시간 정도 시간을 낼 수 있는가? 이를 위해 어떤 일을 하지 않을 수 있을까?

4. 안전하고 안정감 있는 장소

부모로서 우리는 아이에게 육체와 정서 측면에서 안정과 평안함을 제공해야 한다. 전기 소켓, 차가 많이 다니는 도로를 비롯한 여러 가지 위험 상황에서 아이를 육체적으로 안전하게 지켜 줘야 한다. 안전한 집을 만든다. 집 전체가 힘들다면 특정 구역이라도 안전하게 만들어서 아이가 자유롭게 탐험할 수 있게 한다.

정서적으로도 우리는 아이에게 안전함을 제공해야 한다. 아이를 있는 그대로 받아들인다. 그러면 아이는 우리가 그들을 위해 있으며 어려울 때 기댈 수 있는 존재로 받아들이고 신뢰한다. 이런 안전과 안정감을 느끼는 아이는 마음껏 호기심을 가지고 세상을 탐험할 수 있다.

아이에게 우리가 그들을 위해 있고, 어려운 시간이 와도 곁에 있을 것이라는 믿음을 보여 줄 방법이 있을까? 아이의 눈으로 바라보고, 우리에게는 작게 보이지만 아이가 품고 있는 크고 깊은 감정을 파악할 수 있는가?

5. 상상력을 발휘할 수 있는 기회

아이가 세상에 대해 질문할 수 있게 한다. 모든 감각을 이용해 세상을 탐험하게 하고, 가능하면 자주 자연을 만나게 해 준다.

아이에게 상상력을 발휘할 수 있는 기회를 충분히 주고 있는가? 아이가 모든 감각을 이용해 세상을 탐험할 수 있게 하는가? 자연에서 영감을 받아 아이에게 상상력을 불어넣어 주고 있는가?

호기심을 키우는
요소와 원칙

5가지 요소

1. 아이에 대한 신뢰

2. 풍부한 학습 환경

3. 시간

4. 안전하고 안정감 있는 장소

5. 상상력을 발휘할 수 있는 기회

7가지 원칙

1. 아이가 주도하게 한다.

2. 직접 체험하는 학습 형태를 취한다.

3. 아이가 실생활에 참여하게 한다.

4. 서두르지 않는다.

5. 아이가 스스로 할 수 있는 기회를 준다.

6. 창의력을 키워 준다.

7. 관찰한다.

호기심 많은 사람으로 기르기 위한 7가지 원칙

앞서 살펴본 호기심을 키우기 위한 5가지 요소를 확실히 제공할 수 있다면, 아이는 주변 세상에 대해 호기심을 품고 스스로 생각하고 행동하며 실천할 수 있는 능력을 발전시킬 것이다. 5가지 기본 요소를 토대로 7가지 원칙을 적용해 아이를 호기심 많은 사람으로 길러낼 수 있다. 7가지 원칙은 다음과 같다.

1. 아이를 따른다. 아이가 주도할 수 있게 한다.
2. 배움을 격려한다. 아이가 탐험할 수 있게 한다.
3. 아이가 실생활에 참여하게 한다.
4. 서두르지 않는다. 아이가 자신의 속도대로 할 수 있게 한다.
5. 스스로 할 수 있는 기회를 준다. 아이가 독립적이고 책임감 있게 행동하게 한다.
6. 창의력을 키워 준다. 아이가 상상력을 발휘할 수 있게 한다.
7. 관찰한다. 아이가 우리에게 보여 주게 한다.

몬테소리 방식을 실생활에 적용할 수 있도록 7가지 원칙을 하나씩 자세히 살펴보자.

1. 아이가 주도하게 한다

> "아이들은 그렇게 배운다. 자신이 배운다는 것을 인식하지 못하면서 모든 것을 배운다. 항상 기쁨과 사랑의 길을 걷는다."
>
> - 마리아 몬테소리, 『흡수하는 정신』

아이가 주도하게 하는 것이 얼마나 중요한지 이미 이야기했다. 아이가 무엇인가에 깊이 집중하고 있으면 가능한 절대 중간에 끊거나 방해하지 말고 그들이 흥미 있어 하는 것을 지속하게 둔다. 이게 너무 많이 반복되지는 않을 거로 생각한다. 그게 바로 몬테소리 방식의 근간이다. 가령 산책하러 가기로 하면 아이가 앞서가게 한다. 우리는 멈추고 아이 속도에 맞춰서 아이를 따라간다. 또 한 가지 예로 만약 아이가 현재 등대에 관심이 있다면 아이와 등대에 관해 많이 이야기하고, 등대에 가 보고, 등대에 대한 책을 읽고, 모형 등대를 아이와 함께 만들어 보는 것이다. 아이가 아침에 일찍 일어나는 유형이 아니라면 저녁에 할 수 있는 활동을 준비한다는 의미이기도 하다.

아이를 따르는 것은 그 아이만의 시간표를 따라가고 지금 아이들이 보는 것을 보며 언제, 무엇을 배워야 하는지에 대한 우리의 생각을 강요하지 않는 것이다. 확실하게 밝히는데, **아이를 따른다는 것은 무조건 허락하는 게 아니라 아이가 좋아하는 일을 하도록 허용하는 것이다.**

필요하다면 아이의 안전을 확보하고 아이 자신과 환경 그리고 다른 이들을 돌보기 위해서 한계를 정한다. 하지만 직접적인 지시는 하지 않는다. 명령하고, 교훈을 주려고 하고, 너무 많은 정도를 알려 주려고 하다 보면 '아, 맞아. 이러지 말고 한 발자국 물러서서 아이가 주도하게 해야 해.'라고 생각한다.

해야 할 일이 있을 때 우리는 종종 이렇게 생각한다. '옷을 입혀야 해. 어린이집에 데려가고 저녁을 먹여야 해. 목욕을 시켜야 해.' 이 모든 일을 하겠지만 똑같은 일을 "아이가 하는 대로 따라가며" 할 수 있다. 으름장을 놓거나 상 또는 벌을 줘서 아이가 어떤 일을 하게 하기보다는 아이와 함께 작업하는 법을 배울 수 있다. 제한을 두면서도 유아와 협력하는 방법은 6장에서 좀 더 자세히 살펴볼 것이다.

2. 직접 체험하는 학습 형태를 취한다

유아는 사물을 만지고, 냄새를 맡고, 소리를 듣고, 맛을 보면서 가장 잘 배운다. 호기심 많은 아이로 키우기 위해 직접 체험해 보는 학습 방식을 찾아보자. 아이가 질문하기 시작하면 바로 답을 주기보다는 "잘 모르겠는데? 같이 알아보자."라고 말한다. 그리고 아이와 함께 작은 실험을 하거나 같이 탐구한다. 가령 확대경을 사용해 사물을 자세히 관찰하고, 같이 동물원에 가거나 도서관에서 가서 책을 찾아 보고, 관련 주제를 잘 아는 이웃에게 물어본다.

유아는 모르는 것이 있을 때 그것을 알아낼 수 있는 방법을 찾는다. 아이들은 주로 직접 체험을 통한 구체적인 방식을 택한다. 집에서 아이는 사물을 만지고 느끼면서 주변 환경을 탐구한다. 그때 "안 돼. 만지지 마."라고 말하기보다 아이가 연습하고 있는 기술을 관찰하고 좀 더 적절한 활동으로 바꿀 수 있게끔 유도할 수 있다. 아이가 책장에서 책을 꺼내고 있으면 우리가 책을 다시 책장에 끼워 놓고 아이가 책 꺼내기 연습을 반복할 수 있도록 한다. 그렇게 하기 싫다면 비슷한 다른 활동, 가령 바구니에 담긴 스카프들을 꺼내는 것으로 바꿔서 할 수도 있다. 아이가 지갑을 만지고 안에 있는 카드와 현금을 모두 꺼내면 역시 바구니에 여닫을 수 있는 다른 물건을 넣어 놓고 아이가 마음껏 여닫으며 안에 들어 있는 것을 찾아볼 수 있게 한다. 나의 교실에서는 낡은 지갑 안에 더 이상 안 쓰는 회원 카드와 도서관 카드 등을 넣어 둬서 아이들이 지갑을 열고 뒤지게 둔다.

자연은 직접 체험과 감각을 이용한 학습을 하기에 최적의 장소다. 바람을 맞고, 태양을 느끼고, 손가락으로 모래와 흙을 만져 보고, 파도 소리와 나뭇잎 바삭거리는 소리를 듣고, 바다와 숲속 냄새 등을 맡아 보자.

3. 아이가 실생활에 참여하게 한다

유아는 어른이 하는 일에 호기심을 느낀다. 아이들은 당당히 가족의 일원이 되고 싶어 한다. 일부러 우리 다리를 붙잡고 늘어지며 어른을 화나게 만드려는 게 아니다. 3장에서 우리는 유아와 실생활에서 함께할 수 있는 여러 가지 실제 활동에 대해 살펴보았다.

음식 준비를 할 때 아이가 돕게 한다. "저녁 준비를 할 거야. 너는 어떤 일을 하고 싶니?"라고 말하며 참여를 유도한다. 아이가 물건 옮기는 일을 돕게 한다. 또는 아이에게 유아용 디딤대를 줘서 주방 일을 함께할 수도 있다. 아이가 고리에 걸어 둔 앞치마를 내려서 입고 손을 씻은 다음, 샐러드용 양상추를 씻어서 작은 크기로 자르거나 다른 채소를 헹구게 한다. 아이가 흥미를 잃어버리면 잠시 다른 것을 하게 둔다.

빨래도 아이와 함께할 수 있는 활동이다. 내 아들의 유아기에 나는 빨래할 때 아이를 들어 올려서 아이가 세탁기 버튼을 누르게 했다. 빨래를 다한 후 옷을 꺼낼 때 아이가 옆에서 도왔고, 내가 빨래를 널 때 아이는 빨래집게를 가지고 놀곤 했다. 이때 빨랫줄을 낮게 달아서 아이가 직접 옷을 널어 보게 할 수 있다. 오스트레일리아에 살 때라 야외에 빨래 줄을 달 공간이 충분했다. 딸은 작은 매트에 누워 있거나 이리저리 돌아다니며 우리가 떠드는 것을 보곤 했다. 그런 게 집에서 누리는 작은 행복이라고 느끼기도 했다. 대부분은 살짝 질서가 잡힌 혼란 상태 같았지만 그래도 항상 재미있었다.

어린아이와 함께 무엇을 하려면 더 지저분해지고 느려진다고 생각할 수 있으나 그렇지만은 않다. 그런 면이 있을 수 있지만 서로 연결된다는 유대감을 느끼며 평생 기억할 추억을 만드는 시간이 될 수 있다.

매일, 매주 하기 힘겹다고 느껴지면 일단 먼저 시간이 있을 때 하나씩 시작한다. 가령 주말에 집에 있으면서 빨래를 할 때, 빵을 굽거나 화초나 정원을 돌봐야 할 때 한 두 시간 정도 아이와 함께할 시간을 할애하기로 미리 계획한다. 주중에는 시간이 없을 수 있고, 아이가 요리하는 것을 돕고 지켜보는 일에 인내심을 발휘하기 힘들 수 있다. 그럴 때는 식탁을 차리고, 식사 때 음료수를 따르고, 식사 후 접시와 그릇을 싱크대에 놓는 활동을 아이에게 제안한다. 우리가 즐거운 일 그리고 아이와 함께하고 싶은 일부터 시작한다.

좀 더 자세한 사항은 3장의 "실생활 활동" 목록이나 부록에 있는 "유아를 위한 몬테소리 활동" 목록을 참고한다.

4. 서두르지 않는다

> "빨리하는 것이 맞을 때는 빨리한다. 반대로 천천히 해야 할 때는 천천히 한다.
> 음악가가 말하는 정확한 박자, 템포 주스토에 맞춰 삶을 살라."
> — 칼 오노레, 『느린 것은 아름답다 In Praise of Slow』

유아와 함께하면 평소의 "템포 주스토 tempo giusto"에서 훨씬 더 느려지게 된다. 유아는 서두르는 것을 좋아하지 않는다. (큰 열린 공간을 발견했을 예외다. 큰 열린 공간을 보면 뛰려 한다.) 멈춰서 함께 인도의 깨진 틈을 관찰하고 결과보다는 과정을 즐긴다. 천천히 가면 아이가 탐구하고 호기심을 가질 시간을 줄 수 있다. 그리고 우리는 아이에게서 중요한 것을 배우게 된다. 아이는 천천히 한 박자 느리게 걸으며 현재를 사는 법을 일깨워 준다. 과거 혹은 미래에 대해 걱정하며 체크리스트를 만드는 일도 잊을 수 있다.

아이의 협조가 필요하면 "천천히 하라."가 최고의 조언이다. 아침마다 "또 늦었어!"라고 말하지 말고 천천히 하는 연습을 하라는 의미다. 우리가 아이에게 스트레스를 줄 수 있다. 그러면 아이들은 저항할 것이고 결국은 더 늦어지게 된다. (늦지 않는 법에 대해서는 165쪽을 참고한다.) 조금 느리게 살다가도 가끔 서둘러야 할 때가 있다. 알람시계를 꺼 버려서 늦었는데 버스를 타야 할 경우, 이때 아이들은 훨씬 더 기대에 부응해 행동할 것이다. 하지만 매일 서둘러야 한다고 재촉하면 정작 아이의 협조가 필요할 때 아이가 그 요청을 무시할 수 있다.

5. 아이가 스스로 할 수 있는 기회를 준다

몬테소리에서는 "스스로 할 수 있게 해 준다"라는 말을 즐겨 한다. 그 의미는 이렇다.

- 아이 스스로 해서 성공할 수 있게 준비한다.
- 개입은 가능하면 적게 반드시 필요한 경우에만 한다. 그리고 뒤로 물러나서 아이가 계속 시도하게 한다.
- 연습할 시간을 준다.
- 우리가 수용하고 지원한다는 것을 보여 준다.

아이에게 기술을 가르치는 방법

단계를 세분화해서 **아주 천천히** 보여 준다. 행동을 보여 주며 동시에 말을 하지 않으면 유아는 더 빨리 배울 것이다. "잘 봐!"라고 간단히 말하고 동작을 천천히 확실하게 시범을 보인다.

비계 설정 기술

몬테소리 교실에서는 아이들이 몬테소리 교구들을 이용해 간단한 단계에서 조금씩 복잡해지는 단계로 기술을 발전시키는데, 나는 이런 방식이 매우 좋다. 집에서 아이들을 가르칠 때도 같은 원칙을 적용해 아이들 스스로하게 한다. 비계 설정 기술을 적용하면 아이는 자신감을 갖고 성숙해진다.

기술은 단계별로 점점 더 어려워진다. 여러 단계의 지시사항을 이해하기 위해서는 좀 더 복잡한 과정을 거쳐야 할 필요도 있다. 신발 신는 법을 예로 들어 설명하겠다. 먼저 신발 속에 발을 집어넣는 법을 아이에게 보여 준다. 그다음에 벨크로 끈을 조이는 법을 보여 준다. 이것에 숙달하면 아이는 스스로 벨크로를 당겨 조이는 법을 배울 수 있다. 그다음에 아이 혼자 신발을 신게 해 본다.

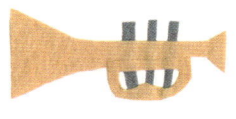

시간을 준다

일상생활을 할 때 아이에게 충분한 시간을 주면 아이가 스스로 하는 법을 깨칠 수 있다. 아이 속도에 맞춰 옷 입는 것을 예로 들어 보자. 시간을 무제한으로 주라는 의미가 아니다. 10분에서 15분 정도 혼자 옷을 입게 하고 우리는 가까운 곳에 앉아 차를 한 잔 마신다. 그렇게 잠시 휴식을 하면서 아이가 옷 입는 법을 스스로 배울 수 있게 한다. 비 오는 날이라면 아이 스스로 양말을 신고 벗는 연습을 하게 한다.

이런 실생활 속 활동은 아이가 무언가를 배우고 가족과 유대감을 맺는 기회가 되며, 아이가 스스로 하는 방법을 익히면 자신의 능력에 자신감을 갖게 된다. 시간이 너무 걸려 짜증이 나기 시작해도 답답해하기보다 아이를 돕고 있다고 생각하고 다음 날 다시 시도해 본다.

실수에 너그러워진다

> "아이가 한 일을 우리가 고쳐서 다시 하는 것만큼 아이의 주도성을 빼앗는 것은 없다."
> -진 K. 딜러, 메리엔 화이트 던랩, 『의식적 육아의 힘 The Power of Conscious Parenting』

실수는 배울 수 있는 기회다. 아이들은 실수하고, 깨뜨리고, 흘리고, 때로는 다른 사람을 해치기도 한다. 아이가 도움을 청한다면 그것은 아이가 우리만큼 뭔가를 하지 못했다는 신호일 수도 있다. 벌을 주고 잔소리하거나 잘못을 고쳐주기보다 이렇게 해 보라.

1. 사물의 이름을 잘못 말하면 아이가 그걸 아직 모른다는 것을 기억해 둔다. 나중에(중립적인 시간에) 다시 가르쳐 준다. 바로 그 자리에서 바로잡는 것보다 나중에 다시 알려 주면 아이들은 배우는 것에 좀 더 마음을 열게 된다. 몬테소리 수업에는 **"고치지 말고 가르쳐서 깨닫게 하라"**라는 표현이 있다.
2. 아이가 물건을 깨뜨리거나 흘리면 닦고 치울 도구를 준다.
3. 아이가 때리거나 피해를 준 사람에게 사과할 때 옆에서 도와줄 수 있다.
4. 우리가 실수했을 때는 그걸 너무 심각하게 받아들이지 말고 "미안해. 그렇게 말하지 말아야 했는데." 또는 '그렇게 행동하지 말아야 했는데."라고 말하며 사과하는 법을 아이에게 시범 보인다.

도와준다

먼저 도와주려 서두르기보다는 아이 스스로 얼마나 처리할 수 있는지 기다리며 지켜본다. 처리하지 못하거나, 일이 너무 어렵거나 새로운 것이면 그때 돕는다. "내가 도와줄까?", "누군가의 도움이 필요해?", "내가 어떻게 하는지 한번 볼래?", "이렇게 해 봤니?"라고 물어보고 아이가 원할 때만 도움을 준다.

6. 창의력을 키워 준다

> "진정한 목적의식이 있는 활동을 경험하고 문제 해결을 많이 할수록
> 아이의 상상력은 더욱 유용하고 창의적이며 실질적으로 될 것이다."
>
> -수전 스티븐슨, 『즐거운 아이 The Joyful Child』

몬테소리 접근 방식은 아이의 창의력과 상상력을 지원하거나 장려하지 않는다는 그릇된 인식이 있다. 몬테소리 교구들은 개방형이기보다는 구체적인 목적을 지향하고, 몬테소리 수업에는 가상 놀이가 없으며 6세 미만의 아이에게는 환상을 장려하지 않기 때문일 것이다. (몬테소리는 오히려 우리 주변의 구체적인 세상에 초점을 맞춘다.)

상상력과 환상은 다르다

환상이란 현실에 존재하지 않는 것을 만들어 내는 것이다. 6세 미만의 아이는 가상과 현실의 차이를 쉽게 인지하지 못한다. 타냐 샤론과 재클린 울리가 실시한 "괴물이 꿈을 꾸는가? 환상과 실제의 차이에 대한 어린이의 이해도"라는 연구 조사에서 어린아이들에게 동물에 대한 가상의 그림과 실제 그림을 보여 주었는데, 3살 아이들은 실제와 가상을 구분하는 데 어려워했다.

아이가 책이나 다른 매체에서 용이나 괴물을 보고 또는 뉴스에서 어떤 이미지를 보고 무서워하는 모습을 볼 수 있다. 그런 것들이 실제로 느껴질 수 있기 때문이다. 하지만 상상력은 우리가 이미 보유하고 있는 정보를 토대로 창의적인 가능성을 의식적으로 고안해 낼 때 사용하는 것이다.

몬테소리는 아이가 창의적이고 상상력이 풍부한 성인으로 성장할 수 있도록 현실 세계를 경험하게 한다. 아이가 처음부터 실제 세상을 체험할 수 있는 환경을 제공한

다. 2살 반 정도가 되면 아이는 가상 놀이를 시작한다. 이것은 아이가 주변에서 보는 것을 처리한다는 의미다.(상상) 아이들은 가족 놀이를 하고, 우리에게 쿠키를 구워 주고, 학교 선생님인 척한다. 용이나 괴물 또는 눈으로 보거나 직접 경험할 수 없는 것을 무서워하지 않으면서(환상) 얼마든지 창의적으로 될 수 있다.

이를 위한 재료로 정해지거나 규정되지 않은 아이템을 제공한다. 가령 스카프 같은 물건은 다양한 방식으로 활용할 수 있지만 소방관 세트는 오로지 한 가지 용도로만 사용할 수 있다. 현실에 집중한다고 해서 창의력이 저하되는 것은 아니다. 오히려 창의력을 강화할 수 있다. 청소년기에 상상력이 특히 강해지면 그 토대는 더욱 탄탄해진다. 그리고 아이들은 세상의 문제와 사회 변화에 대처해 창의적인 해결책을 만들어 내기 시작할 것이다.

예술적 창의력에 대해

4장에서 논의한 대로 예술적 창의력을 위해 풍성하고 매력적인 공간을 제공한다.

- 아이 눈높이에 맞춰 아름다운 활동 도구를 배열한다.
- 창의력을 발휘할 수 있는 분위기를 조성한다. 아이가 탐구하도록 나이에 걸맞은 활동 도구를 아름다운 쟁반에 놓아둔다.
- 집에 미술 작품과 식물 등을 둬서 아름다운 공간을 만든다. 아이는 이를 흡수하고 거기에서 영감을 얻을 것이다.
- 활동 도구를 고를 때는 양보다 질을 고려한다.

아이가 미적 창의력을 키우는 데 도움을 주기 위해 우리가 알아 둬야 할 핵심 원칙이 있다.

- 활동 도구를 개방적으로 사용할 수 있도록 한다. (규정된 성격이 강한 미술 도구나 컬러링북은 적게 사용한다.)
- 아이가 창의력을 발휘할 수 있도록 우리도 스스로 노력한다. 아이에게 시간을 주고 탐구 활동으로 인해 주변이 지저분해지는 것을 받아들인다. 더러워져도 괜찮은 공간을 마련한다. 긴장을 풀고 아이와 함께 활동한다.
- 아이에게 지시하지 말고 물어본다. 아이의 탐구심을 키워 줄 수 있다.

- 아이가 권태로움을 느끼게 한다. 가지고 놀 장난감이나 즐길 영상 기기가 없고, 아무런 계획 없이 예기치 않은 시간이 생길 때 아이들은 지루해할 수 있다. 이때 아이들의 정신은 이리저리 배회하며 몽상할 수 있다. 또한 아이디어를 제시하고 새로운 생각을 할 수 있다. 아이들은 지루해할 때 자극을 추구하는데 이는 창의성으로 연결될 수 있다.
- 결과가 아닌 과정을 본다. 아이의 노력을 말해 주고 거기에 초점을 맞춘다. "커다란 원을 만들었네.", "이 두 가지 색을 섞었구나." 이런 식으로 말한다.
- 여기에는 실수란 것이 없음을 아이에게 보여 준다. 실험하고 결과가 예상과 다르게 나올 때 배울 수 있다.

우리 대부분이 아이와 함께하며 영감을 얻고, 탐구하고, 창조적 활동을 통해 재미를 느낄 수 있다.

7. 관찰한다

몬테소리 교사들은 부모들에게 종종 이렇게 말한다. "아이를 그저 관찰하세요." 그러면 대부분 '아이의 뭘 관찰해? 왜? 어떻게 하는 거지?'라고 생각한다. 관찰은 판단이나 분석을 배제하고 보거나 인식하는 것이다. 상황을 객관적으로 기록하되 분석하지 않는 비디오카메라처럼 되라는 의미다. 예를 들어 학생을 계속해서 관찰한 몬테소리 교사의 글을 살펴보자.

"존이 오른손에 쥐고 있던 연필을 흘린다. 연필이 바닥에 떨어진다. 존이 창문 밖을 바라본다. 그는 몸의 무게를 왼발에서 오른발로 옮긴다. 무릎을 구부린다. 오른손 엄지와 검지를 이용해 연필을 줍는다."

관찰을 통해 우리는 우리가 보는 것을 과학적으로 기록할 수 있다. 이러면 서둘러 반응하거나 억측하지 않게 된다. **반응하기보다는 정보를 가지고 대응할 수 있게 된다.** 좀 더 많은 세부 사항을 보고, 무엇인가 변화가 생길 때를 알아차리고, 우리가 보는 것을 판단하지 않는 연습을 할 수 있다. 그래서 아이들을 매일 신선한 시각으로 볼 수 있게 된다.

이렇게 관찰하는 것이 어떤 도움이 될까?

관찰은 여러 가지 면에서 도움이 된다. 우리는 관찰을 통해 아이가 자기만의 방식으로 발전하는 모습을 지켜보는 법을 배운다. 아이가 자신의 흥미를 따라가고 주변 세상에 대한 호기심을 유지하도록 도울 수 있다. 아이의 호기심과 창의력을 제한하는 대신 개입하기 전까지 기회를 보면서 기다리는 법과 아이들을 안전하게 지키기 위해 언제 차분하게 개입해야 할지 알게 된다.

일정 시간 동안 관찰을 하면 다른 때라면 놓칠 법한 아이에 대한 미세한 차이점을 알 수 있다. 또한 환경에 따른 요소를 식별할 수 있다. 아이의 독립성, 활동, 소통 또는 다른 발전 가능한 영역을 돕거나 이를 방해하는 성인을 알아볼 수 있게 된다. 관찰은 아이가 호기심 많은 학습자가 되는 것을 지원하는 데 도움이 된다. 판단하지 않고 아이가 할 수 있는 일을 선입견 없이 바라보고 아이를 선명하게 볼 수 있게 해 준다.

우리가 관찰할 수 있는 것

대근육 활동
- 아이가 서거나 앉는 방식
- 걷는 방식-다리 간격이나 팔 동작
- 균형
- 아이가 연습하고 있는 대근육 활동
- 아이가 대근육을 사용하는 활동을 선택하는지 여부
- 환경이 아이의 동작을 돕는지 아니면 방해하는지

소통
- 아이가 소통할 때 내는 소리, 단어
- 미소 짓기
- 울음 강도, 지속 시간
- 다른 몸짓 언어
- 아이가 자기를 표현하는 법
- 대화하는 동안 시선 맞추기
- 사용하는 언어
- 소통할 때 아이가 반응하는 방식

소근육 활동
- 아이가 물건을 움켜쥐고 잡는 법
- 아이가 사용하는 손가락과 손
- 아이가 붓이나 연필을 쥐는 법
- 어떤 소근육 활동과 기술을 아이가 연습하는지, 예를 들어 엄지와 검지를 이용하거나 바느질을 하는 법 등

인지 발달
- 아이가 관심을 가지는 것
- 아이가 연습하고 숙달하려고 배우는 것, 아이가 완성할 수 있는 활동
- 얼마나 오랫동안 활동을 할 수 있는지 여부

정서 발달
- 아이가 울거나, 미소 짓거나, 웃을 때
- 안정을 얻거나 스스로 안정을 취하는 법
- 이방인을 대하는 법
- 분리의 순간에 대응하는 법
- 아이가 원하는 대로 상황이 이루어지지 않을 때 그에 대처하는 법

자기 관찰
- 우리가 말하고 아이들과 소통하는 방식
- 아이를 관찰할 때 어떤 일이 벌어지는지
- 아이가 먹지 않고 자지 않을 때 우리가 대응하는 방식
- 우리가 좋아하거나 좋아하지 않는 일을 아이가 할 때 우리가 하는 말

사회성 발달
- 타인(또래와 어른)과의 소통
- 도움을 요청하는 법
- 타인을 관찰하는지 여부
- 타인을 도와주는 법

옷 입기
- 옷 입기가 아이의 동작과 독립성에 도움이 되는지 방해하는지
- 스스로 옷을 입고 벗으려 노력하는지
- 옷의 선호도를 표현하는지

먹기
- 무엇을 먹고 얼마나 많이 먹는지
- 먹을 때 적극적인지 수동적인지
    - 타인이 먹여 주는지, 스스로 먹는지

독립성
- 독립성의 징후
- 어른과의 관계

잠자기
- 일정한 잠자기 패턴
- 잠이 드는 방식
- 수면의 품질
- 잠잘 때 자세
- 잠자고 깨어나는 방식

PART 2

아이를 있는 그대로
받아들이기

유아는 자신이 중요한 존재로 인식되기를 원한다. 아이는 어딘가에 소속되어 있고, 있는 그대로 받아들여지기를 원한다. 우리가 이런 점을 이해한다면 아이와 전쟁을 벌이거나 아이 때문에 자극을 받지 않고 그들을 안내하고 지원하며 이끌 수 있다.

아이가 존재감, 소속감
있는 그대로 받아들여진다는 감정을 느끼게 한다

유아의 눈으로 세상을 보면 아이의 관점을 파악하는 데 도움이 된다. 이는 아이와 공감하고 그들을 연민하는 것과 유사하다. 어느 것을 선택하든 우리는 모두 자신의 관점에서 보면 옳다는 것을 인식한다. 아이가 다른 아이의 장난감을 뺏는다고 해도 심술을 부리는 게 아니다. 아이 관점에서 보면 그저 지금 당장 그 장난감을 가지고 놀고 싶은 것뿐이라는 걸 알 수 있다. 그래서 우리는 아이를 관찰하고, 도움이 필요한지 살펴보고, 정말 도움이 필요하다면 개입할 준비를 한다.

화분의 흙을 다 헤집어 놓는 아이를 보고 파괴적이라고 생각할 수 있지만, 역시 아이 관점에서 보면 그 아이는 자기 눈높이에서 환경 속에 있는 어떤 것을 관찰하고 지금 당장 그것을 탐구하는 것이다. 아이들이 화분을 관찰하고 난 후 우리는 화분을 버리든가 아니면 흙을 덮어주든가 결정을 내리면 된다. 아이가 혀를 내밀고 웃는 것이 우리를 놀리고 화나게 하려는 행위라고 생각하지 말고 역시 그들 관점에서 본다. 아이는 새로운 소리를 시험하고 우리의 반응을 보며 인과 관계를 파악하려 하는 것이다.

다시 한번 우리는 여기에서 아이를 관찰한다. 그리고 아이가 스스로 그런 행동을 멈추는지 본다. 아니면 다른 괜찮은 방법을 찾는다. "네가 나한테 혀를 그렇게 내미는 게 싫어. 그러니 저쪽 카펫으로 가서 공중제비 돌기를 해 보자."라고 말하며 다른 활동을 제안할 수 있다. 우리가 관찰하고 섣부른 판단을 배제할 때 아이를 제대로 보고 있는 그대로 받아들일 수 있다.

사람들은 "아이가 수줍음을 덜 타고, 좀 더 집중하고, 미술에 좀 더 관심을 갖고, 좀 더 활동적이게 만들려면 어떻게 해야 하죠?"라는 식의 질문을 많이 하는데, 이는 아이를 있는 그대로 받아들이지 않는다는 의미이다. 우리가 그들을 있는 그대로 받아들이고 지금의 모습을 사랑한다는 것을 아이에게 보여 주기 위해 노력한다. "존재감, 소속감 그리고 있는 그대로 받아들이기." 이건 누구라도 원하는 일이다.

아이의 통역사가 된다

아이의 관점에서 상황을 볼 수 있게 되면 필요할 때 그들이 하는 말을 사전에서 찾아보는 통역사가 될 수 있다. "ㄴ한테 ~라고 말하고 싶은 거야?"는 유아가 필요로 하는 것을 말로 옮길 때 유용한 표현이다.

아이가 음식을 바닥에 내던지면 "다 먹었다고 말하고 싶은 거야?"라고 말한다. 사람들을 욕하거나 부적절하게 행동하는 큰 아이에게도 같은 표현을 사용한다. "지금 화가 많이 난 것 같은데 다른 아이들이 네 물건을 만지는 게 싫다고 말하려는 거야?"라고 말한다. 또한 배우자나 아이의 조부모가 화가 나고 속상해할 때 그들의 말을 아이에게 통역해 준다. "엄마와 할아버지는 식탁에 앉아서 먹는 게 중요하다고 생각하는 것 같아. 그런데 너는 음식을 가지고 돌아다니며 먹고 싶은가 보구나?"

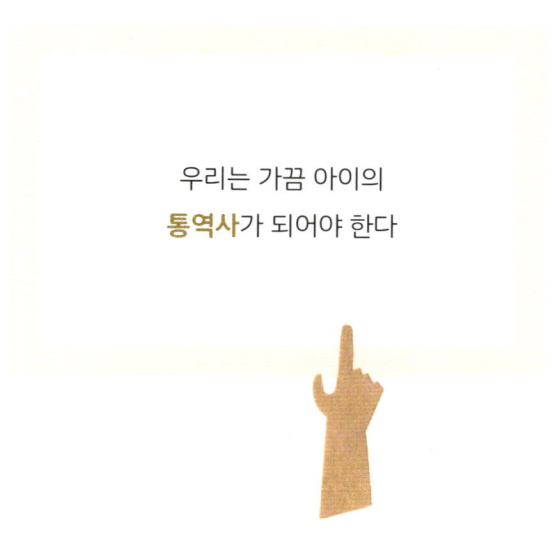

우리는 가끔 아이의
통역사가 되어야 한다

감정은 무엇이든지 표현하게 하지만
모든 행동을 허용하지 않는다

'아이를 있는 그대로 받아들이고 그들 관점에서 보고 감정을 허용한다면, 아이들 행동을 모두 받아 줘야 하는 건가?'라는 생각이 들 수 있다. 절대 그렇지 않다. 부적절한 행동을 하면 제지하기 위해 개입할 수 있다. 성인인 우리는 여전히 발전 중인 유아의 전두엽 피질(뇌에서 이성을 관장하는 부분)에 맞춰 종종 대응해야 한다. 아이들을 안전하게 지키기 위해 개입할 수 있다. 다른 사람들과 우리 자신을 안전하게 지키기 위한 일이기도 하다. 타인의 생각, 행동에 동의하지 않음을 표현할 때는 정중한 방식을 취해야 한다는 것을 보여 준다. 적절하고 책임감 있게 행동하는 법을 시범 보인다.

사례

"생각이 다를 수 있어. 하지만 네가 동생을 때리게 둘 수는 없어. 그러니 이쪽 옆에 앉아. 그리고 너는 반대쪽에 앉고."

"네가 나를 때리게 둘 수 없어. 나한테 그런 식으로 말하게 둘 수 없어. 그대로 두면 너 자신을 해칠 텐데 그렇게 둘 수 없어. 하지만 이게 너한테 중요한 것 같으니 이해하려고 노력해 볼게."

아이에게 칭찬 대신 피드백한다

몬테소리 교사들은 아이들이 자아의식을 형성하고, 자신을 있는 그대로 받아들이는 법을 배우고, 타인을 기분 좋게 대하는 방식이 무엇인지 배우는 데 도움이 되는 것을 좋아한다.

1970년대와 80년대 이래로 부모들은 아이의 자존감을 키워 주기 위해 칭찬하는 경향이 강해졌다. 그래서 부모들이 "잘했어.", "우리 아들, 잘한다.", "우리 딸, 잘한다." 하고 말하는 것을 종종 듣게 된다. 네덜란드에도 "굿조 goed zo(그거 좋아.)"라는 표현이 있다. 우리는 이 말을 모든 상황에 갖다 붙인다. 아이가 그린 그림을 보고 좋다 말하고 변기 물을 내리면 잘했다고 박수를 친다. 그리고 모든 육체 활동에 대해서도 칭찬을 아끼지 않는다. 그런데 이런 유형의 칭찬은 내면이 아닌 외면, 어떤 행동을 하게끔 하는 동기를 제공하는 요인일 뿐이다.

알피 칸이 "'잘했어요!'라고 말하지 말아야 할 5가지 이유"라는 제목의 글을 썼는데 요점은 다음과 같다.

- 아이를 동기 부여할 때 거래의 도구로 칭찬을 하면 아이를 조종하는 데 이용하는 격이 될 수 있다.
- 아이를 칭찬 중독자로 만들 수 있다.
- 칭찬은 사실상 기쁨을 빼앗는 작용을 할 수 있다. 아이는 자신이 성취한 것에 대해 기쁨을 느끼기보다 우리를 안심시키는 의미로 칭찬을 받아들이게 된다.
- 칭찬을 받기 위해 무엇인가를 할 때 아이들 스스로 동기 부여를 하는 효과가 약해질 수 있다. 칭찬이 의미를 빼앗기 때문이다.
- 칭찬하면 성취도가 낮아질 수 있다. 활동이 무엇인가를 해야 한다는 압력에 묶여 버리면, 아이가 활동을 통해 얻는 흥미나 즐거움이 저하되고 위험을 감수하려 하는 의지도 줄어든다.

대신 몬테소리 교사들은 아이에게 내재된 동기(무엇이 옳은지 그른지, 자신 또는 타인을 돕거나 해치는 것이 무엇인지 인식할 수 있도록 돕는 내면의 레이더)가 무엇인지 파악하고 강화할 수 있도록 돕는다. 그러면 아이 스스로 행동하는 법을 배우게 될 거라 믿기 때문이다.

대신 이렇게 말할 수 있다

우리가 "잘했어."라는 말을 얼마나 자주 하는지 처음 깨달으면 놀랄 수 있다. 이 점을 인식하기 시작하면 바꿀 수 있다. 우리가 다른 사람(성인)에게 피드백을 할 때 어떻게 말하는지를 생각해 보면 최고의 대안을 얻을 수 있다.

아델 페이버와 일레인 마즐리시가 쓴 『어떤 아이라도 부모의 말 한마디로 훌륭하게 키울 수 있다 How to Talk So Kids Will Listen and Listen So Kids Will Talk』의 몇 가지 아이디어를 나누고자 한다. 이 책은 우리가 고마워하는 바를 좀 더 구체적으로 아이들에게 알려주고 단순히 "잘했어."라는 말보다 더 풍성한 단어를 알려주라고 말한다.

1. 우리가 보는 것을 말한다

결과보다는 과정에 초점을 맞추고 아이가 한 일을 말한다. 아이의 행동과 성취한 것에 대해 긍정적이며 사실을 기반으로 묘사하고 피드백한다.

"접시를 주방에 가져왔구나."
"정말 기분이 좋아 보이는구나."
"옷을 혼자 입었네."
"블록을 바구니에 넣어서 교구장에 올려놓았네."
"파란색과 빨간색을 칠했구나. 여기 소용돌이 치는 게 보여."

2. 단어로 요약한다

"가방을 싸서 바닷가에 갈 준비를 했네? 그게 바로 '독립적'으로 행동하는 거야!"
"할머니가 가방 싸시는 걸 도와드렸구나. 이런 걸 '사려 깊다'라고 말하지."
"엄마한테 물어보지도 않고 바닥에 흘린 물을 대걸레로 닦았네? 아주 '재치'있게 행동했어."

3. 우리가 느끼는 감정을 묘사한다

"너 덕분에 신이 나."
"물건이 다 정리된 거실에 들어가니 정말 기분이 좋아."

역할과 꼬리표

아이를 있는 그대로 받아들인다는 것은 또 다른 측면에서 보면 사전 판단이나 생각을 배제하고 아이를 본다는 의미다. 어른으로서 우리는 아이의 삶에 참여하며 꼬리표 붙이는 행동을 할 수 있는데, 이건 조심해야 할 필요가 있다. 우리는 누군가에게 "광대", "부끄럼 타는 아이", "장난꾸러기"라는 식으로 꼬리표를 붙인다. "똑똑한 아이"나 "운동 잘하는 아이"처럼 긍정적인 꼬리표도 항상 좋은 효과만 준다고 하기는 어렵다. 이런 꼬리표들은 평생 지속될 수 있다. 아이가 자라서도 벗어나지 못할 수 있다는 의미다.

대신 우리는 아이가 **자신을 다른 관점**에서 볼 수 있도록 돕는다. 아이가 어려운 일을 잘 해냈을 때는 이를 다시 떠올리게 한다. 아이가 장애물을 극복하기 위해 얼마나 노력했는지 다른 사람에게 이야기할 때 아이가 듣게 한다. 예를 들면 서투른 아이라는 꼬리표가 붙을 수 있는 아이에게 이렇게 이야기한다. "네가 두 손으로 저 유리컵을 들고 조심스럽게 식탁으로 옮기는 거 참 보기 좋았어."

꼬리표는 보통 형제자매 사이에 붙여진다. 새로 아기가 태어나면 아이는 이제 오빠나 누나 혹은 언니나 형이 된다. 항상 바르게 행동하고 동생에게 모범적인 형, 누나, 오빠, 언니가 되어야 하는 막중한 책임감을 지는 것이다. 이럴 때 큰 아이에게 항상 책임을 지우지 않는다. 가령 욕실에 있을 때는 나이에 상관없이 아이들이 서로를 돌보게 한다. 큰 아이에게 모두 맡기기보다 작은 아이에게도 나이에 적절한 책임감을 부여한다.

유아를 있는 그대로 받아들이자. 기쁠 때나 어려울 때나 항상 그렇게 하자. 아이의 호기심을 키워 주고, 아이의 존재감을 인정하고, 소속감을 심어 주자. 아이들과 연결되어 유대감을 쌓을 수 있으며 **튼튼한 신뢰의 토대**를 만들 수 있다. 이런 토대는 아이와 협동하거나 한계를 정해야 할 때도 유용하다. **연결되지 않으면 협력할 수 없고 신뢰도 없으며 한계를 정하기가 힘들어진다.**

실천하기

1. 어떻게 하면 아이가 좀 더 호기심을 갖게 할 수 있을까?
   - 우리가 신뢰한다는 것을 아이가 느끼는가?
   - 학습 환경이 풍부한가?
   - 아이가 자기 속도에 맞춰 탐구할 시간을 주고 있는가?
   - 육체적으로 그리고 심리적으로 아이들은 안전한가?
   - 아이가 상상력을 발휘하도록 할 수 있는가?
2. 하루에 10분에서 15분씩 아이를 관찰하는 연습을 한다.
   - 호기심을 갖는다.
   - 객관적으로 본다.
   - 분석하지 않는다.
3. 어떻게 아이에게 존재감과 소속감을 심어 주고 우리가 그들을 있는 그대로 받아들인다는 것을 느끼게 할 수 있을까?
   - 아이 관점에서 본다.
   - 아이에게 맞춰 통역한다.
   - 칭찬보다는 피드백한다.
   - 역할 부여하기, 꼬리표 붙이기를 하지 않는다

협동심과 책임감 있는 아이로 키우기

6

PART 1
협동심 기르기

- 128 몬테소리 접근 방식이 아이에게 으름장 놓기, 상 주기 또는 체벌하지 않는 이유
- 130 유아와 함께할 때 생기는 문제 해결
- 133 아이가 참여하도록 하는 방법
- 134 아이에게 도움이 되는 말하기 방법
- 136 기대감 관리하기
- 138 작은 보너스

PART 2
한계 정하기

- 141 한계를 정해도 괜찮다
- 141 한계는 확실하게 정해 둔다
- 143 다정하면서 확실한 자세를 유지한다
- 145 부정적인 감정을 인정한다
- 147 짜증 부리는 상황을 해결한다
- 149 아이가 일단 진정한 후 다시 접촉한다
- 149 잘못을 바로잡도록 도와준다
- 152 한계 설정 시 유용한 팁
- 155 한계를 정할 때 확인해야 할 점

PART 1

협동심 기르기
아이가 당신 말을 듣지 않을 때

유아가 협동심을 기르도록 지도하는 일은 까다롭다. 유아는 본래 호기심이 많고 충동적이며 자기 의지에 충실하다. 유아에게 협동심을 끌어내려면 보통 으름장을 놓거나, 상을 주거나, 체벌을 하거나 몇 번이고 말을 반복해야 한다. 결국 우리는 '왜 이 아이는 내 말을 듣지 않는 거지?'라고 생각하게 된다.

"아이에게 천 번을 이야기했는데 여전히 배우지 않는다면 학습 지진아는 아이가 아니다."

- 월터 B. 바브

몬테소리 접근 방식이 아이에게 으름장 놓기, 상 주기 또는 체벌하지 않는 이유

훈육discipline이라는 단어는 라틴어 "Disciplina"에서 왔는데 "가르침, 학습"의 의미를 담고 있다. 따라서 아이들을 훈육하는 방법에서 **우리가 가르치는 것과 아이들이 배우는 것을 모두 고려해 봐야 한다.**

으름장 놓기, 상 주기 그리고 체벌은 외재적 동기 부여. 아이는 벌을 받지 않으려고 또는 스티커나 아이스크림을 먹기 위해 협력할 수 있다. 하지만 이런 종류의 훈육은 장기적으로 효과가 없다. 효과가 있다 해도 미봉책일 뿐이다. 중요한 현안에 집중하는 것을 방해할 수 있다.

학교 다닐 때 나는 선생님에 관한 못된 말을 해서 방과 후 학교에 남는 벌을 받은 적이 있다. (변명하자면 그 선생님은 구섭고 끔찍했다. 그래도 선생님을 '드센 여자'라고 불러서는 안 되는 것이었다.) 선생님은 그 말이 적힌 쪽지를 발견했다. 반 친구들에게 선생님이 고약하다고 말해서 벌을 받은 나는 기분이 아주 언짢았다. 그런 체벌이 효과가 있었을까? 전혀 그렇지 않았다. 내가 잘못했고 선생님에게 미안하다는 느낌보다는 오히려 그 선생님이 잘못했다는 기분이 들었다.

아이를 위협하거나 타임아웃 같은 벌을 줄 때 부모와 자녀 사이의 신뢰가 좀먹기 시작한다. 두 가지 일이 벌어질 수 있다. 아이가 어른을 두려워하거나 무서워해서 협력할 수 있다. 아니면 부모 몰래 은근슬쩍 빠져나갈 방법을 찾기도 한다. 위협하거나 상을 주면 아이가 협력할 수 있지만 그때도 아이는 원해서 협력하는 게 아니다. 그저 부정적인 결과(벌)를 피하거나 긍정적인 결과(상)를 얻고 싶어서다. 위협과 뇌물은 아이가 자라면서 좀 더 크고 정교하게 이루어져야 효과를 볼 수 있다. 가령 아이가 뭔가를 배워서 스티커를 받게 된다면 협력의 "대가"가 더 커질 것이다.

이런 방식으로 아이가 협력하게 만드는 것은 소모적이다. 아이는 모든 책임을 우리, 어른에게 돌릴 것이다. 그러면 우리는 생각을 한다. '**어떻게 이 아이가 옷을 입고, 먹고, 손을 씻게 할 수 있을까?**' 결국에는 잔소리를 하게 되고 아이는 우리 말을 전혀 듣지 않게 된다.

다른 방법이 있다. 아이가 도전해 올 때마다 우리는 그것을 아이를 가르칠 기회로, 아이 측면에서는 배우는 기회로 받아들인다. 냉정함을 잃지 않으면서 아이가 협동하게 만들고 함께 일할 수 있는 방법을 찾아보자. 우리 자신에게 이렇게 물어보자. "**지금 어떻게 이 아이를 도울 수 있을까?**

협력을 구축하는 것은 다음 사항들과 관련이 있다.
- 유아와 함께할 때 생기는 문제 해결하기
- 아이가 참여하도록 하기
- 아이가 듣는 데 도움이 되는 방식으로 말하기
- 우리가 갖는 기대감 관리하기
- 작은 보너스

Note · 아이의 협력을 얻어 내려면 유쾌감과 신뢰를 쌓아야 한다. 모든 일이 전투처럼 보일 때는 이 책의 앞으로 돌아가서 내용을 다시 훑어보면 좋다.

유아와 함께할 때 생기는 문제 해결

문제를 해결하려면 아이와 함께 해결 방법을 찾는다. 아이가 자신이 상황을 조절한다고 느끼도록 하는 것에서 시작하면 좋다. 작기는 해도 유아들은 참여하고 싶어 한다. 아이가 책임져야 하는 일이 아니더라도 문제를 어떻게 해결할 것인지에 대한 정보는 공유할 수 있다. 가령 "**어떻게 문제를 해결할까?**"라고 아이에게 물어보고 함께 해결책을 고민해 본다. 어른이 대부분 해결 방안을 고안하겠지만 아이는 그 과정을 배우고 있다. 그러니 아이를 저평가하지 않도록 한다. 가끔 아이들이 멋진 아이디어를 생각해 낸다. 우리 아이디어보다 훨씬 더 창의적일 때가 많다.

- "너는 공원에 있고 싶지? 나는 공원에서 나갈 준비가 되었어. 이 상황을 어떻게 해결하면 좋을까?"
- "너는 그 퍼즐을 끝내고 나서 셔츠를 입을 거지? 좋아, 나는 옷을 입고 올 테니까 그때 네가 도움이 필요한지 보자."
- "너희는 둘인데 장난감은 하나뿐이네. 너희가 어떻게 이걸 해결할지 궁금한데?"

말을 하지 못하는 단계의 아이도 가능하다. 가령 기어 다니는 동생이 장난감을 차지하고 있으면 아이는 다른 장난감을 동생에게 가져다주는 방법을 생각해 낼 수 있다. 문제가 좀 더 심각한 경우에는 해결책을 적어 본다. 아이들이 말하는 우스꽝스러운 아이디어도 모두 쓴다. 그다음에 같이 목록을 살펴보고 모두가 동의할 만한 해결책을 찾는다. 하나를 골라 시도해 본 다음 일정 시간이 지난 후 해결이 되었는지 살펴보고 필요하면 조정한다. 이 과정이 유아에게 익숙하지 않을 수 있지만 아이는 커가면서 우리 행동, 모습을 보고 연습하며 배운다.

그리고 유아는 계획된 해결책을 주도적으로 제시하고 일을 마무리 짓고 싶어 한다. 이것도 타인과의 문제를 해결하는 데 큰 도움이 되는 기술이다. (7장에서 형제에 대해 이야기할 때 다시 다룰 것이다.)

유아를 문제 해결 과정에 참여시키면 우리는 긴장을 완화하고 책임을 약간 덜 수 있다. 우리가 예상하지 못한 방식일 수는 있다. 하지만 강요하지는 않는다. 상황이 어떤 식으로 벌어지든지 열려 있는 자세와 호기심을 갖는 태도를 유지한다.

아이와 함께 체크리스트 만들기

　유아와 함께 문제를 해결하는 방법 중 하나는 같이 간단한 체크리스트를 만드는 것이다. (특히 그림이 들어간 것) 아침에 아이가 옷을 입으려 하지 않으면 아이가 해야 할 모든 단계를 그린 아침 일과표를 만든다. 밤에 잠자리에 드는 게 어려울 때는 물을 마시고 욕실을 사용하는 것을 포함해 잠자기 전에 해야 할 일을 적은 일과표를 만든다.

　일과표의 단계마다 그림을 그리거나 사진을 찍어 프린트해 붙인다. 아이가 매일 순서를 바꾸고 싶어 하면 그림이나 사진을 코팅해서 뒷면에 테이프를 붙여 사용한다.

　그다음에 무엇을 해야 하는지 일과표를 점검한다. 표를 보면 다음 일과가 나와 있다. "다음에 무엇을 해야 하는지 보이지?"내지는 "여기 표에 다음에는 '이 닦기'라고 나와 있네?"라고 말한다. 아이가 이 체크리스트를 만들고 사용하는 데 참여할 때, 바로 아이가 해결책에 대한 권한을 갖는 것이다.

일과 체크리스트

아침

이부자리 정돈하기

아침 식사하기

옷 입기

머리 빗기

이 닦기

신발 신기, 외투 입기

저녁

저녁 식사하기

목욕하기

잠옷 입기

이 닦기

물 마시기

화장실 가기(기저귀 갈기)

이야기 듣기

껴안기

잠자기

아이가 참여하도록 하는 방법

연령에 맞는 선택지를 준다

유아에게 협력할 수 있는 방법을 제안한다. 어느 학교에 다닐지와 같은 큰 결정이 아니라 계절에 맞는 선택지 중에서 어떤 색깔의 셔츠를 입을지, 언제 목욕을 할지, 캥거루 같이 점프하며 갈지, 게처럼 옆으로 걸어갈지를 고르게 하는 식으로 나이에 맞는 선택지를 준다. 그러면 아이는 자신이 상황을 통제한다는 느낌을 받고 과정에 참여하고 있다고 생각한다.

Note · 선택하는 것을 싫어하는 유아도 있다. 아이에게 맞는 방법을 사용하고 나머지는 자연스럽게 둔다.

아이에게 정보를 준다

"오렌지 껍질은 쓰레기통에 넣어."라고 명령하기보다는 "오렌지 껍질은 쓰레기통으로 들어가는 거야." 하는 식으로 정보는 준다. 그러면 아이는 껍질은 쓰레기통에 들어가야 한다는 것을 스스로 깨닫게 된다. 어른이 하는 명령이 아니라 아이가 선택할 수 있는 것이 된다.

한 단어를 사용한다

가끔 우리는 아이에게 지시할 때 너무 많은 단어를 사용한다. "공원에 갈 거야. 그러니 신발을 신어야지. 신발은 우리 발을 보호해 줘. 그러니 신는 게 좋지? 네 신발 어디에 있니? 아직 안 신었어?" 이런 식으로 계속 이어진다. 이러지 말고 한 단어를 사용한다. "신발." 그러면 아이는 스스로 무엇을 해야 하는지 알아차리고 그 상황을 조절한다.

또한 아이를 존중하며 소통한다. 아이는 이것도 받아들일 것이다. 한번은 우리 가족이 집을 나서느라 모두 외투와 신발을 신은 상태로 현관에 서 있었다. 현관은 상당히 좁은 곳이다. 당시 7살가량이었던 아들이 내게 "엄마, 신발 끈" 하고 말했다. 아래를 내려다보니 내가 아이의 신발 끈을 밟고 서 있었다. 아들은 눈알을 굴리며 "엄마 그렇게 내 신발 끈을 밟고 서 있어야 돼?" 혹은 더 심하게 말할 수도 있었다. 말이 많다보면 정작 말하려는 것의 의미가 퇴색될 수도 있다.

아이와 합의한다

어떤 결정을 내릴 때 아이가 참여하게 하고, 아이가 전 과정의 일부를 파악할 수 있게 하면 협력을 얻어 내기 쉬워진다.

집이나 놀이터를 떠나기 힘들어할 때 아이에게 5분 이내에 그곳을 떠날 거라고 말한다. 아이가 확실하게 들었는지 확인하고 어떻게 함께 할지 계획을 세운다. 아이는 5분이 얼마나 긴지 정확하게 이해하지 못할 수 있다. 하지만 시간이 지나면서 그 개념을 배우게 된다. "퍼즐 놀이하고 있구나. 우리는 5분 후에 나갈 거야. 그 전에 네가 퍼즐을 다 끝낼지 조금 걱정이 돼. 이따 돌아와서 할 수 있게 퍼즐을 따로 둘까? 아니면 지금 아예 다 치우고 나중에 다시 할래?"라고 말한다. 놀이터에서는 "5분 후면 여기서 나갈 거야. 그러기 전에 마지막으로 뭘 하고 싶어?"라고 말한다.

아이에게 경고함으로써 아이가 무언가를 상기하게 되는 것을 나는 좋아하지 않는다. 많이 사용하면 이는 외적 동기를 부여할 수 있다. 하지만 가끔 사용하면 아이와 합의를 하는 데 효과적이다. 특히 아이가 시간을 정한 작업일 때 효과가 좋다. 우리가 아닌 시계 스위치가 아이에게 시간이 다 되었음을 말해 주기 때문이다.

아이에게 도움이 되는 말하기 방법

긍정적인 언어를 사용한다

아이에게 하지 말라고 말하지 말고 긍정적으로 할 수 있는 것을 말해 준다. "뛰지 마."(아이가 해서는 안 되는 일)보다는 "안에서는 걷는 거야."(아이가 하길 바라는 일)라고 말한다. "안 돼. 거기 기어 올라가지 마." 대신 "바닥에 서 있는 거야. 아니면 밖에 나가서 올라가기를 할 수 있어."라고 말한다.

유아에게 "소리 지르지 마!"라고 말하다 보면 아마 목소리가 올라갈 것이다. 그러면 아이는 우리를 따라 소리를 지른다. 그리고 정확하게 아이가 하지 않기 바라는 일을 우리가 하게 된다. 그러니 소리를 높이는 대신 "(속삭이듯이) 조용한 목소리로 말하자."라고 말해 보자.

존중하는 어조와 태도를 갖는다

어조는 우리가 유아를 존중한다는 것을 보여 주는 방식이다. 짜증 내는 말투, 불안정하고 엄격한 목소리, 위협하는 말투는 선한 의도를 왜곡할 수 있으며 우리가 아이를 존중하고 함께하고 싶다는 것을 보여 주지 못한다. 이를 기억한다면 우리 목소리를 점검하고 마음이 평온한 상태로 아이를 대하는지 살펴보라. (우리 자신을 진정시키는 방법은 8장에서 다룬다.) 때때로 속삭이는 방법을 쓴다. 그러면 아이들은 더 귀담아듣는다.

아이에게 도움을 청한다

유아는 참여하고 싶어 한다. 그러니 아이가 참여하게 하고 싶다면 열쇠나 무거운 가방을 옮길 때 아이에게 도움을 청한다. 잡지에서 음식 사진을 오리거나 간단한 것은 그림을 그려 그림이나 사진이 들어간 쇼핑 리스트를 만든다. 이 리스트를 가지고 있으면 아이가 주도적으로 쇼핑을 도울 수 있다. 슈퍼마켓에서 물건을 고를 때 아이가 돕게 한다. 직접 진열대에서 물건을 가져오게 하거나 계산대에 올려놓게 한다.

"좋아"라고 말한다

하루에 "안 돼."를 100번 정도 말하면 아이는 결국 이 말을 무시하기 시작할 것이다. 안전에 관한 문제가 아니면 가급적 "안 돼."라고 말하지 않는 게 좋다. 제한하기 위해 "안 돼."라고 말하는 대신 아이와 합의하고 "좋아."라고 말하고 우리가 하고자 하는 말을 대체할 표현을 생각한다.

가령 아이가 크래커를 여전히 쥐고 있는 상태로 하나 더 먹겠다고 하면 "그래. 지금 먹는 것을 다 먹고 나서 하나 더 먹어."라고 부드럽게 말한다. 크래커가 더 이상 없을 때는 "나중에 가게에 가서 사면 하나 더 먹어도 좋아. 잊지 않도록 쇼핑 항목에 써 놓자."라고 말한다. 습관을 깨려면 시간이 걸린다. 우리가 언제 "안 돼."라고 말하는지 모두 적어 놓고 다음번에 좀 더 긍정적으로 대응할 방법을 (친구와 의논해서) 찾는다.

유머를 사용한다

아이는 유머에 잘 반응한다. 유머를 사용하면 즐겁고 편안하게 아이의 협력을 끌어낼 수 있다. 가끔 내가 아이 옷 입는 것을 돌볼 때 아이가 옷 입기를 거부하면 나는 아이의 신발을 내가 신는 척한다. 그러면 아이는 웃으며 내게 이렇게 말한다. "아니에요. 선생님, 그건 제 발에 맞아요." 그리고는 아이가 신발을 신는다. 유머는 특히 우리가 이성을 잃어버리기 직전에 쓸모 있다. 우스꽝스러운 노래를 부르는 것같이 간단한 일로도 긴장이 완화되고 아이를 미소 짓게 할 수 있다. 신선한 기분으로 다시 시작하는 데 간단하면서도 효과 있는 방법이다.

아이가 "아니요."라는 말을 하는 단계가 되면 말을 바꾼다

유아가 언제 "아니요."라는 말을 하는지 쉽게 알 수 있다. 가령 화장실을 가고 싶은지, 옷을 입을 건지, 초콜릿을 원하는지 물어보라. 그러면 아이는 그저 "아니요."라고 말할 것이다. 이렇게 아이가 계속 "아니요."라고 말하면 이때는 아이에게 물어보기보다는 말을 바꾼다. 즉 "이제는 먹을 시간이야.", "목욕할 시간이야.", "공원에서 나가야 해."라고 말한다. 부드럽고 다정하게 말하지만 아이가 주도하는 사람임을 잊지 않도록 아이를 존중하는 태도로 말한다.

아이에게 보여 준다

가끔은 아이에게 말만 반복하지 말고 직접 행동으로 보여 줘야 할 때가 있다. 가령 오렌지 껍질을 어떻게 처리해야 할지 아이가 모를 때 우리가 쓰레기통으로 껍질을 가져가서 버리거나 쓰레기통을 가리키면서 "그건 이 안으로 들어가야 하는 거야." 하고 보여 준다. 말보다 행동이 나을 때가 있는 법이다.

기대감 관리하기

아이 나이에 걸맞은 행동을 예상하고 준비한다

아이가 항상 우리가 원하는 대로 행동하길 기대할 수 없다. 병원 대기실, 카페 또는 기차 안에서 아이가 조용히 앉아 있기는 매우 힘들 수 있다. 유아는 탐험하고, 움직이고 소통하며 매우 충동적이라는 사실을 기억하라. 아이가 무슨 행동을 하든 봐주라는 의미가 아니다. 그보다는 우리가 준비하고 있어야 한다는 뜻이다.

먼저 우리의 기대감을 조정할 필요가 있다. 가령 우리는 아이를 돌보느라 잡지를 읽거나, 전화기를 확인거나, 전화를 하지 못할 수 있다. 카페나 식당 안에서 아이가 슬슬 짜증을 내거나 큰 소리를 내면 조금 걸어 다니게 한다. 같이 요리하는 요리사를 관찰하거나 어항의 물고기를 관찰한다. 비행기 탈 준비를 하는 중이라면 공항 창문 밖에서 일어나는 일, 이륙을 준비하는 비행기 등을 관찰한다.

둘째, 준비가 되어 있어야 한다. 충분한 물, 음식, 아이가 좋아하는 책 몇 권, 장난감을 주머니에 넣어 둔다. 작은 탈 것들, 동전을 넣을 수 있는 병, 조개껍데기 등을 준비한다. 어딘가에서 지연되는 일이 발생하면 적절하게 아이를 지원하고 아이가 협력하게 할 준비가 되어 있어야 한다.

요청하기 전에 아이가 먼저 하던 일을 마칠 수 있도록 기다린다

아이가 퍼즐에 열중하고 있을 때 떠날 준비를 해야 한다고 말하면 아이들은 대개 반응하지 않는다. 그러면 아마 '대체 말을 듣지 않는다니까!'라고 생각하게 될 것이다. 나 자신이 비슷한 상황에 놓였을 때, 가령 이메일에 답장하느라 바쁜데 누군가 방해하면 짜증 날 수 있다. 내가 하는 일을 끝내는 데 100퍼센트 집중하고 싶은 심정인 것이다. 그러니 점심을 먹거나 화장실에 갔다 오는 일을 아이가 기억하게 하고 싶을 때는 일단 아이가 하고 있는 일을 끝낼 때까지 기다리고 다른 일을 하기 전에 말한다.

충분한 시간을 준다

우리가 말하는 것을 실행하는데 유아(더 큰 아이도)는 시간이 걸릴 수 있다. 아이에게 잠옷을 입으라고 했는데 반응이 없을 수 있다. 그러면 속으로 천천히 10을 센다. 우리가 말한 것을 아이가 처리하는 데 걸리는 시간을 기다리는 일은 우리에게도 득이 된다. 3이나 4까지 세면서 기다리고 7쯤 세면 한 번 더 아이에게 요청한다. 8이나 9쯤 세면 그때 아이는 반응하기 시작한다. 아이는 우리 말을 듣지 않는 게 아니라 우리가 말한 것을 처리하는 과정 중에 있는 것이다.

일상의 리듬을 유지한다

유아는 매일매일 같은 리듬을 갖고 싶어 한다. 이걸 저평가해서는 안 된다. 이 점을 이용해 기대감을 관리할 수 있다. 일어나서 옷 입고, 아침 먹고, 집에서 나가고, 점심 먹고, 낮잠 자고, 저녁 먹고, 목욕하고 다시 잠잘 준비를 하는 등 매일의 일과를 실천할 때 일어날 수 있는 상황을 조절한다. 일정을 고정할 필요는 없다. 일과를 규칙적으로 유지하면 아이의 저항도 적을 것이다. (일상의 리듬에 대한 자세한 사항은 7장을 참고한다.)

작은 보너스

메모를 한다

유아들은 대부분 아직 글을 읽지 못하지만 그래도 메모는 매우 강력한 효과를 불러올 수 있다. "기어 올라가면 안 돼."라고 쓴 메모를 탁자에 둔다. 그리고 메모를 가리키며 "저기 '기어 올라가면 안 돼.'라고 쓰여 있지?"라고 말한다. 글로 쓰인 것에는 일정한 무게와 권위가 실린다. 어른이 그저 규칙을 반복해서 말하기보다 글로 정해진 규칙을 알려주는 것이다.

항상 일관성을 유지한다. 아이 손이 닿는 높이에 주방 오븐이 설치되어 있다면 이때 메모를 사용한다. 오븐을 켤 때 아이에게 "뜨거움"이라고 쓴 메모를 써서 붙이는 걸 보여 주면, 아이는 오븐은 위험하니 만지면 안 된다는 점을 기억할 수 있다.

글을 읽지 못하는 아이에게도 메모는 아주 효과적이다. 하지만 적당하게 사용한다. 메모가 여기저기 붙어 있으면 효과가 떨어진다. 메모를 사용하는 또 다른 방법은 노트에 적어 놓는 것이다. 아이가 어디를 떠나는 것에 대해 또는 상황이 자기 뜻대로 되지 않아 짜증을 내면 그걸 노트에 적어 놓는다. 그림도 그려 넣는다. 그러면 아이는 우리가 그들의 말을 듣는다는 것을 인지한다. 아이에게는 그것만으로 충분할 때도 있다.

유아와 원활하게
협력하기 위한 방법

유아와 함께 문제 해결하기
- "이 문제를 어떻게 해결할 수 있을까?" 하고 아이에게 물어본다.
- 체크리스트를 만든다.
- 아이가 참여할 수 있게 한다.
- 연령에 맞는 선택지를 준다.
- 아이에게 정보를 준다.
- 한 단어를 사용한다.
- 아이와 합의한다.

아이가 듣는 데 도움이 되는 방식으로 말하기
- 긍정적인 언어를 사용한다.
- 존중하는 어조와 태도로 말한다.
- 아이들에게 도움을 청한다.
- "좋아."라고 말한다.
- 유머를 사용한다.
- 아이가 "아니요."라는 말을 하는 단계가 되면 말을 바꾼다.
- 아이에게 보여 준다.

우리의 기대감 관리하기
- 아이의 나이에 걸맞은 행동을 예상하고 준비한다.
- 요청하기 전에 아이가 먼저 하고 있는 일을 마칠 수 있도록 기다린다.
- 충분한 시간을 준다.
- 일상의 리듬을 유지한다.

작은 보너스
- 메모를 한다.

PART 2

한계 정하기
아이가 책임감을 갖게 하기

　아이에게 으름장을 놓거나 상 또는 벌을 주지 않으면서 협동심을 일깨워 줄 수 있다. 그래도 아이가 여전히 협력하지 않으면 그때는 한계를 정할 필요가 있다. 몬테소리 방식으로 유아를 다루고 돌보면서 가장 어려운 부분이 한계 정하기setting limits다.

　몬테소리는 아이에게 가능하면 충분한 자유를 준다. 아이가 탐험하고 호기심을 갖기를 원한다. 하지만 이는 아이들을 안전하게 지키고, 타인을 존중하는 법을 가르치기 위해서 우리 스스로 설정한 경계 안에서 이루어진다.

　일반적으로 네덜란드 사람들은 이를 아주 자연스럽게 해내는 듯 보인다. 아이와 싸우거나 아이에게 소리 지르는 부모 혹은 선생님들이 드물다. 물론 부모의 자전거 뒤에 타고 우는 아이들을 가끔 볼 때가 있지만 부모들은 여전히 침착하게 할 일을 하며 아이가 진정할 수 있도록 말을 건넨다. 그 방법을 보여 주겠다. 아이와 나머지 가족 구성원 모두에게 이롭고 아이를 존중하면서 한계를 정하는 법을 소개할 것이다.

　연습이 필요하다. 우리는 기본적으로 새로운 언어를 배우는 셈이다. 비슷한 방식으로 아이를 키우는 사람들에게 조언을 얻을 수 있다면 좀 더 쉽게 배울 수 있다. 서로에게 배우고 힘든 부분에 대해 의논해 보자. 잘못했을 때 우리는 최선을 다하고 있고, 실수는 아이에게 사과하는 기회가 될 수 있음을 말해 줌으로써 상호 보완 관계를 맺을 수 있다.

한계를 정해도 괜찮다

아이들이 어릴 때 나는 내 일을 그저 아이들을 행복하게 만들어 주는 거로 생각했다. 솔직히 말하면 그건 쉬운 부분이다. 부모로서 우리는 아이 앞에 놓인 삶의 모든 것을 아이가 다룰 수 있도록 도와줘야 한다. 아이의 일에 함께 축하해 주고 아이가 실망스럽고 슬픈 순간을 견딜 수 있도록 기쁠 때나 슬플 때나 항상 그들을 도와줘야 한다.

가끔 제한이 필요하다. 아이들을 안전하게 지키기 위해서다. 또한 존중하는 법을 보여 주기 위해, 아이들이 긍정적인 선택을 하지 않을 때 개입하기 위해, 아이들이 책임감 있는 인간으로 성장하도록 도와주기 위해 때때로 한계를 정해야 한다. 한계를 정하는 것이 어렵게 느껴질 수 있다. 그리고 아이들은 제한을 좋아하지 않을 수 있다. 그러나 우리가 도움이 되고 다정한 제한을 두면 아이들은 우리가 그들에게 최고의 것을 주려고 한다는 것을 믿게 된다. 그렇게 아이들과의 유대 관계는 더욱 강해질 수 있다.

힘든 시간을 보내면서 우리는 성장한다. 마찬가지로 아이도 어려운 시간을 경험하며 자란다. 아이는 소동을 피우고, 우리 머리카락을 잡아당기고, 옷 입기를 거부할 때조차 우리가 그들을 사랑한다는 것을 안다. 실로 놀라운 일이 아닐 수 없다.

한계는 확실하게 정해 둔다
기본 원칙과 집에서 지키는 규칙을 정한다

아이들 특히 유아에게는 질서가 필요하다. 아이들은 앞으로 일어날 일 그리고 상황이 일관성 있고 예측 가능하다는 것을 알고자 한다. 아이들은 부모가 그들을 안전하게 지켜 줄 것을 알 필요가 있다. 부모가 밤새 잠을 잘 잤든 아기가 한 시간마다 깨서 전혀 자지 못했든 간에 언제나 일관된 답을 얻고자 한다. 그러므로 가정에서 중요한 몇 가지 규칙을 정하는 게 좋다. 너무 많으면 독재 조직처럼 될 것이다.

사회에서 함께 살아가기 위해 구성원들이 동의한 규칙이 있는 것처럼 모두가 안전하고 타인과 좀 더 평화롭게 살 수 있도록 간단하고 확실한 규칙 몇 가지는 도움이 된다. 이미 기본 규칙을 세워둔 가정은 얼마나 될까? 아마 규칙을 써서 냉장고에 붙여 두거나 가훈을 써 액자에 넣어 걸어 둔 집도 있지 않을까? 아니면 집안 어른들과 의논해서 간단하게 정한 규칙이 있을 것이다.

가정의 기본 규칙에 관한 질문을 부모 강습회에서 하면 대부분 기본 규칙이 없다고 답한다. 즉 우리 대부분이 즉흥적으로 그 자리에서 만들어 낸다. 이렇게 하면 우리는 물론 유아도 지속성을 갖고 파악하기 어렵다. 교통 신호등의 빨간 불이 어떤 날은 "멈춤"이고 또 어떤 날은 "보행"으로 변하면서 규칙이 바뀐다고 생각해 보라. 같은 맥락에서 우리가 일관성이 없으면 아이는 혼란스러워할 게 분명하다. 다음은 가정에서 규칙을 정할 때 참고할만한 것들이다. 각 가정의 사정에 맞게 조정해서 사용할 수 있다.

기본 원칙과 가정에서의 규칙 사례
- **서로에게 친절하게 대한다.** 이는 서로 동의하지 않는 점이 있다 해도 육체적으로 서로를 해치거나 놀리지 않는다는 의미다. 이 규칙은 아이에게 자신과 타인을 존중하는 법을 가르쳐 준다.
- **식사할 때는 식탁에 앉아서 먹는다.** 이 규칙을 적용하면 아이가 집안 곳곳에 음식을 가지고 돌아다니는 것을 방지할 수 있다. 또한 먹는 것은 사회적 의식이고 먹는 것과 노는 것을 동시에 하지 않는다는 사실을 다시 한번 알려 줄 수 있다.
- **모두가 가정에 기여한다.** 나이에 상관없이 가족 구성원들은 모두 집안일을 돕는다. 아이의 도움은 가치 있다.
- **거친 놀이를 할 때는 서로가 합의해야 한다.** 이것은 아이에게는 복잡한 의미이지만 아무튼 아이는 이해한다. 누군가 "멈춰"라고 하면 아이들은 더 이상 그 게임을 재미있게 할 수 없고 그만해야 한다는 것을 안다.

이런 기본 원칙과 가정에서의 규칙을 알면 언제든지 참고할 기준이 세워진다. 아이가 자라면서 이런 규칙을 조정할 필요도 있다. 언쟁이나 갈등 상황이 아닌 중립적인 상황에서 조정한다.

다정하면서 확실한 자세를 유지한다

"당신이 어떤 말을 하면 그건 진심이라는 의미다.
그리고 진심이라면 다정하면서 단호한 태도를 끝까지 유지하라."

-제인 넬슨, 『긍정의 훈육Positive Discipline』

아이와 협력하려 최선을 다했어도 아이가 협력하기를 거부하면 그때는 **다정하면서 단호하게 행동**해야 한다. 가령 아이가 기저귀를 갈려 하지 않는다든가 음식을 던지거나 놀이터에서 나오려 하지 않을 수 있다. 이때 우리는 먼저 아이의 감정을 인정한다. 하지만 조처를 해야 한다.

우리가 지도자다. 다만 아이를 존중하며 이끄는 지도자다. 필요하다면 부드럽게 아이를 건드린다. 아이를 들어 올리면서 가야 하는 이유를 간단히 설명한다. 아이가 접시를 주방으로 가져갈 수 있게 돕는다. 놀이터에서 나온다. 다정하지만 확실하게 선을 긋는다.

논리에 맞고 아이의 연령에 맞춰 대처한다

결과가 행동과 직접 연결되어야 한다. 어린 유아는 직접적인 관련이 없으면 논리를 따라가지 못한다. 말을 듣지 않으면 공원에 갈 수 없고, 아이스크림을 나중에는 먹지 못한다는 것을 아이는 이해하지 못한다.

언젠가 비행기에서 한 아버지가 아들에게 이렇게 말하는 것을 들은 적이 있다. "얌전히 행동하지 않으면 비행기를 돌려서 집으로 갈 거야." 이런 말은 끝까지 유지하기 아주 힘든 위협이다. 그리고 스티커를 주는 행동도 하지 않는다. 진심으로 하는 말인데, 스티커는 뇌물이다. 대신 논리적인 설명을 하려 애쓴다. 가령 실내에서 아이가 공을 던진다고 가정하자. 아이에게 하지 말라고 요청했다. 그래도 공을 던지면 이때의 논리적인 행동은 공을 치우고 아이가 나중에 놀게 하는 것이다.

내 아이들이 어릴 때 이렇게 논리적으로 설명하고 끝까지 실행했던 사례를 나누고자 한다. 아이들은 그때 7살과 8살이었고 백피에트bakfiet(네덜란드 자전거인데 앞에 상자가 달려 있고 아이 4명이 앉을 수 있을 만큼 공간이 넉넉하다.)에 앉아 있었다. 둘은 서로를 귀찮게 하며 공간을 잠식해 들어가고 있었다. 그러더니 서로 발길질을 하기 시작했다. 나는 신경이 쓰여서 자전거 운전에 집중할 수 없었다. 아이들에게 그만하라고 했지만 녀석들은 멈추지 않았다. 나는 조용히 자전거를 도로 한쪽에 세우고 아이들에게 내리라고 했다. 아이들이 다시 조용히 자전거에 앉아 있을 준비가 될 때까지 우리는 계속해서 걸었다.

다정하지만 단호한 자세를 끝까지 유지하기는 정말 어려웠다. 아이들은 처음에는 화가 많이 났다. 나는 일정한 어조로 계속해서 말했다. "그래, 자전거에서 내려야 하니 화가 나겠지." 아이들은 점차 차분해져 갔다. 조금 걷고 나서 나는 자전거에 탈 준비가 되었는지 아이들에게 물었다. 아이들이 다시 자전거에 앉아서 서로 발길질을 했는지는 기억이 나지 않는다.

제한 사항을 분명하게 표현한다

나는 제한을 둘 때 "나는 네가 ~한 행동을 하게 둘 수 없어."라든가 "나는 ~하게 할 거야."라는 표현을 쓰는 게 가장 편안하다. 분명하기 때문이다. 부모로서 우리가 주도권을 쥐고 있음이 드러난다. 그리고 아이와 부모 모두를 존중하는 태도다. 또한 우리가 하고 싶은 말을 아이의 수준에 맞춰서 아이가 확실히 알아듣게 말할 수 있다.

- "나는 네가 그 장난감을 저 아이들에게서 빼앗게 두지 않을 거야. 손을 써서 부드럽게 네가 손을 떼게 할 거야."
- "나는 네가 저 아이를 때리지 못하게 할 거야. 너랑 떼어 놓을 거야."
- "네가 다치지 않게 베개를 여기에 둘 거야."
- "너를 여기 앉힐 거야. 뭘 물고 싶으면 이 사과를 물어."

매번 제한 사항을 설명할 필요는 없다

아이가 제한 사항을 알게 되면 매번 다시 설명할 필요는 없다. 식사 때마다 아이가 음식을 집어 던진다고 가정하자. 더 이상 음식을 집어 던지지 못하게 한다든가, 음식은 던지는 게 아니라 먹는 것이라는 식의 같은 이야기를 반복하고 있는 자신을 발견하게 된다. 아이와 협상을 하거나 그들에게 기회를 많이 줄 필요가 없다. 아이가 같은 행동을 계속하면 말은 줄이고 다정하지만 단호하게 행동한다. "다 먹은 것 같구나. 그러면 이제 접시는 주방으로 가져가."라고 말한다. (음식을 던지는 행위에 대한 내용은 169쪽을 참고한다.)

안전을 위해 제한을 둔다

아이가 위험한 일을 하고 있으면 개입해서 못 하게 해야 한다. 이때 나는 "안 돼."라고 말한다. 그러면 아이들이 위험한 상황임을 감지하는 데 도움이 된다. 뜨거운 것을 만지는 행위, 전기 소켓에 손을 대는 것, 도로로 뛰어가는 것, 거리에서 아이 혼자 멀리 앞서가는 것, 창문 가까이 기어 올라가는 행위 등을 나는 위험하다고 본다. 이럴 때 아이를 들어 올리며 "그건 만지면 안 돼."라고 말하고 위험 지역에서 빼낸다.

아이가 계속 같은 행동을 반복하면 우리도 똑같이 반복해서 대응해야 하는데, 이를 방지하려면 위험 요소를 없애거나 숨길 수 있는지 살펴본다. 전기 소켓 앞에 상자를 놓거나, 소파를 전선 앞에 배치하거나, 유리 장식장은 문을 잠글 수 있는 방으로 옮긴다.

아이들이 웃을 때

제한을 두는 데 아이들이 웃어 버리면 제지하기가 어렵다. 그래도 나는 다정하지만 단호한 자세를 끝까지 유지한다. 아이들은 어른의 어떤 반응을 이끌어 내는 데 익숙하다. 대신 차분한 태도도 이런 식으로 말한다. "지금 놀고 싶은가 보다. 하지만 네가 동생을 다치게 하는 걸 두고 볼 수 없어."

부정적인 감정을 인정한다

아이들은 제한받는 것을 싫어한다. 일단 아이의 감정을 인정하고 그들 관점에서 사물을 본다.

아이의 감정을 헤아려 본다

나는 비폭력적 소통 프로그램에서 감정을 단순히 이렇다고 정의하기보다는 아이들이 어떤 식으로 느끼는지 헤아리는 방법을 배웠다.

- 너 ~하게 보이는데….

- ~하다고 말하려는 거야?
- 지금 ~한 감정이야?
- ~한 거 같은데….
- 아마 네가 지금 ~한 감정을 느끼는 것 같구나.

아이들에게 실망스러운지, 어떤 감정이 드는지 물어보고 추측해 본다. ("공원에서 나와서 기분이 상했다고 말하려는 거야?") 또는 아이가 어떤 모습인지 묘사한다. ("너 지금 정말 화가 난 것 같아.") 아이의 감정을 잘못 읽을 수도 있지만 그래도 괜찮다. 아이는 아마 "아니에요!" 또는 "그냥 좀 실망했어요."라는 식으로 대꾸할 것이다. 그래도 당신은 아이가 감정을 확실하게 표현하도록 도와준 것이다.

스포츠캐스팅

스포츠캐스팅sportscasting 기술을 쓸 수도 있다. 나는 재닛 랜스버리의 『나쁜 아이는 없다No Bad Kids』와 『기분 좋은 아이 돌봄Elevating Child Care』에서 스포츠캐스팅 기술에 대해 처음 접했다. 스포츠 캐스터가 풋볼 게임을 해설하듯 우리도 벌어지고 있는 일을 (관찰하는 행위와 똑같이) 사실에 근거해 묘사한다. 이렇게 하면 힘든 순간에 정서적으로 거리를 둘 수 있고 관찰이 가능하다. 우리가 보는 것을 명시하고 문제를 해결하기 위해 뛰어들지 않게 된다.

"그네를 붙잡고 있구나. 손으로 꼭 쥐고 있어. 네가 그네를 놓을 수 있도록 엄마가 부드럽게 도와줄게. 공원에서 나갈 때는 엄마가 곁에서 너를 잡아 줄게."라고 말한다.

강한 감정을 표현하게 한다

아이가 원하는 방식으로 상황이 펼쳐지지 않을 때, 가령 없거나 입을 수 없는 옷을 입고 싶어 할 때는 아이가 느끼는 감정을 인정한다. 그럴 때는 아이가 화를 표현하게 한다. 아이가 허용하면 아이를 붙잡고 있고, 허용하지 않더라도 안전을 위해 보호한다. 그리고 아이가 진정되면 안아 준다. 아이가 모든 감정을 분출하게 둔다. 추한 감정도 보이게 한다. 최악의 모습이라도 우리가 그들을 사랑한다는 것을 보여 준다. 아이가 진정한 후 필요하다면 고치도록 도와준다.

Tip · 유아는 일단 감정을 정화하고 진정하면 깊게 숨을 쉬거나 크게 한숨을 쉬곤 한다. 이런 육체적 징후는 아이가 완전히 차분해졌다는 신호로 받아들일 수 있다.

짜증 부리는 상황을 해결한다

유아가 짜증을 부린다는 것은 뭔가가 그들 뜻대로 되지 않는다는 것을 알리는 신호다. 아이는 힘들어하는 것이다. 뭔가 잘못했을 수 있지만 일단 **아이가 진정할 수 있도록 도와주는 게 먼저다.**

나는 대니얼 시걸과 티나 페인 브라이슨이 쓴 『전뇌를 쓰는 아이The Whole-Brain Child』에서 든 비유를 좋아한다. 아이는 흥분하면 "뚜껑이 뒤집힌다." 이는 이성적 결정을 내리고 조절하는 부분인 대뇌 피질이 발달하지 않았다는 의미다. 따라서 무슨 말로 설명을 해도 소용이 없다. 그러니 먼저 열린 뚜껑을 닫고 진정하도록 도와줄 필요가 있다.

아이를 안아 준다. 다만 아이가 안기길 원한다고 단정하지 않는다. 어떤 아이는 진정하기 위해 안기기를 익히지만 그저 밀어내는 아이도 있다. 아이가 밀어낸다면 일단 아이가 안전한지 확인하고 진정하면 그때 안아 준다. 아이에게 흥분해도 괜찮다고 말한다. 짜증 내는 것을 빨리 멈추게 하려 하기보다 아이가 진정할 때까지 안전하게 자신의 감정을 표현하게 두고 필요하다면 도와줄 어른이 있다는 점을 보여 준다. 그래서 진정을 하고 나면 그때 개선할 점을 찾아 고치도록 도와준다. 그러면 된다.

거리에서, 슈퍼마켓, 공원에서 이런 일이 일어날 수 있다. 하지만 그래도 괜찮다. 길에서 비켜서게 한 다음 아이가 진정할 수 있도록 시간을 준다. 우리도 냉정함을 찾는다. 아이를 빨리 진정시키려 하거나 아이의 주의를 다른 곳으로 돌리려 하지 않는다. **아이가 감정을 스스로 털어버리게 둔다.**

내 아들이 2살 정도였을 때 한번은 짜증을 내며 떼를 쓰는데 그 상황이 45분 동안 지속되었다. 아이는 옷을 입고 싶어 하지 않았다. 아들은 격분하고 화를 내더니 곧 슬퍼했고 나중에는 창피해했다. 그 모든 감정을 다 겪은 것이다. 소리 지르기는 강도가 천천히 약해졌다. 그러고는 숨을 깊게 한 번 쉬고는 "이제 옷 입을게요."라고 말했다. 나는 줄곧 차분히 있었고 아이와 유대감을 유지하고 있었다. (아들은 자기가 화가 나고 흥분해 있어도 엄마가 자신을 사랑한다는 것을 알았기 때문에 유대감은 강화되었다.)

그날 서둘러 나가야 했다면 나는 아마 아이가 옷 입는 것을 부드럽게 도우며 앞서 언급한 스포츠캐스팅 기술을 구사했을 것이다. "옷 입기가 힘들어? 너 혼자 입을 수 있겠어? 아니면 엄마가 도와줄 수 있어. 그래, 엄마가 도와줘야겠네. 자, 팔을 이렇게 빼 보렴. 이 안에 집어넣기 싫지? 엄마가 티셔츠를 네 머리에 넣어 줄게. 밀어내려는 거지? 이게 어렵다고 말해 줘서 고마워."라고 상황을 말로 묘사한다.

아이의 짜증을 무시해야 할까?

아이가 짜증을 부릴 때 완전히 무시하는 게 낫다는 의견이 있다. 아이를 도와주거나, 우리가 좋아하지 않거나 원하지 않는 행동에 관심을 보이는 것은 아이를 부추기는 행위라고 생각하는 것이다. 나는 이에 동의하지 않는다.

비행기를 탔는데 비행이 형편없었고 짐까지 잃어버렸다고 가정해 보자. 전혀 도움을 받지 못한 나는 그 항공사에 실망했다. 이런 일을 친구에게 말하려는데 친구가 내 말을 무시하고 나가버린다면 친구가 나를 전혀 신경 쓰지 않는다는 생각이 들 것이다. 그저 내 말을 들어 주고, 내가 진정하는 데 도움을 줄 수 있는 공간이 조금 필요한 것뿐인데 그런 의견이 묵살당한다면 무척 화가 날 것이다.

아이가 짜증 부리는 것을 무시하면 아이는 그를 짜증 나게 한 문제가 아니라 우리에게 화가 난다. 유대감이 필요한 순간 갈등을 조장하는 것이다. 아이를 진정시키고 다정하게 받아 주면 아이는 자기감정을 표현한다. 시간이 지나면서 아이는 좀 더 건강하게 표현하는 법을 찾을 것이다. 화나고 무서운 기분이 들 때 우리가 다정하고 침착하게 그들을 받아 줄 수 있다는 것을 아이가 안다면, 우리와 감정 공유하는 것을 두려워하지 않을 것이다.

진정 공간 만들기

『긍정의 훈육』에서 제인 넬슨은 3살 정도된 유아를 위한 진정 공간 만들기를 제안한다. "진정 공간"이란 아이가 좋아하는 물건이 있고 진정해야 할 일이 있을 때는 언제든지 갈 수 있는 곳을 말한다. 진정 공간은 타임아웃하고는 달리 아이가 결정하고 머무는 시간도 아이가 원하는 만큼 스스로 정할 수 있으며 절대 위협의 수단으로 사용하지 않는다. 그래서 아이가 흥분하는 것 같으면 "진정 공간에 가서 진정을 찾고 싶니?" 또는 "같이 진정 공간에 갈까?"라고 제안한다.

아이가 거절하는데 우리 자신이 진정하고 싶다면 "나는 진정 공간에 갈래."라고 말한다. 아이가 진정 공간에서 나와서도 여전히 흥분해 있으면 다정하고 차분하게 다시 진정 공간에 가서 좀 더 차분해질 때까지 있다가 오라고 제안한다. 이 단계의 목표는 아이의 행동을 받아 주는 게 아니라 일단 먼저 진정하도록 돕는 것이다.

아이가 일단 진정한 후 다시 접촉한다

아이가 진정을 되찾으면 무슨 일 때문에 그랬는지 이야기한다. 아이를 안아 주거나 아이가 안아 달라고 할 때를 기다린다. 그다음에 아이의 감정을 인정하고 아이 관점에서 상황을 본다. "어머, 그게 너한테는 그렇게 어려웠구나. 전혀 그렇게 보이지 않았는데. 몹시 화가 난 것처럼 보였어.'라는 식으로 말한다.

잘못을 바로잡도록 도와준다

"일단 아이가 진정하면 그다음에 피해 상황을 처리한다. 집어 던진 물건을 회수하고, 찢어진 종이를 모아서 버리고, 베개나 쿠션은 침대나 소파에 다시 가져다 둔다.
아이가 이런 일을 할 때 어른은 아이에게 도움을 요청한다. 장난감이 부서졌다면 아이가 고치게 하고 어른은 그 길을 도와주는 것이 적절하다. 일을 바로잡는 법을 배우는 실제적인 방법이다."

- 제인 넬슨,『긍정의 훈육』

일단 아이가 진정하던 그때 들을 바로잡도록 도와준다. 이를 통해 아이는 자신이 한 일에 대한 책임감을 배우는데, 아주 중요한 단계다. 벌(뭔가를 빼앗는 것)을 주는 것보다 회복적 조치("어떻게 하면 더 나아질까?")가 더 좋다. 감정은 추한 것까지 포함해 모두 받아들이고 아이가 진정하도록 도와준다. 그래서 진정하면 아이가 자신이 한 행동에 책임지도록 한다. 이 과정을 아이가 진정하기 전에 서둘러서 하면 아이는 저항을 할 것이고, 바로잡고 싶어 하지 않을 것이다. 우선은 진정을 되찾는 게 먼저다. 그래야 그다음에 책임지고 보상하는 법을 제대로 배울 수 있다.

잘못을 바로잡는 법

아이가 다른 아이를 때리고 진정을 되찾았다면 먼저 맞은 아이가 괜찮은지 알아보는 일을 아이가 하게 한다. 맞은 아이에게 휴지를 가져다주고 사과를 받고 싶은지 등을 물어보게 한다.

나는 종종 내 아이들이 자랄 때 보상하는 법을 배운 사례를 이용한다. 딸의 친구가 집에 와서 자고 간 적이 있다. 그때 아들은 약간 소외된 느낌을 받았던 것 같다. 그래서 아들은 딸의 방에 있던 자명종이 새벽 4시에 울리게 해 놓았다. 자명종이 새벽 4시에 울리자 딸과 친구는 놀라서 잠에서 깨어났고 몹시 화를 냈다.

나는 아이들 사이에 개입해서 양측의 감정을 모두 인정해 주었다. 아들은 소외된 게 속상했고 여자아이들은 한밤중에 깨서 화가 난 감정을 몽땅 쏟아냈다. 아이들은 그 상황을 받아들였다. 그리고 아침이 오자 아들은 동생과 그 친구에게 아침 식사를 만들어 주었다. 아들은 그들에게 프렌치토스트를 만들어 준 자신을 무척 대견스러워했다. 나중에 딸아이 친구가 또 놀러 와서 자고 갔는데, 그때 나는 아들에게 동생과 친구를 또 깨우고 싶냐고 물었다. 아이는 그러지 않겠다고 대답했고 실제로 그런 일은 다시 일어나지 않았다.

보상하는 법 시범 보이기

아이들이 아직 어리면 우리가 보상하는 법을 시범 보일 수 있다. "가서 친구가 괜찮은지 살펴보자." 또는 "우리 아이가 때려서 미안하구나. 괜찮니?"라고 물어본다. 아이가 일부러 그런 게 아닐 때 억지로 사과하게 하면 아이는 우물거리며 "미안해."라고 말하거나 비아냥조로 사과할 수 있다. 그렇게 하는 것보다 시범을 보이는 게 낫다. 우리가 뭔가를 잊어버렸을 때, 누군가를 실망하게 했거나 부주의해서 누군가와 부딪혔을 때 사과하는 법을 보여 준다. 아이와의 갈등을 다루는 법이 후회스러울 때도 아이에게 보상하는 법을 선보인다. 아이는 자라면서 진심으로 사과하는 법을 배우게 될 것이다.

짜증 내는 아이 다루기

화나게 만드는 요소를 이해하고 가능하면 그 요소를 피한다
- 불만감
- 상황이 원하는 대로 풀리지 않을 때 분노, 화
- 자신이 조절하고 싶은 마음
- 아이의 언어에 한계가 있어서 소통에 문제가 생기는 경우

아이가 진정할 수 있게 도와준다
- 포옹을 해 준다. 화, 심한 불만감, 슬픔 그리고 가끔 후회까지 아이가 다채로운 감정을 겪는 동안 등을 부드럽게 쓸어 주고, 안아 주고 노래를 불러 준다.
- 아이가 당신을 밀어내면 일단 아이가 안전한지, 자신을 해치지 않는지 확인한다. 무엇인가, 혹은 누군가가 필요한지 알아본다. 가까운 곳에 서서 도움을 준다. "마음을 가라앉히는 데 도움이 필요하다면 내가 여기 있으니까 말하렴. 네가 원하면 안아 줄 수도 있어."라고 말한다.
- 아이가 다른 형제자매에게 장난감을 던지거나 당신을 때리려 하면 다른 사람들이 안전할 수 있도록 아이를 다른 곳으로 데려간다. "너가 나를 때리게 내버려 둘 수 없어. 안전한 건 누구에게나 중요한 거야. 그러니 대신 이 베개를 때리는 건 어때?"라고 말한다.

큰 아이인 경우
- 3살 이상인 아이에게는 베개와 텐트, 아이가 좋아하는 물건, 기차가 있는 모퉁이 등의 장소에 "진정 공간"을 만든다.
- 아이에게 진정 공간에 가고 싶은지 물어본다. 갔다 왔는데도 여전히 화가 나 있으면 화가 안 풀려 보이니 다시 진정 공간에 가서 마음이 풀리면 돌아오라고 부드럽게 이야기한다.

잘못을 바로잡는다 - 이 단계를 빠뜨리지 않는다.
아이가 진정하면 그때 잘못을 바로잡는다. 예를 들어 아이가 벽에 낙서했다면 낙서 지우는 것을 돕게 한다. 동생 장난감을 망가뜨렸다면 고치는 것을 도울 수 있게 한다. 이런 방식을 통해 아이는 잘못했을 때 책임지는 법을 배운다.

개인적으로 나는 아이가 뭐가 잘못했을 때 그에 대해 책임지는 법을 알려주는 게 제일 어렵다. 하지만 이것은 존중받는 어른으로 성장할 수 있도록 아이를 도와주는 일에서 가장 핵심적인 부분이다.

한계 설정 시 유용한 팁

한계 범위는 일찍 정하기

아이가 한계 범위를 넘어가는 걸 그냥 두면 아이를 존중하기가 어렵다. 가령 너무 많이 주고, 너무 아이에게 맞춰 주고, 자유를 과하게 주면 아이를 존중하는 자세로 대하기 힘들어진다. 그러면 결국 우리는 이성을 잃고 화를 내게 된다.

아이가 하는 행동이 불편하게 느껴지기 시작하면 조기에 개입해 소리 지르거나 화내지 않으면서 아이에게 한계 사항을 확실하게 말한다. 또는 처음에는 아이가 하는 일이 괜찮다고 여겨지다가 점차 신경에 거슬릴 수 있다. 그래도 늦지 않았다. "미안하지만 모래 던지는 게 처음에는 괜찮은 것 같았는데 생각해 보니 아니다. 모래를 던지면 안 돼."라고 말한다. (아이가 부정적인 감정을 보이면 아이의 감정을 인정하고 147쪽에 나온 짜증 내기에 대처하는 유용한 팁을 참고한다.)

당신이 화가 나기 시작한다면

우리는 아이들의 가이드라는 점을 기억한다. 우리가 화가 나고 흥분하면 좋은 가이드, 지도자 역할을 할 수 없다. 아이들은 우리가 방향을 제시해 주기 바란다. 상황이 힘들어서 화가 나면 아이에게 문제가 있고 그래서 아이가 말썽을 피는 거로 생각하기 쉽다. 우리의 임무는 아이가 힘들어할 때 지원해 주는 것이다. 아이를 위해 우리가 직접 문제를 해결할 필요는 없다.

- 아이에게 저녁을 먹이려고 너무 애를 쓰면, 아이가 그것을 우리의 문제로 만들어 버린 거다.

- 아이에게 옷을 입히려고 너무 애를 쓰면, 아이가 그것을 우리의 문제로 만들어버린 거다.
- 아이를 놀이터에서 데리고 나오기 위해 너무 애를 쓰면, 아이가 그것을 우리의 문제로 만들어버린 거다.

우리 도움을 받아 아이 스스로 해결하게 두자.

- 아이에게 영양이 풍부한 음식을 제공하되 얼마나 많이 먹을지는 아이 스스로 조절하게 한다.
- 체크리스트를 이용해 아이가 옷을 입을 수 있게 체계적으로 돕는다. 하지만 아이가 협조하지 않을 때는 파자마를 입은 상태로 데리고 나간다.
- 5분 안에 놀이터를 떠난다는 것을 아이에게 알린다. 계획을 고수하고 다른 부모와 대화하는 것도 멈춘다. 놀이터를 떠난다. 필요한 경우 아이를 도와준다.

일관성

마지막으로 언급할 것은 일관성이다. 유아는 주변 세상을 나름의 논리로 이해하려 한다. 아이는 한계 사항이 매일 똑같은지 알아내기 위해 테스트를 한다. 종종 하루에 한 번 이상을 한다. 우리가 정한 선을 아이가 알면 큰 도움이 된다.

아이는 우리가 "안 돼."라고 말하면 정말 안 되는 거라고 이해한다. 아이는 우리가 믿을 수 있고 신뢰할 만하며 그들이 가장 중요하게 여기는 것을 알고 있다고 인지한다. "안 돼."라고 달했는데 아이가 계속 졸라서 결국 우리가 마음을 바꾸면 아이는 조르기가 효과 있다는 것을 재빨리 배운다. 심리학자들이 "간헐적 강화 intermittent reinforcement"라고 부르는 행위다. 한번 다른 반응을 얻어 내면 아이는 계속해서 그렇게 할 것이다. 우리 스스로 확신하지 못할 때는 "잘 모르겠어." 또는 "두고 보자."라고 말하는 게 좋다.

Note · 애초에 "안 돼."라고 말하는 이유를 생각해 본다. 아이가 졸라서 아이스크림을 주었을 경우 처음부터 아예 "좋아."라고 말했다면 일관성을 지킬 수 있었을 것이다.

> **실천하기**
>
> 1. 어떻게 아이와 협력할 수 있을까?
>   - 아이와 함께 문제를 해결할 방법이 있는가?
>   - 아이에게 선택지를 줄 수 있는 방법이 있는가?
>   - 다르게 표현할 방법이 있는가?
>   - 우리와 아이의 예상을 관리할 필요가 있는가?
>   - 메모를 할 수 있는가?
> 2. 제한을 둘 때 다정하지만 단호하게 행동하는가?
>   - 선명한 기본 원칙, 가정 규칙이 있는가?
>   - 아이가 무엇인가를 배우고 있는가?
> 3. 아이의 부정적인 감정을 인정하고 그 감정을 처리하도록 도와주는가?
> 4. 일단 아이가 진정한 뒤 잘못한 것을 바로잡도록 도와주는가?

아이는 다음의 사항을 지키는 부모를 필요로 한다. 우리는 이를 지킴으로써 그들을 사랑한다는 것을 보여 줄 수 있다. 아이들의 가이드가 되자. 아이들에게 필요한 건 명령하는 윗사람이나 하인이 아니다.

- 아이를 100퍼센트 있는 그대로 받아들이기
- 탐구할 자유를 주고 호기심을 키워 주기
- 협력하는 관계를 만들기 위해 아이들과 함께하기
- 한계를 정해서 아이들을 안전하게 지키고, 아이가 존중받고 책임감 있는 어른으로 성장할 수 있도록 경험하게 하기

"아이들이 속해 활동하는 공동체의 이해관계에 맞춰 아이가 누리는 자유의 한계를 정해야 한다. 우리는 집단의 이해관계를 예의와 선행이라 부른다. 아이가 다른 사람을 해치거나 불쾌하게 만들지 않도록 방지하고, 부적절하거나 무례한 행동을 저지하는 것이 우리의 임무다. 하지만 이점을 제외하고 모든 행동에는 유용한 목적이 있다. 무엇이 되었든 또 그것이 어떤 형태를 띠든 허용해야 할 뿐 아니라 예의 주시하며 관찰해야 한다. 이것이 핵심이다."

-마리아 몬테소리, 『아이의 발견』

한계를 정할 때
확인해야 할 점

한계가 선명한가?
- 집에서 지킬 규칙 몇 가지를 정한다.
- 한계를 정할 때 일관성을 지킨다.

애정을 전제로 한계를 정했는가?
- 아이들 눈높이에 맞게 낮춘다.
- 단호하지만 다정하게 말한다.
- 우리 분노를 먼저 조절한다.
- 아이가 슬프거나 불만스러워하면 이를 존중하고 이해한다.
- 아이가 감정을 조절하지 못하면 잡아 주거나 안전하게 지켜주기 위해 곁에 있는다.

한계를 정하는 이유가 있는가?
- 한계가 아이의 안전, 타인을 존중하는 태도, 다른 사람의 환경과 관련이 있는가?
- "내가(부모) 그렇게 하라고 했으니까."는 충분한 이유가 되지 못한다.

한계 사항이 아이의 연령과 능력에 맞고 적절한가?
- 한계 사항은 아이의 성장에 맞춰 바뀔 수 있다.

한계를 정함으로써 아이가 해결책을 찾으려 하는가?
- 가끔은 아이 스스로 해결책을 찾도록 하는 게 최선이다.

7

실전 육아

PART 1
일상생활 중 돌보기

158   일상의 리듬
160   특별 의식
161   옷 입기와 외출하기
165   먹기
169   잠자기
172   양치하기

PART 2
변화 다루기

173   화장실 사용하기
176   고무젖꼭지 떼기
177   형제자매

PART 3
유아가 배울 만한 유용한 기술

184   나누기
186   어른 말에 끼어드는 방법 배우기
186   내성적인 유아를 위한 기술
188   때리기, 물기, 밀기, 물건 던지기
192   집중력 키우기
193   불만감 다루기
194   아이가 매달리며 집착할 때
197   영상 기기를 이용하는 시간
198   이중 언어

PART 1

일상생활 중 돌보기

유아와 일상생활을 하다 보면 아이로 인해 고단할 때가 많지만 일상의 변화를 통해 아이와 연결되는 평화로운 시간을 보낼 수 있다고 나는 믿는다. 이상주의자의 말 같이 들리는가?

일상의 리듬

유아들은 규칙적인 리듬을 즐긴다. 아이는 지금 무슨 일이 벌어지고 있고 다음에는 또 어떤 일이 있는지 알고 예측하기를 좋아한다. 안정감과 안전함을 느끼게 해 주기 때문이다. 정해진 일정을 정확한 시간에 맞춰 이행해야 할 필요는 없다. 매일 똑같은 패턴을 리듬에 맞추는 것이 더 좋을 수 있다. 그러면 아이는 다음에 어떤 일이 일어날지 알고 예측할 수 있게 되고 이는 어려운 변화의 순간을 최소화한다.

리듬은 아이의 에너지와 흥미를 따라간다. 때때로 달라질 수도 있다. 그때 우리는 변화가 아이에게 힘들 수 있다는 것을 미리 알고, 우리가 먼저 준비하고 그에 맞춰 아이도 대비할 수 있게 한다.

돌보는 순간 = 연결의 순간

우리는 아이를 돌보며 많은 시간을 보낸다. 옷 입는 일을 도와주고, 같이 식사를 하고, 기저귀를 갈아 주거나 변기 사용을 돕고, 목욕을 시킨다. 이런 일상의 돌봄 활동을

유아를 위한 일상의 리듬

- 일어나기
- 침실에서 놀기
- 부모님과 포옹으로 인사하기, 책 읽기
- 화장실 사용하기/기저귀 갈기
- 아침 식사
- 옷 입기, 세수하기, 양치하기
- 집에서 놀기/아침 외출/시장 가기/어린이 집 가기(해당하는 경우)
- 점심
- 화장실 사용하기/기저귀 갈기
- 낮잠 자기/휴식하기
- 화장실 사용하기/기저귀 갈기
- 집에서 놀기/오후 외출
- 오후 간식 먹기
- 어린이 집에서 데려오기(해당하는 경우)
- 집에서 놀기
- 저녁 먹기
- 목욕하기
- 화장실 사용하기/기저귀 갈기
- 책 읽어 주기
- 잠자기

그저 빨리 해치워야 할 일로 보지 말고 아이와 연결되는 순간으로 받아들인다.

    이때 우리는 웃고, 아이와 시선을 맞추고, 일어나는 일을 아이와 이야기하고, 그들이 서로 소통하는 것(아직 아이가 말을 하지 못한다고 해도 상관없다.)을 들을 수 있다. 대화와 소통, 존중하며 만지는 법을 보여 주고, 포옹해 줄 기회로 만들 수 있다. 화목하게 함께 사는 법을 제시하고, 단순하고 소박하게 함께 살 수 있다.

특별 의식

가정에서 치르는 특별 의식은 마음속에 간직해야 할 순간을 기념하고 추억을 쌓을 수 있는 기회다. 우리는 다음과 같은 일에 특별 의식을 치르며 기념하기를 원한다.

- 생일
- 명절
- 계절별 공예, 음식, 소풍
- 휴가
- 금요일 오후에 공원 가기나 일요일 아침으로 특별식을 먹는 것처럼 정기적으로 행하는 일

시간이 지나면서 아이는 이런 특별 의식에 익숙해진다. 아이는 이런 의식을 기대하고 성장한 후 유년기를 추억할 때도 대부분 이런 특별 의식에 대한 기억을 불러낸다. 유아가 일상의 리듬에서 예측 가능성을 즐기듯 특별 행사에서도 예측할 수 있는 사항을 알고 싶어 한다. 부모의 배경, 문화, 국적이 다를 경우 그 가족만의 독특하고 특별한 가족 전통을 만들어 축하한다. 특별 의식은 우리가 먹는 음식, 부르는 노래, 함께 축하하는 사람들 또는 계절에 맞춰 직접 만들어 집을 장식하는 사물 등을 통해 형성된다.

몬테소리 학교에서는 아이들 생일 때마다 특별한 축하 의식을 한다. 아이가 태양을 그린 그림 주변을 자기 나이만큼 돈다. 시간의 경과와 지구에 사는 우리와 태양의 관계를 구체적으로 보여 주는 방식이다. 어릴 때 나는 생일 파티가 열리는 날 뒷마당에 어떤 음식이 차려지고 어떤 게임을 하고 놀지 정확히 알았다. 여름은 망고와 체리를 양껏 먹을 수 있고 온종일 수영복을 입고 맨발로 잔디 위를 뛰어다닐 수 있는 계절이었다. 호주에 있는 잔디에는 가시로 뒤덮인 빈디 아이bindi-eyes가 있는 데도 맨발로 뛰어다녔다. 놀랍게도 지금까지 어린 날의 향수가 느껴진다. 빈디 아이 조차 그립다.

암스테르담에 사는 우리 가족은 연말이면 여러 가지 전통을 축하한다. 12월 첫날에는 집에서 직접 재림절 달력Advent calendar(재림절 기간 동안 매일 한 장씩 넘길 수 있도록 24개의 숫자가 적힌 작은 문이 달린 아동용 달력-옮긴이)을 만든다. 여기에 축제 등을 구경하러 밤 산책하기, 쿠키 굽기 또는 만들기 등 매일 재미있게 할 수 있는 일을 종이에 적어 숨겨 놓는다. 12월 5일에는 신터클라스Sinterklaas를 센다. 네덜란드 전통으로 시를 쓰고

서로 놀라게 하며 즐거운 시간을 보낸다. 12월 하순 이스라엘의 명절 하누카Hanukkah에는 촛불을 켜고 "마오즈 츠루" 노래를 부른다. 크리스마스에는 선물을 교환하고 가족과 함께 식사를 한다. 이 모든 행사를 조용하고 저렴한 비용을 들여서 한다. 불필요하게 정성을 들이거나 복잡하게 만들지도 않는다. 모든 것을 완벽히 하는 게 아니라 함께하는 것이 핵심이다.

 가족만의 특별 의식이나 전통에 대한 자세한 사항은 어맨다 블레이크 소울의 『내 아이의 잊지 못할 하루The Creative Family Manifesto』를 읽어 볼 것을 권한다.

옷 입기와 외출하기

옷 입기와 집에서 나가기가 전쟁이 되어야 할 필요는 없다. 아이들을 위협하거나 상을 주기보다 아이를 양육하는 원칙에 따라 아이와 함께 작업하는 방법을 적용하면 된다. 다시 말하지만 옷 입기는 아이와 연결되는 순간이 될 수 있다. 일하는 부모라고 해도 옷 입기로 아이와 연결의 시간을 보낼 수 있다.

옷의 유형

유아는 자기 스스로 하려는 경향이 시작되는 시기이므로("나, 할 거야!") 도움이 없이 아이 혼자 입고 벗기에 편한 옷을 찾는다.

권장하는 옷
- 지퍼를 올리거나 단추를 잠글 필요 없이 옷을 내리고 올릴 수 있는 고무줄이 달린 반바지나 바지
- 머리를 넣는 입구가 큰 티셔츠 또는 어깨에 누름단추가 달려서 입구를 넓게 벌리고 여닫을 수 있는 티셔츠

- 벨크로나 버클이 달린 신발(끈으로 묶거나 그냥 신고 벗는 신발보다 신기 쉽다.)

피해야 할 옷
- 긴 드레스는 유아가 감당하기 어렵고 움직임을 제한한다.
- 멜빵바지는 아이 혼자 입기 어렵다.
- 스키니진처럼 딱 맞으면서 움직임을 제한하는 옷

모든 것이 있으며, 그 모든 것이 제자리에 있는 장소

4장에서 살펴보았듯 집을 모두가 사용하기 편리하게 만들 수 있다. 모든 것을 위한 집으로 꾸미면 모든 것이 대부분 제자리에 있고 찾기 쉽다. 장갑이나 신발이 어디에 있는지 미친 듯이 찾아야 할 가능성이 줄어든다.

예를 들어 복도에 다음 것들을 설치하면 좋다.
- 외투와 스카프를 걸 옷걸이
- 장갑과 모자를 넣을 바구니
- 신발을 담을 공간
- 신발을 신고 벗을 때 앉을 공간

이런 식으로 꾸미면 이 공간은 밖으로 나갈 때 필요한 기능을 하는 멋진 곳이 된다. (우리가 집을 나갈 때도 사용할 수 있다.) "신발 한 짝은 어디 갔지?"라는 말을 덜 하게 되고 "오늘은 검정 신발이랑 파랑 모자를 쓰고 싶지 않니?"라고 말할 수 있게 된다. 정신없이 집을 떠나지 않아도 된다. 함께 작업하면서 아이와 연결되는 시간을 보낼 수 있다.

혼자 하는 법 배우기

서둘러 집을 나설 필요가 없을 때도 시간을 투자해 아이에게 혼자 옷 입는 기술을 가르쳐야 한다는 점을 잊지 말라. 유아는 혼자 힘으로 뭔가 할 수 있는 것을 좋아한다. 예를 들어 몬테소리식 외투 입기를 가르쳐 아이 스스로 외투를 입게 한다.

몬테소리식 외투 입기

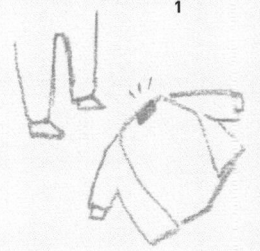  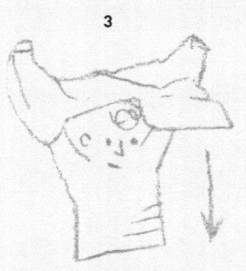

1. 외투를 바닥에 놓고 다이는 후드나 옷에 붙은 상표 뒤에 세운다.
2. 아이가 소매 부분에 손을 끼워 넣도록 한다. 팔을 세워 외투를 머리 뒤로 넘기게 한다.
3. 외투가 아이의 몸을 타고 내려온다.

비계 설정 기술

어린 유아는 옷을 입을 때 도움이 필요하다. 이때 비계 설정 기술scaffolding skills을 적용해 가르친다. 옷 입기를 세분화한다. 자세하게 단계를 나누고 비계를 놓듯 각 단계를 수행한다. 시간이 지나면 아이는 점점 더 옷 입는 과정을 혼자 감당할 수 있게 된다.

아이가 도움이 얼마만큼 필요한지 항상 관찰한다. 먼저 아이 스스로 해 보게 둔다. 필요하다면 그저 보기만 한다. 혼자 힘으로 잘 해내면 아이도 만족스러워한다. 티셔츠에 머리를 넣어 준 후 아이가 혼자 소매에 팔을 끼울 수 있는지 지켜본다.

아이가 짜증스러워하기 시작하면 그때 도움을 준다. 조금만 도와주고 뒤로 살짝 물러나서 어떻게 처리하는지 본다. 신발에 발을 집어넣지 못하면 신발 뒤를 슬쩍 잡아 준다. 거기서부터 아이가 신발을 제대로 신는지 지켜본다. 아이가 우리 손길을 물리치면 "그래, 여기 있을 테니까 도움이 필요하면 말해."라고 말한다.

자라면서 아이는 각 단계를 혼자 힘으로 할 수 있게 될 것이다. 어느새 같은 방에서 아이와 함께 동시에 옷을 입거나, 아이가 혼자 옷을 입게 두고 방을 나와 이따금 잘 하고 있는지 확인하면 될 것이다.

천천히, 충분한 시간을 주고 아이와 연결된다

집에서 나가지 않아도 될 때 옷을 입는 데 보통 시간이 얼마나 걸리는가? 15분이나 20분 정도 걸릴까? 집을 떠나 학교에 갈 때, 출근할 때 또는 외출을 해야 할 때도 같은 시간을 할애한다.

우리는 종종 유아가 자기만의 속도에 맞춰 옷 입는 것을 가만히 앉아 지켜보는 것을 힘들어한다. 하지만 이때 차나 커피(아이가 뜨거운 음료에 손대지 않게 주의한다.)를 마시거나 편안하고 경쾌한 음악을 들으며 즐길 수 있는 시간으로 만들면 된다.

아이가 옷 입기를 거부할 때

아이 스스로 옷을 입고 싶어 하지 않을 때를 대비한다. 어제는 즐거워하며 신발을 신었던 아이가 오늘은 똑같은 일을 하지 않겠다고 하는 것을 보면 마음이 답답할 것이다. 그런데 어른인 우리도 매일 저녁 식사를 차리고 싶지는 않지 않나? 이럴 때는 "오늘은 신발 신는 것 도와줄까?"라고 제안하고 도움을 줄 준비를 한다.

유아는 어른에게서 떨어져 독립성을 키우는 과정에 있다는 점을 기억한다. 우리 도움을 원할 때가 있는가 하면 혼자 힘으로 하고 싶어 할 때도 있다. 나는 이런 현상을 "독립성의 위기"라고 부른다. 이런 문제가 계속되면 6장에 나온 "유아와 원활하게 협력하기 위한 방법"에 있는 목록을 검토해 본다.

옷 입기 활동에서 도움이 될만한 팁을 몇 가지 제시한다.
- 아이가 하는 일을 끝낼 때까지 기다린다.
- 우리가 요청한 일을 아이가 처리할 시간을 충분히 준다.
- 입을 옷을 아이가 고르게 한다.
- 유머를 활용한다.
- 아이의 연령에 맞춰 기대와 예상을 한다.
- 체크리스트를 사용한다.

Note · 아이가 기저귀를 갈고 싶어 하지 않는다면 기저귀를 갈 때 바닥에 눕는 것이 싫어서 일 수 있다. 등을 대고 누우면 왠지 약해지고 불안한 기분이 들 수 있다. 아이를 눕히는 게 우리 입장에서는 편하지만 등받이 없는 낮은 의자에 앉아서 아이를 무릎 사이에 세우고 기저귀를 간다. 몇 번만 연습하면 쉽다. 변을 보고 나서 닦아 줄 때도 아이가 몸을 기울인 상태에서 욕조 모퉁이나 낮은 의자에 지탱하게 한 후 뒤처리를 해 준다.

집에서 나가야 할 때

천천히 할 수 있게 아이에게는 시간을 준다. 무한정 줄 필요는 없다. 시간에 쫓길 때 "너 혼자 힘으로 옷 입고 싶다는 건 알겠는데, 이제 나가야 하거든? 그러니 내가 도와줄게."라고 한다. 한계를 정하고 필요할 때 제한한다. 아이의 저항을 인정하고 다정하게 스포츠캐스팅 기술(146쪽 참고)을 사용한다. "티셔츠를 입혀 줄게. 그래, 잘 잡아당기네? 옷에 머리를 넣기 싫다는 거지? 그래. 자, 이제 왼팔 넣는 걸 도와줄게."라고 말한다. "너를 두고 갈 거야."라고 말하기보다 문 앞에 서 있는 것이 효과적이다. 차분하고 단호하게 "너를 두고 안 갈 거야. 신발을 신고 문 앞에 서 있을 게."라고 말한다.

먹기

식사 시간도 아이와 연결되기 좋은 순간이다. 아이는 이때 식사가 몸에 영양을 공급하는 행위일 뿐 아니라 사교의 순간이라는 것을 배운다. 식사 시간이 엄청난 스트레스로 다가올 수 있다. 부모인 우리는 아이가 건강하도록 충분히 먹기를 바란다. 그래야 한밤중에 배고프다고 깨지 않기 때문이다. 간식을 들고 돌아다니거나 놀 때 먹이는 게 습관이 되었을 수 있다. 너무 같이 먹으면 또 많이 먹는 게 걱정이 될 수 있다.

몬테소리에서는 음식을 먹는 게 아주 다르다. 일단 먹는 환경을 아름답게 꾸민다. 식탁에 꽃을 꽂아 두고, 아이는 음식을 준비하고 식탁 차리는 일(처음에는 아이를 도와주면서 한다.)을 돕는다. 그리고 가능하면 항상 가족 식사 시간처럼 함께 앉아서 먹는다.

어른의 역할

먹기 연습을 시키는 것은 아이가 음식과 관계를 맺고 좋은 식습관을 기르는 토대를 만드는 작업이다. 어른은 아이가 언제, 어디서 그리고 무엇을 먹을지 결정한다. 일반적으로 부모가 음식을 아이에게 떠먹여 주지만 우리는 아이 스스로 먹고 자기 속도에 맞춰 얼마나 많이 먹고 싶은지 선택할 수 있게 한다. 음식을 숟가락에 담아 비행기를 날리는 것 같은 흉내를 내지 않고, 디저트를 상으로 주지 않으며 아이패드나 TV로 아이의 정신을 산만하게 만들지 않는다.

식탁에 앉는 규칙을 정하면 아이가 다음의 사항들을 배우는 데 도움이 된다.
- 식사는 연결을 위한 사회적 행사다.
- 식탁 앞에 앉는 것이 걸어 다니며 음식을 먹는 것보다 안전하다.
- 한 번에 한 가지를 한다. (먹으면서 놀지 않는다.)
- 음식은 식탁에 둔다.

4장에서 논의했듯 아이가 식사 준비에 참여하면서 독립성을 기를 수 있도록 주방을 꾸민다. 식사 준비에 참여할 때 아이가 음식에 흥미를 갖게 되는 경우가 많다. 그리고 스스로 물을 마실 수 있게 되면 마실 것이 필요할 때 찾는 법도 배울 수 있다.

어디서-먹는 곳

아이들은 종종 저녁을 일찍 먹는데 일을 하고 아이를 돌볼 경우 저녁 준비가 늦어질 수 있다. 하지만 어른의 식사는 사회적 행사이자 예의범절을 배우는 시간이라는 것을 아이에게 보여 주는 최고의 기회이다. 그러니 아이와 함께 앉아서 식사하는 것이 좋다. 너무 일찍 완전한 저녁 식사를 하고 싶지 않을 때는 수프를 한 그릇 정도 먹는다.

개인적으로 나는 식탁이나 주방 탁자에서 식사하는 것이 좋다. 아이가 혼자 앉을 수 있는 자리를 마련하기 좋기 때문이다. 아이가 끈이 달린 높은 의자나 앞에 쟁반 모양의 탁자가 달린 의자에 앉으면 식탁에서 멀기도 하고 따로 또 도움을 줘야 한다. 낮은 식탁과 의자를 둬서 아이가 바닥에 발을 디디고 밥을 먹을 수 있게 하는 것도 좋다. 간식 시간에 낮은 식탁에는 음식을 올려놓고 바닥에는 방석을 놓아서 아이가 앉게 한다. 식사할 때도 이렇게 하는 사람들이 있다. 가족에 따라 선택한다.

다른 가족이 식사를 마칠 때까지 아이가 식탁 앞에 앉아 있을 거라고 기대하지 않는다. 우리 집의 경우 아이들은 식사가 끝나면 접시를 주방에 가져다 놓고 다른 곳에 가서 논다. 자라면서 아이들은 점점 더 오래 식탁에 머무르며 대화를 즐긴다.

아이가 음식이나 포크를 쥐고 식탁을 벗어나면 "음식과 포크는 식탁에 두는 거야. 너는 다른 곳에 가도 좋아."라고 말한다. 수업 시간에 아이들이 앉아서 간식을 먹을 때 나는 이 말을 많이 한다. 계속 먹고 싶으면 아이는 음식을 가지고 돌아와 앉아서 먹는다. 그렇게 하지 않으면, 식탁에서 멀어진다는 것은 음식 먹기를 끝낸 것이니 식탁을 치우는 것을 아이들에게 보여 준다.

언제-먹는 시간

나는 항상 주방을 열어 놓기보다는 일정한 시간에 먹는 것을 선호한다. 하루 세끼 그리고 오전 또는 오후에 간식을 한 번 먹는다. 이렇게 하면 몸이 음식을 소화할 시간을 줄 수 있고 간식으로 배를 채우지 않게 된다.

무엇을-먹는 음식의 유형

어른으로서 우리는 가족이 어떤 음식을 먹을지 결정할 수 있다. 아이에게 2가지 정도 선택지를 준다. 아직은 아이가 음식에 대해 건강한 선택을 하지 못할 수 있지만 우리의 제안과 대화를 통해 음식 선택하는 법을 배우게 된다. 12개월이 되면 유아는 젖병이 필요 없어진다. 우리잔에 일반 우유를 마실 수 있게 된다. 작은 잔에 조금만 우유를 따라 마시는 것으로 시작한다. 시간이 지나면서 아이는 빨대 컵이 필요 없을 정도로 마시기 요령을 깨친다. 모유 수유도 하루 중 일정한 시간을 정해서 할 수 있다.

나는 내 아이들에게 "모든 것은 적당히" 방식을 적용해 가끔 단 것을 먹게 허용했다. 지금도 아이들은 가끔 단것을 먹지만 스스로 알아서 자제하는데 그 능력이 놀라울 정도다. 이것도 개인이 알아서 결정할 일이지만 일관성 있게 해야 한다.

얼마나 많이-아이의 선택

다행히 이제는 접시에 놓은 것은 다 먹어야 한다고 말하는 시대는 지나갔다. 우리는 아이가 배가 부르다는 것을 이해하고 몸이 보내는 신호를 알아듣기 원한다. 접시에 음식을 가득 채우지 말고(이러면 부담스러워 음식이 바닥에 버려질 수 있다.) 소량으로 시작하고 더 원하면 아이 스스로 음식량을 정해서 먹게 한다. 아기에게 맡긴다. 충분히 먹을 만큼 담는다고 믿는다.

이 나이의 아이들은 일반적으로 배가 고플 정도로 음식을 적게 먹지 않는다. 아이를 믿고, 음식 먹기를 통제하지 않는다. 몸이 보내는 신호를 아이 스스로 들을 수 있게 하면 아이는 필요한 만큼 음식을 가져갈 것이다. 아이가 많이 먹지 않을 경우 관찰해 보면 아이의 식욕 변동이 심하다는 것을 알 수 있다. 접시에 놓인 음식을 전혀 먹지 않는 것처럼 보일 때가 있지만 성장 급등기가 되면 하루 세끼 식사에 간식을 먹으면서도 여전히 배고파한다. 정확하게 뭐가 필요한지 몸이 아는 것이다.

어린 유아는 스스로 먹으면서 칼, 숟가락과 포크 사용하는 법을 배운다. 처음에는 숟가락보다 포크 사용이 쉽다. 포크로 음식을 찍어 먹는 법을 아이 앞에서 보여 주고 아이가 직접 포크를 사용해 음식을 먹게 한다. 그다음에 아이가 스스로 단계적으로 도구 사용하는 법을 연습할 것이다. 숟가락 사용법을 연습시킬 때는 오트밀처럼 알이 굵은 것을 준비해 아이가 숟가락질에 능숙해질 수 있게 한다.

음식 전쟁

어른이 직접 아이에게 음식을 떠먹여 주거나, 상을 주거나, 음식을 먹이기 위해 책 또는 TV로 주의를 끌고 있다면 식사 시간은 이미 골칫덩어리가 되어 버린 셈이다. 올바른 식습관을 다시 정립해야 한다. 아이에게 식사 시간에 대한 생각이 바뀌었다고 간단하게 설명한다. 아이에게 음식을 같이 즐기길 원한다고 말한다. 얼마나 먹고 싶은지, 몸이 하는 이야기를 듣고 결정하는 법을 배우는 게 얼마나 중요한지 알려준다.

아침 식사 시간부터 시작한다. 영양이 풍부한 아침을 주고 함께 앉아서 아침 식사를 하며 이야기를 나눈다. 아이가 음식을 먹지 않으면 설교는 하지 말고 다 먹었느냐고 물어보고 주방으로 다 먹은 접시를 갖다 놓을 수 있게 도와준다. "네 몸이 하는 말을 들어 보니 이제 식사가 끝났다고 말한 거야."라고 말한다. 아이가 돌아와서 음식을 달라고 하면 이해는 하지만 확실하게 이번 식사는 끝났고 다음번 식사 때 좀 더 먹으라고 말한다. 점심시간이나 저녁을 먹을 때도 똑같이 반복한다.

식사 습관을 개선하는 며칠 동안은 간식을 주지 않는 게 좋다. 식간에 간식으로 배를 채우지 않게 하기 위해서다. 아이가 많이 먹지 않았다면 배가 고파서 저녁에 음식을 먹을 것이다. 아이가 좋아하는 음식도 준비하지만 아이가 요구한다 해서 다른 음식을 만들어 주지는 말라. 가족이 먹는 음식을 먹는 법도 아이가 배워야 한다.

이렇게 1주일을 지내고 아이가 먹는 것을 기록해 둔다. 종이에 써서 냉장고 앞에 붙여 둔다. 결과에는 연연하지 않는다. 음식이나 그에 관해 언급하지 않고 문제 삼지 않는다. 자신감을 가지라. 며칠 지나지 않아 아이들은 식탁에 앉아 스스로 음식을 먹을 것이고 음식 전쟁은 다른 것으로 대체될 것이다.

Note · 아이가 건강상의 문제로 음식을 거부하는 것은 아닌지, 다른 음식 관련 문제는 없는지 알아 둔다. 1주일이 지나도 식사 문제가 개선되지 않거나 걱정되는 부분이 있다면 의사에게 상담해 보라. 아이의 소화 기능이 조절되면 배변 활동에 변화가 생길 수 있다.

음식을 던지는 아이

유아는 주변 세상을 탐험하기 좋아한다. 접시에 있는 음식을 던지는 것은 음식이 바닥에 떨어지면 무슨 일이 생기는지 보려는 실험일 수 있다. 아이들은 대개 먹을 만큼 먹은 다음 음식을 던진다. 다 먹었다고 말하는 것이다. 그럴 땐 "다 먹은 거야?"라고 물어본 후 양손을 들어 손바닥을 보여 주며 "손동작을 이렇게 하고 '다 먹었어요.'라고 말해. 그럼 다 먹은 접시는 주방으로 가져갈까? 도움이 필요하면 말해."라고 말한다.

음식을 다 먹은 게 아닌데 계속해서 던지면 **다정하지만 단호하게** 접시를 주방으로 가져갈 수 있게 도와주겠다고 아이에게 말한다. 역시 이때도 으름장을 놓는 어투는 쓰지 않고 간결하고 확실하게 말한다. 일반적으로 음식을 던지는 행위는 발달상의 한 단계다. 차분하지만 일관성 있게 대처한다. 이 시기도 지나간다.

음식 던지기와 유사하게 아이가 고의로 물을 쏟으면 나는 컵을 치운다. "컵은 여기에 놓을 거야. 이 컵을 다시 사용하려면 그러고 싶다고 말해." 아이가 컵을 달라고 한 다음 또 물을 쏟으면 나는 차분하게 아예 컵을 치워버린다.

잠자기

잠자기에도 몬테소리 방식을 적용해 아이를 아이 방에서 재울지, 우리 방의 아이 침대에서 재울지, 가족 침대에서 함께 잘지 등을 결정할 수 있다. 몬테소리 훈련은 아이를 아이 방에서 재울 것을 권장하지만 잠자기는 아주 개인적인 선택의 문제다. 그러니 각 가정의 사정에 맞춰 선택한다.

12개월에서 16개월의 유아는 일반적으로 낮잠을 한 번 자고 밤이 되면 10시간에서 12시간을 잔다. 아이가 이것보다 더 많이 또는 적게 잘 경우, 아이가 잠에서 깨어날 때 잠투정을 안 하고 낮 동안 기분이 좋은지 살펴보면 충분히 잤는지를 가늠할 수 있다.

잠자는 곳

유아가 잠자는 곳은 휴식하기에 최적의 장소여야 한다. 안전하며 주의를 산만하게 하지 않고 잠동사니가 눈에 띄지 않는 곳이어야 한다. 아이가 혼자 독립적으로 침대에 들어가고 나올 수 있게 할 방법을 찾는다. 14개월가량의 유아는 혼자서 측면이 낮은 유아 침대에 기어 올라가거나 바닥 매트리스를 딛고 올라갈 수 있다. 야간 등을 사용할 수도 있다. 새러 오크웰-스미스는 「아이의 수면을 개선할 수 있는 간단한 방법」이라는 논문에서 아이 방에는 흰색과 파란색 등을 피하고 멜라토닌 분비에 영향을 미치지 않는 빨간색 계열의 전등을 달라고 조언한다.

밤에 아이가 목말라할 경우를 대비해 물을 준비해 놓는다. 가족 침대를 사용하거나 밤에 아이가 부모 방에 들어오게 할 수도 있다. 이건 각 가정에서 개별적으로 결정할 문제다. 해도 되는 선에 대해 확실하게 밝힌다. 아이가 수면 문제를 겪는다면 원인은 아이를 재우는 방식이 효과가 없기 때문일 가능성이 높다. 그럴 때는 변화를 줘야 한다.

잠들기

아이가 필요로 하는 만큼 도움을 줘야 하는 것의 중요성은 충분히 강조했다. 아이를 지원하고 때에 따라 도와주고 나서 다시 물러난다. 잠자기 문제도 마찬가지다. 확실하고 규칙적인 잠자리 들기 순서를 정한다. 목욕하고, 양치질하고, 책을 조금 읽고 그날 일어난 일 등을 이야기하는 데 1시간 정도를 잡는다. 그리고 잠드는 데 아이가 필요로 하는 만큼만 도와준다.

선천적으로 무리 없이 잠을 잘 자는 아이들이 있다. 이들은 피곤하면 종종 바닥에서 금방 잠이 든다. 이 아이들은 태어나면서부터 잠을 잘 자고 잠들기 활동도 일관성을 띤다. 이런 아이들은 졸리지만 깨어 있는 상태로 잠자리에 들고 잠투정도 하지 않으며 재우기 위해 수유를 하거나 우유를 먹이지 않아도 된다. 어떤 아이들은 즐겁게 책을 읽다가 스스로 잠이 드는 반면 잠자리에 들 때 우는 아이들이 있다. 잘 먹였고, 기저귀가 젖은 것도 아니고, 잘 놀았는데 운다면 그 아이는 잘 준비가 되었다는 신호를 보내는 것이다. 이때 나는 아이가 혼자 울게 놓아두는 것을 권하지 않는다.

아이 스스로 잠들도록 돕는 다정하고 부드러운 방법은 일단 아이 침대 옆에 의자를 놓는 것이다. 아이가 잠들기 활동을 끝내면 조용히 의자에 앉힌다. 책을 읽어 주는 것도 좋다. 아이가 울면 안아 올리기보다는 등을 쓸어 주고 진정할 수 있는 말을 한다. 아이가 일어서거나, 대화를 하지 않거나 혹은 시선 맞춤을 너무 많이 하면 눕힐 수도 있다. 잠드는 법을 아이들이 배우면 침대 옆에서 의자를 치운다. 이런 방식을 며칠 밤 동안 반복한다. 며칠 밤이 지나며 의자는 점점 문 가까이 옮겨갈 것이다.

그리고 약 2주 정도가 지나면 문 밖에 의자를 놓고 앉아 있을 수 있게 된다. 문을 열어 둬서 아이가 계속 우리를 볼 수 있게 한다. 그리고 이틀이 더 지나면 아이는 우리가 앉아 있을 필요를 못 느끼게 된다. 아이가 아프거나 이가 나는 시기라면 좀 더 돌봐줄 필요가 있다. 이때는 수면 패턴이 교란될 수 있기 때문이다. 아이가 나아지면 잠자기 활동을 재정립해야 할 필요가 있다.

잠투정과 야행증

밤에 얕은 잠을 자는 렘수면 상태에서 우리는 여기저기를 살짝 돌아다니다가 다시 잠자리에 드는 경우가 있다. 일반적으로는 빨리 다시 잠들어 잠시 깨어 있었다는 사실을 기억하지 못한다. 하지만 베개가 침대 밑으로 떨어지는 것 같이 조건이 바뀌면 우리는 일어나서 주변을 둘러보고 베개를 찾은 다음 다시 잠든다. 아기와 유아들도 마찬가지다. 흔들리는 요람에서 먹다가 잠이 들면 얕은 잠을 자던 상태에서 깨어나 어른을 찾고 같은 조건이 만들어지지 않는 한 다시 잠을 자지 못한다. 우리가 아이의 잠투정을 조장하는 셈이다.

나는 첫 아이 때 정말 힘들었다. 몇 달 동안 아이를 재우려고 침대를 흔들어 주었고 아이는 종종 젖을 먹다가 잠이 들었다. 그러면 아이는 잠을 자다 깨서 젖을 찾았다. 그럼 다시 젖을 먹였는데, 아이가 배탈이 나서 자다가 다시 깨기를 반복했다. (지나고 보니 젖을 소화할 시간이 충분하지 못했던 것 같다.) 여기서 교훈을 얻었다. 그래서 둘째는 태어났을 때부터 일상의 리듬을 확실하게 지켜 먹고, 놀고, 재웠다. 그러니 쉬는 시간이 어른에게는 물론 아이에게도 훨씬 선명해졌다. 아이는 졸리지만 깨어 있는 상태로 침대에 누워 잠이 들었다. 둘째는 자기 침대에서 자는 것을 좋아했고 잠이 드는 데 도움도 거의 필요로 하지 않았다. (밖에 나다닐 때도 아마 볼 것이 많아서였는지 잠을 자지 않았다.)

실수에서 배우고 잠투정을 없앤다. 아이가 한밤중에 뜨려고 잠에서 깨면 재우기 위해 뭔가를 먹이는 습관을 없앤다. 밤에는 덜 먹일 방법을 찾는다. 우유를 점진적으로 희석하는 것도 방법이다. 모유 수유를 하는 한 엄마가 하루는 소파에서 잠이 들었다. 다른 방에서 자고 있던 아이는 깨지 않았다. 그래서 이 엄마는 1주일 동안 소파에서 잠을 잤고 아이는 젖을 먹으려고 깨지 않았다고 한다.

아이가 한밤중에 일어나서 안아 달라거나, 무엇을 마시고 싶다고 하거나, 이불 덮개를 다시 접어 달라거나, 제일 좋아하는 부드러운 인형을 달라고 하면 나는 그런 것에 관해 낮에 감정을 배제하고 이야기한다. "어젯밤에 네가 일어나서 이불 커버가 삐져나와서 잠을 못 자겠다고 했던 거 기억하지? 밤에는 너 혼자 그런 문제를 처리하는 방법을 한번 생각해 봐. 좋은 아이디어 있어? 이불 커버를 가로로 접어놓고 더 팽팽하게 당겨서 넣을까? 커버 당기는 걸 연습해 보는 건 어때?"

아이와 가족의 건강, 행복에 영향을 미칠 정도로 계속 아이가 잠들기 힘들어하면 수면 전문가와 상담한다.

양치하기

양치하기에 대한 공식적인 몬테소리 방식은 없다. 하지만 아이들이 이 닦기를 싫어할 때 일반적으로 사람들이 물어보는 질문이 있다.

아이를 존중해야 함을 인식한다. 우리는 오늘 바로 지금 아이와 함께하고 있다. 아이가 주도하게 한다. 목욕하기 전이나 도중 아니면 다 끝난 후 언제 양치를 할지 아이가 결정하게 한다. 함께 가게에 가서 아이가 원하는 칫솔을 고르게 한다. 하지만 양치는 선택사항이 아닌 반드시 해야 하는 것이라는 점을 확실히 한다. 다시 강조하지만 우리는 아이가 독립적으로 행동해 자기 스스로 할 수 있게 하고자 한다. 유아에게는 그들을 돕는 것이 마지막에 양치를 마무리하고 치아가 깨끗한지 확인하는 것을 의미할 수 있다. 아이를 도울 때는 부드럽게 말하고 존중하는 태도를 갖는다. 우리가 유아라고 가정하고 누군가 칫솔을 내 입속에 찔러 넣는다고 생각해 보라. 아주 이상하지 않을까?

아이와 나란히 서서 함께 양치질하면 아이가 치아를 돌본다는 개념을 구체적으로 이해하는 데 도움이 된다. 이 닦기 노래를 불러 줄 수도 있다. 가볍고 경쾌한 순간을 만들어 본다. 이 닦기를 도와줄 때 우리가 아이의 주의를 다른 곳으로 돌리려 한다는 걸 아이가 감지하면 속임수를 쓰고 있다고 생각해 협력하기보다는 오히려 저항할 수 있다. 보상으로 주는 스티커가 잠깐만 효과가 있듯, 주의를 다른 곳으로 돌리는 전략은 아이가 속임수를 지켜워할 때까지만 효과가 있을 뿐이다. 그래서 이후에 양치질을 시키려면 더 애를 먹게 된다. 아이와 함께 양치질을 하려 해도 여전히 아이가 피하려 하면 확신을 가지고 차분하게 아이를 대한다. "자, 양치하는 걸 도와줄게. 욕실로 돌아갈 거야. 네 입을 벌리게 할 거고…." 다정하지만 단호하게 말한다.

PART 2

변화 다루기

화장실 사용하기

화장실 사용법 배우기가 아이에게 무서운 시간이 되어야 할 이유가 없다. 인간으로서 자연스러운 부분이니까. 아이들은 더러운 기저귀를 대하는 우리 태도를 유아기 때부터 보고 배운다. 우리가 얼굴을 찡그리면 아이는 똥 기저귀가 정상적인 신체 활동의 결과물이라고 생각하기보다는 더럽다고 여길 것이다.

이에 관해 동료 몬테소리 교사가 다음과 같이 비유를 했는데, 나는 그게 마음에 든다. 아기는 혼자 일어섰다가 넘어지고, 다시 일어서고 넘어지기를 반복하며 서는 법에 숙달한다. 우리는 이 모습을 귀엽다고 생각한다. 마찬가지로 아이는 욕실 사용법을 배울 때 바닥에 오줌을 싸고 바지에 똥을 싸기도 한다. 역시 배변 활동과 처리법에 숙달할 때까지 연습하는 것이다. 응가와 쉬가 남는 점만 빼고 말이다. 그러니 마음을 열기 바란다. 당신이 배변 활동을 가르치며 받는 스트레스를 조금이라도 줄여 주고 싶다.

비계 설정 기술

아이는 스스로 옷 입기 시작하면서 욕실 사용법과 관련된 기술도 천천히 쌓아 나간다. 먼저 아이들은 바지를 내리고 올리며 입고 벗는 법, 그다음에 속옷을 내리고 올리는 법을 연습한다. 기저귀를 갈 때 억지로 하지 말고 일상의 리듬 중 일부분으로 만든다. "유아용 변기 또는 욕실 변기에 앉을래?", "변기 사용을 다 했네? 그럼 이제 기저귀를 채워 줄게."라고 말한다. 천 기저귀를 사용하면 아이가 소변을 보았을 때 젖은 느낌을 감지하는 데 도움이 된다. 이렇게 아이는 신체를 인식하고 이해하게 된다.

준비되었음을 알리는 신호-아이가 주도하게 한다

가장 중요한 것은 아이를 따르는 것이다. 이건 누가 누가 잘하나 식의 경쟁이 아니다. 그보다는 아이가 준비되었음을 알리는 신호를 알아차리는 게 중요하다.

- 오줌이나 똥을 쌌을 때 기저귀를 잡아당긴다.
- 똥을 눌 때 쭈그리고 앉거나 사람이 없는 사적 공간으로 간다.
- 쉬를 했거나 응가를 했다고 우리에게 말한다.
- 가끔 기저귀를 갈려고 하지 않는다.
- 기저귀를 벗는다.

아이를 위해 욕실 꾸미기

욕실에 유아용 변기나 작은 변기를 놓는다. 아이가 일반 변기를 사용한다면 스스로 오를 수 있도록 작은 계단을 놓고 변기에 앉아 있을 때 발을 디딜 곳을 마련한다. 더러워진 옷을 넣을 곳과 깨끗한 속옷을 두는 곳도 준비한다. 오줌 싼 곳을 치우는 걸레도 구비해 둔다. 모든 것을 준비해 두면 여유롭게 있을 수 있고 필요한 물건을 찾는 데 허둥거리지 않게 된다. 아이가 변기나 유아용 변기에 일을 보지 않아도 차분하게 "음, 오줌을 쌌구나. 다 준비되어 있으니 갈아입으면 돼."라고 차분하게 말한다.

일반적인 활동으로 여기기

대소변 과정에 아이가 참여하게 한다. 유아용 변기는 물론 속옷을 살 때 데려간다. 변기에 갈 때까지 잠깐 오줌 참는 연습을 할 때 입는 바지를 사용할 수도 있다. 비계 설정 기술로 연습하게 한다. 집에 있을 때는 속옷만 입혀 놓으면 입고 벗는 것이 덜 번거롭고 씻겨야 하는 일도 줄일 수 있다.

아이는 오줌을 싸서 젖는 게 어떤 느낌인지 배우는 중이다. 심지어 다리를 타고 흘러내리는 오줌을 서서 지켜보기도 한다. 그게 첫 번째 단계다. 그렇게 신체를 인식하는 것이다. 그다음에 욕실로 가서 갈아입는 것을 도와준다. 몬테소리 교사들은 대개 "사고 쳤네."라고 하지 않고 "옷이 젖었구나. 가서 갈아입자."라고 말한다.

먼저 규칙적으로 유아용 변기 또는 일반 변기 사용을 제안한다. 아이에게 화장실에 가야겠냐고 물으면 보통 아이들은 아니라고 대답한다. 자율성을 발전시키고 있는 유아에게서 나오는 일반적인 반응이다. 이때는 아이가 다른 활동을 하지 않을 때까지 기다렸다가 "이제 화장실에 갈 시간이야."라고 말하며 욕실로 이끈다. 몇 주가 지나면 아이들은 슬슬 신체를 인식하기 시작하고 때로는 화장실에 가야겠다고 말하기도 한다. 가끔은 좀 더 오랫동안 아이가 용변을 참는 모습을 보게 될 것이다. 궁극적으로는 화장실 가야 할 때를 일일이 알려 줄 필요가 없게 된다.

밤에 뽀송뽀송하게 있기

낮잠과 밤에 잘 때 모두 팬티를 입힌다. 아이가 좀 더 오래 참을 수 있다면 잠을 자고 일어나서도 기저귀나 팬티가 젖지 않을 것이다. 두꺼운 수건을 아이의 침대보에 깔아 둔다. 또는 침대 보호대를 사용한다. 둘 다 밤에 필요한 경우 손쉽게 치울 수 있다.

참고 있기

가끔 아이가 용변 보는 것을 두려워하게 될 때가 있다. 변을 보다가 다쳤거나 변기에 앉아 변을 보는데 누군가 변 보기를 두렵게 만들어서 일 수 있다. 이유를 알 수 없는 경우도 있다. 건강상의 문제일 경우 의사와 상담한다. 건강에 문제가 있는 경우가 아니라면 아이가 편안하게 느낄 수 있도록 도와준다. "응가는 준비가 되면 나올 거야. 1주일이 걸리기도 해. 2주일이 걸릴 수도 있어. 하지만 때가 되면 나올 거야. 우리 몸은 아주 영리하거든." 하고 말해 준다. 그에 대해 너무 많이 이야기하지 말고 아이가 배가 아프다고 하면 배를 문질러 준다.

아이가 사적 공간으로 가서 변을 보면 점진적으로 천천히 욕실에서 혼자 일을 볼 수 있게 한다. 그다음에는 기저귀를 찬 상태에서 유아용 변기에 앉게 유도한다. 그러면 아이는 점진적으로 기저귀를 차지 않고 팬티를 입지 않은 상태로 변기에 앉아도 안전하다고 느끼게 될 것이다. 비계 설정 기술을 적용해 아이를 돕는다는 점을 기억하라.

아이가 변기 사용을 거부할 때

억지로 변기를 사용하게 하지 않는다. 다른 이가 아닌 아이의 몸이니 억지로 서두르게 할 수 없다. 우리는 그저 도와주고 아이와 함께 작업할 방법을 찾을 뿐이다. 아이가 화장실 사용하는 활동을 방해하지 않는다. 유아용 변기 또는 일반 변기 사용을 계속 제안할 수 있고 아이들이 그것들 사용하는 법을 배우게 될 거라고 믿는다. 변기 사용법을 배우는 과정 중 어떤 일정한 지점에 있는 아이를 있는 그대로 받아들인다.

고의로 바닥에 오줌을 싸는 경우

가끔 변기를 사용할 줄 아는 유아가 갑자기 고의로 바닥에 오줌을 싸는 경우가 있다. 그럴 때는 아이를 관찰하라. 이것은 아이가 자신의 세상에서 무엇인가에 행복해하지 않고 있다는 것을 행동으로 알려주는 신호다. 예를 들어 기어 다니기 시작한 동생이 아이의 공간을 더 차지할 경우 언짢다는 표현을 바닥에 오줌을 싸는 것으로 할 수 있다.

아이들은 우리가 그들을 보길 원한다. 우리는 아이를 이해하기 위해 호기심을 갖고 지켜봐야 한다. 아이의 감정을 인정해 줄 수 있지만 행동에 대해서는 확실하게 제한을 두기도 해야 한다. "뭔가 속상한 일이 있니? 하지만 바닥에 오줌을 싸서는 안 돼. 같이 해결해 보자."라고 말한다. 아이와 연결되고 아이들과 함께 작업할 방법을 찾는다. 그렇게 함께 문제를 해결할 수 있다. (구체적인 방법은 5장과 6장을 참고한다.)

고무젖꼭지 떼기

몬테소리 방식에서는 고무젖꼭지를 그다지 많이 사용하지 않거나 출생 후 1년 안에 단계적으로 사용을 줄여 나간다. 어린 유아가 여전히 고무젖꼭지를 사용할 경우 단계적으로 떼는 것은 그리 어렵지 않다.

아이가 어려도 우리가 변화를 주려 한다는 것을 알릴 수 있다. 고무젖꼭지를 떼는 첫 번째 과정은 잠잘 때만 사용하는 것이다. 아이가 일어나면 고무젖꼭지를 상자에 넣고 침대 부근이지만 아이 손에 닿지 않는 곳에 보관해서 아이(어른도 포함)가 고무젖꼭지를 사용하고 싶은 유혹에 빠지지 않게 한다.

아이가 고무젖꼭지를 찾으면 왜 뭔가를 빨고 싶어 하는지 관찰해서 근본적인 원인을 찾는다. 아마 아이는 손을 이용하고 싶거나 가지고 놀 장난감이 필요할 수도 있다. 또는 유대감을 느끼고 싶어서 일 수 있다. 이때는 아이를 안아 준다. 아이를 진정시키고 신경 체계의 긴장을 완화해 줘야 하기 때문이다.

다음은 도움이 될 만한 활동들이다.
- 빨대로 요거트 빨기
- 비눗방울 불기
- 책이나 부드러운 장난감 꼭 쥐기
- 빨대가 달린 병 이용하기
- 빨대로 물을 불어서 거품 만들기
- 목욕 후 바싹 마른 뽀송뽀송한 수건으로 닦기
- 따뜻한 기분이 들도록 강하게 포옹하기(베어 허그)
- 반죽 치대기
- 목욕 장난감 꼭 쥐기
- 천천히 뒤에서 등 쓸어 주기

잠잘 때도 고무젖꼭지를 쓰지 않게 할 수 있다. 가장 일반적인 방법 중 하나는 새로 아이를 낳은 친구에게 고무젖꼭지를 주는 것이다. 아이가 고무젖꼭지 없이 잠드는 법을 배우는 데 보통 2~3일 정도 걸린다. 이 기간에 아이를 약간 도와줄 필요가 있다. 잠잘 때 잠투정을 일으키는 새로운 것을 더하지 않도록 조심한다. (밤에 잘 때 아이가 비슷한 문제 때문에 힘들어 하면 169쪽 잠자기 부분을 참고한다.)

형제자매

몬테소리 양육 방식이 자녀가 하나일 때는 실행할만하다는 부모들을 많이 만난다. 그들은 아이가 둘 이상이면 아이들을 개별적으로 관찰하기 어렵고 각자 원하는 것을 충족시켜 주기 힘들며 형제자매간 다툼도 다루기 어렵다고 말한다. 새롭게 동생이 태어나거나 손위 형제가 이래라저래라 참견할 경우 유아는 힘들어할 수 있다.

동생이 생기는 경우

아델 페이버와 일레인 마즐리시의 공저 『천사 같은 우리 애들 왜 이렇게 싸울까? Siblings Without Rivalry』는 아이의 삶에 새로 태어난 동생이 미치는 영향에 대한 이야기로 시작한다. 당신의 배우자가 어느 날 집에 와서 당신을 너무도 사랑하지만 또 다른 배우자를 얻을 거라고 말한다고 상상해 보자. 이 새로운 배우자는 우리 침대에서 자고 우리 옷을 입을 것이며 이제 우리는 모든 것을 새 배우자와 나눠야 한다. 그러면 많은 이들이 화가 나고 질투를 느낄 것이다. 같은 맥락에서 가정에 새로운 식구가 더해지면 아이에게 큰 영향을 미칠 수 있다.

아기가 집에 오기 전에 아이를 위해 많은 것을 준비한다. 특히 부모가 아기를 돌보면서 다른 아이들과도 시간을 보내는 현실적인 사진이나 그림이 담긴 책이 도움이 된다. 아기가 엄마 배 속에 있을 때 아이가 아기와 이야기하고 노래를 불러 주며 유대감을 쌓게 한다. 아기를 위한 공간을 준비하는 작업을 아이가 돕게 할 수도 있다. 그리고 아기가 오기 전에 온 가족이 함께 마지막 시간을 즐긴다. (내 딸이 태어나기 전날 아들과 함께 공원에 갔던 추억을 나는 언제까지나 소중히 간직할 것이다.)

아이에게 새로 태어난 아기를 소개할 때(아이가 동생이 태어날 때 없었을 경우) 아이가 방에 들어오기 전에 아기를 내려놓고 오로지 아이에게만 집중한다. 그러면 아이가 걸어 들어올 때 우리가 아기를 안고 있는 모습을 보는 것보다 상황이 더 쉬워진다. 아기가 태어나고 초기 몇 주 동안 집안 환경을 단출하게 유지하고 가능하다면 타인의 도움을 받는다. 도움을 주는 사람이 아기를 돌보는 동안 우리는 아이와 함께 시간을 보낸다.

깨끗한 기저귀를 가져오거나 아기를 씻길 때 필요한 비누를 가져오는 등 아기 돌보기에 참여하고 싶어 하는 아이들이 있다. 아기에게 관심을 갖지 않는 아이도 있지만 그래도 괜찮다. 아기에게 수유하는 동안 책 바구니나 아이가 좋아하는 장난감 등을 가까운 곳에 둔다. 그러면 수유하는 중에도 아이와 연결되어 유대감을 형성할 수 있다. 아이가 놀 때 아기가 깨어나면 아기에게 형(누나, 언니, 오빠)가 무엇을 하고 있는지 말해 준다. 아기는 가족간의 대화에 참여할 수 있고 큰 아이는 이야기의 중심이 되어 좋아할 것이다. (아이가 둘 이상인 집을 꾸미는 방법에 대해서는 92쪽을 참고한다.)

아이가 새로 태어난 아기 때문에 속상해할 때

아이가 아기가 밉다고 말할 수 있다. 아이가 감정적으로 되고 힘들어하거나 일부러

파괴적으로 행동할 수 있다. 이런 행동은 그저 아이가 힘들다고 말하는 방식일 뿐이다. 그러니 "정말 아기를 미워하는 거 아니지?"라고 말하며 아이의 감정을 부정하기보다 아이 관점에서 바라봐야 한다는 것을 기억하자. 아이를 이해하고 아이와 유대감을 갖도록 한다.

아이가 화내는 것을 허용한다 "네가 가지고 놀던 장난감을 아기가 만지는 게 싫은 거야?"라고 묻고 아이의 말을 들어 준다. 아이가 부정적인 감정을 분출하게 한다. 그러나 모든 행동을 허용하지 않는다. 가령 아이가 아기를 때릴 때는 다음과 같이 대처할 수 있다.

- 즉시 개입해서 부드럽게 아이의 손을 잡아뗀다. "아기를 때리게 둘 수는 없어. 아기는 부드럽게 대해야 해."
- 아기 편에서 통역해 준다. "아기가 울지? 때리는 건 너무 하는 거래."
- 더 안전한 방식으로 소통하는 법을 보여 준다. "대신 이 부드러운 인형을 아기에게 보여 주자."

아이와 특별한 시간을 갖는다

여러 가지 창의적인 방법을 써서 정기적으로 아이와 일대일로 시간을 갖는다. 슈퍼마켓에 함께 가기, 카페에 같이 가서 간식 먹기, 놀이터에 가서 10분 동안 그네타기 등의 활동을 한다. 아이가 우리에게 무엇인가를 원하는데 해 줄 수 없는 경우에는 메모해 뒀다가 나중에 특별한 시간을 가질 때 이야기해 준다.

중립적인 자세를 취한다

아이들은 싸울 때 어른을 끌어들여 편을 들게 하는 것을 좋아한다. 이때 나의 조언(나 자신도 종종 상기하는 사항이다.)은 중립적인 자세를 취하며 편을 들지 말라는 것이다. 우리 역할은 **모든 아이를 지원**하는 것이다. 필요하다면 아이를 안전하게 지키고 중재를 도와 양측 아이 모두 책임을 지게 한다. 양측 관점에서 상황을 보고 그들이 필요로 하는 만큼 도움을 준다. 유아도 마찬가지다.

내 아이들이 어렸을 때(큰아이가 2살 둘째가 9개월이었을 때) 둘 다 똑같은 장난감 트럭을 원했다. 이럴 때는 장난감 트럭을 하나 더 구하거나 두 아이 중 하나를 타일러 다른 것을 가지고 놀게 하고 싶은 유혹을 느낀다. 하지만 나는 그렇게 하지 않았다. "트럭은 하난데 둘 다 원한단 말이지. 그게 문제구나." 그러자 아들이 트럭 뒷부분을 분리해서 동생에게 주고 자기는 앞쪽 바퀴를 가졌다. 내가 뭔가 해결책을 고안하기 전에 아들이 더 창의적인 아이디어를 제시했다.

대가족인 것처럼 행동하는 부모

육아 전문가 마이클 그로스는 저서『자신감 있는 아이로 키우기Thriving!: Raising Confident Kids with Confidence, Character and Resilience』에서 형제를 대할 때 자녀가 넷 이상인 대가족인 양 다루라고 조언한다. 대가족인 부모는 아이들이 싸울 때마다 분쟁을 해결하지 못하고 모든 아이를 즐겁게 해 주지 못한다. 부모는 가족의 지도자다. 부모는 가족 가치의 기준을 세우고 가족을 꾸리며 감독하는 역할을 한다.

개입해야 할 때

아이들이 싸우면 일반적으로 우리는 성급하게 "누가 했어?"라고 묻는다. 그러면 아이들은 자신을 변호하거나 서로를 비난한다. "쟤가 먼저 그랬어요!"

다음은 아이들이 싸울 경우 개입하는 방식에 대한 팁이다.

1. 아이들이 우리를 볼 수 있는 곳에 있는다

아이들 사이에 작은 다툼이 있을 때 우리가 방에 있다가 나가는 모습을 아이들에게 보여 준다. 이것은 갈등 해결에 중요한 경험이다. 아이들은 자기들이 싸우는 것을 어른이 보았지만 방을 나가는 것을 보고 '아, 우리들끼리 문제를 해결할 거로 생각하시는구나.'라고 생각한다.

2. 관찰한다

다툼이 심해질 때 가만히 관찰한다. 우리가 아무런 말을 하지 않아도 아이들은 우리가 있다는 것을 느낀다.

3. 기본 원칙과 가정 규칙을 말한다

규칙을 상기시킬 필요가 있다. 예를 들어 노는 게 거칠어지는 것 같으면 "거칠게 놀려면 둘 다 동의해야 하는 규칙을 알고 있지?" 혹은 "그만할래? 재미로 그러는 것 같지 않은데 말이야."라고 말한다.

4. 지원한다

아이들끼리 해결하지 못할 때는 갈등을 해결하기 위해 도움을 준다.

- 판단이나 평가하지 않으며 양측의 이야기를 듣는다.
- 두 아이가 느끼는 감정을 인정하고 이해하며 아이들 관점에서 상황을 파악하고 있음을 아이들이 알게 한다.
- 문제를 묘사한다.
- 아이들이 문제를 해결하는 방법을 들으며 관심과 흥미를 표현한다.
- 아이들이 해결책을 찾도록 자리를 비켜 준다.

사례

"둘 다 서로에게 화가 났구나." (아이들 감정을 인정하기)

"사라, 네가 강아지를 안고 싶은 거지. 그리고 빌리는 돌아가면서 안고 싶은 거고." (아이들 각자의 관점을 반영해서 이야기하기)

"이거 좀 어렵네. 강아지는 하나인데 너희는 둘이고." (문제를 묘사한다.)

"너희 둘이 해결책을 찾을 수 있을 거야. 너희 둘에게 공평하고 강아지에게도 공평하게." (자리를 비켜 준다.)

5. 아이들을 분리시켜 진정할 수 있게 한다

싸움이 심해져 마음이 불편해지기 시작하면 개입해서 아이들을 떼어 놓을 수 있다. "둘 다 화가 많이 났네? 너희들이 서로 다치게 내버려 둘 수 없어. 너는 저쪽으로 가고 너는 이쪽으로 가 있어. 차분해질 때까지 거기 있어." 아직 말을 못하는 아이들도 똑같이 다룬다.

6. 문제를 해결한다

싸움이 잦아들면 아이들과 함께 문제 해결을 꾀할 수 있다. 6장에서 논의한 내용을 기억해 보자.

- 문제 해결을 위해 모두 아이디어를 내고 공유한다. (어린 유아와 있을 때는 대부분 우리가 아이디어를 제시하게 될 것이다.)
- 모두 받아들일 수 있는 해결책으로 결정한다.
- 해결책이 제대로 작동하는지, 수정할 곳이 있는지 지켜본다.

형제자매 간에 서로 고마워하고 긍정적인 유대관계를 형성하도록 한다

일반적으로 어른인 우리가 아이들 사이에 긍정적 상호 관계를 만들려 힘쓸수록 아이들은 더욱 가까워진다. 나이 차이에 상관없이 아이들이 함께하며 즐길 수 있는 상황을 우리가 만들 수 있다. 형제자매 간에 다툼이 없는 중립적인 시간에 언니, 누나, 형, 동생이 있으면 좋은 점에 관해 이야기한다. 또는 아이에게 언니, 누나, 형, 동생이 있어서 좋은 점이 무엇인지 물어볼 수도 있다. 이들끼리 친하지 않아도 서로 존중하는 관계를 맺는 계기가 될 수 있다.

아이들을 개별적으로 다룬다

식탁에 올라오는 콩 요리에 콩이 정확하게 얼마나 들어가는지 식사 때마다 일일이 세는 것은 거의 불가능하듯 아이들을 동등하게 대하려는 노력 역시 불가능에 가깝다. 대신 우리는 **아이들 각자가 필요로 하는 것에 근거해 개별적으로** 아이들을 돌보려 노력한다. 생일이라든가 발달상의 변화를 겪는 시기에는 부모와 일대일로 좀 더 시간을 보내야 할 것이다. 이때 아이들은 부모의 도움이 필요할 때 부모가 곁에 있을 거라는 점을 배운다.

아이들이 동시에 부모의 관심을 받고 싶어 할 때는 "여기 일을 끝내면 바로 너한테 갈게."라고 말한다. 두 아이가 동시에 말을 하고 싶어 할 때는 동시에는 못 해도 모두의 말을 들을 것이라는 점을 아이들에게 알린다. "먼저, 네(A) 이야기를 들을게. 그러고 나서 네(B) 이야기도 들을 거야. 정말 궁금하거든."이라고 말한다.

아이들을 비교하지 않는다. "네 동생 저녁 먹는 것 좀 봐." 이런 식으로 퉁명스러운 말을 하기가 쉽다. 아이들 스스로 형, 누나, 언니, 오빠와 경쟁하려 할 수 있다. 다시 한 번 말하지만 초점을 형제자매에게 맞추기보다 개인에게 집중한다. 예를 들어 아이가 형이 가진 치즈가 더 많다고 말하면 "치즈 더 먹고 싶어?"라고 묻고 개별적으로 아이를 보살핀다.

꼬리표

꼬리표를 붙이지 않고 아이들을 있는 그대로 받아들이는 것과 관련해서는 5장을 참고한다.

PART 3

유아가 배울 만한 유용한 기술

나누기

아이들은 아기일 때는 뭐든 우리에게 잘 건네준다. 손에 든 것을 빼앗아도 바로 시선을 돌려서 가지고 놀 다른 물건을 찾곤 한다. 이런 특징은 자라서 유아가 되고 "나"라는 의식이 발달하면서 변한다. 그리고 무언가를 숙달할 때까지 연습하고 싶어 한다.

14개월에서 16개월이 되면 아이는 자기 활동에 더욱 열중하며, 자기 일을 관찰하는 다른 아이를 밀어내거나 옆을 지나가던 애꿎은 아이를 보고 "안 돼!"라고 소리를 지르기도 한다. 2살 반이 되기 전에 유아들은 대부분 장난감을 나눠서 같이 놀기보다 나란히 앉아 각자 자기 장난감을 가지고 노는 것에 관심을 보인다. 그러니 아이가 자기 장난감을 공유할 거라는 생각은 바꿀 필요가 있다. (아이에게 형제, 자매가 있거나 어린이집에서 정기적으로 다른 아이들과 논다면 조금 일찍 장난감을 공유하며 노는 법을 배우게 될 것이다.)

차례를 정해 놀면서 나눔에 대해 배우기

몬테소리 학교는 아이에게 다른 사람과 활동을 공유하라고 하기보다 차례를 정해 돌아가며 노는 것을 기본 규칙으로 한다. 한명이 활동 한 가지를 한다. 아이는 원하는 만큼 어떤 활동을 할 수 있다. (반복, 집중 그리고 숙달하기 위해서다.) 그리고 아이들은 자기 차례를 지키는 법을 배우는데 이는 유용한 기술이다.

집에서도 같은 규칙을 채택하고 도움이 필요할 때 아이를 지원한다.

- 다른 아이의 활동을 구경하거나 혹은 활동에 참여하는 것을 아이가 좋아하는지

관찰한다. 아이의 몸짓 언어에서 많은 것을 알 수 있으며 오로지 아이가 필요로 하는 만큼만 도와준다. 가벼운 분쟁은 가능하면 아이들 스스로 해결하게 둔다.
- 누군가 아이의 장난감을 욺할 때는 대화를 통해 아이들을 도와준다. "내 차례야. 조금 있으면 네 차례가 될 거야." 강조하는 의미에서 손을 골반에 얹고 말할 수 있다.
- 기다리는 것을 힘들어하는 아이를 살핀다. "지금 하고 싶은 거니? 조금만 기다리면 장난감을 가지고 놀 수 있어."
- 아이가 물리적으로 힘을 쓰려고 할 때는 보디가드 역할을 하며 개입한다. 손을 부드럽게 사용하거나 아이들 사이에 몸을 넣어 끼어든다. "네가 쟤를 밀게 둘 수는 없어. 네가 가지고 놀고 있었다고 말하려는 거니?"

2살 반가량의 아이들은 잠시 다른 아이와 노는 것에도 흥미를 느낀다. 이때 아이를 지도해야 한다. 그러면 아이가 어떤 말이나 발생하는 상황에 대해 배울 수 있다. "피터가 지금은 혼자 놀고 싶은가 봐. 이따 다시 오자. 그때는 네 차례가 될 거야."

놀이터나 공공장소에서

각기 다른 규칙을 가진 다양한 가족이 모이는 공공장소에서는 상황이 어려워질 수 있다. 내 아이가 그네를 타고 있는데 누군가가 기다리고 있으면 그 아이에게 이렇게 말한다. "너도 그네를 타고 싶은가 보구나. 얘가 다 타고나면 네 차례가 될 거야." 그러면 그 아이(아이의 부모)는 우리가 자신의 존재를 인지하고 있음을 알아챌 수 있다. 곧 자기 차례가 될 것을 알고 상황을 받아들일 것이다. 내 아이에게는 이렇게 말한다. "저 아이도 그네를 타고 싶어서 기다리고 있어. 10을 셀 때까지 타고 그다음에는 쟤한테 그네를 주자." 내 아이가 놀이를 완전히 끝낼 때까지 그냥 두기보다는 다른 사람들에 대한 예의와 친절을 베푸는 법을 시범 보인다.

손님과 공유하기

집에 다른 아이가 손님으로 올 때 아이에게 장난감을 치워 달라고 요청한다. 그리고 친구가 장난감 외 다른 것을 가지고 놀아도 괜찮은지 물어본다. 우리는 아이 스스로 준비하도록 돕고, 아이는 친구가 무엇을 가지고 놀지 결정할 때 발언권을 갖는다.

어른 말에 끼어드는 방법 배우기

몬테소리는 아이가 주도하는 접근법을 지향하지만 아이가 대화할 때 차례를 기다리고 공손하게 끼어드는 방법을 가르치기도 한다. 내 아이들의 첫 번째 몬테소리 교사는 자신이 다른 아이를 가르치고 있을 때, 선생님에게 할 말이 있으면 선생님 어깨에 손을 올리라고 했다. 이런 행동은 뭔가 중요한 말이 있다는 의미다. 그러면 선생님은 수업 중 잠시 쉬어가는 순간이 있을 때 다른 아이가 필요로 하는 것을 살펴볼 수 있다.

이 규칙을 가정에서도 적용할 수 있다. 우리가 전화하거나 다른 사람과 이야기를 하고 있을 때 아이가 할 말이 있으면, 아이에게 우리의 어깨를 톡톡 두드리고 손을 어깨에 두라고 한다. 그러면 아이는 손을 우리 어깨에 얹어 놓을 것이고 가능한 시간에 우리는 아이가 원하는 것을 들을 수 있다. 연습이 필요하긴 하지만 효과가 있다. 아이가 손을 우리 어깨에 놓으면 우리도 손을 아이 어깨에 둔다. "네가 내게 하는 말은 중요한 거야. 너랑 함께할게."라는 의미다.

내성적인 유아를 위한 기술

내성적인 아이를 둔 부모는 아이가 자신감이 없거나 적극적이지 않은 점을 염려한다. 또는 아이가 내성적이라 다양한 사회적 상황을 자신감 있게 해결할 수 없을 거라고 걱정하기도 한다. 수전 케인은 『콰이어트Quiet: The Power of Introverts in a World That Can't Stop Talking』에서 내성적인 사람이 가진 공감 능력과 듣는 능력이 과소평되었다고 주장한다. 내성적인 아이의 부모이기도 한 우리는 아이를 바꾸려 들지 않으면서 아이를 돕는다.

먼저 **아이를 있는 그대로 받아들인다**. 이 원칙에 대해서는 5장을 다시 읽으며 상기해 보자. '수줌음을 탄다.'와 같은 꼬리표를 붙이지 않는다. 이런 표현은 일종의 목발처럼 핑계 삼아 지나치게 의지하는 방편이 될 수 있다. 가령 어색한 상황에서 그저 "얘는 수줌음을 탈 뿐이에요."라는 식으로 빠져나가게 만드는 셈이다. 그보다는 아이가 상황을 다루는 방법을 배울 수 있게 돕는다. ("천천히 몸을 풀 시간이 필요하니?", "조금 이따가 같이 놀래?") 그리고 "저기 봐. 쟤는 다른 아이들이랑 잘 놀잖아?"라는 식으로 다른 아이나 형제자매와 비교하지 않는다.

아이를 있는 그대로 받아들이면 아이 관점에서 보고 이해할 수 있다. 아이가 느끼는 감정을 **인정한다.** 아이들 말을 듣고 필요하다면 안아 준다. "할머니 집, 생일 파티, 슈퍼마켓에 가는 게 두려운 거야?" 그리고 아이들이 안전하다고 느끼게 해 준다.

아이에게 무슨 일이 일어날지 말해 줘서 아이가 불안하다고 느낄 만한 상황에 **앞서 대처할 수 있도록 한다.** 아이가 사회적 상황에 적응하는 데 시간이 필요하면 우리 옆에 서게 하고 준비가 될 때까지 지켜본다. 상황을 심각하게 만들거나 아이에게 특별히 신경 쓸 필요는 없다. 아이가 준비하는 동안 어른은 어른의 대화를 하면 된다. 우리의 도움을 받은 아이는 점차 시간이 지나면 상황을 파악하는 힘을 익혀 어떤 상황에 대처하지 못한다고 느끼지 않게 된다. 다음 것을 연습해 상황을 파악하는 기술을 익힐 수 있다.

- 역할극: 문 앞에서 어른에게 "안녕하세요."라고 인사하고, 파티하는 아이에게 "생일 축하해."라고 말하는 연습을 한다.
- 상황이 버겁다고 느껴질 때 사정을 이해해 달라고 표현하는 법을 알려 준다. 가령 "나는 좀 조용히 있고 싶어."라고 말하는 걸 시범 보인다.
- 가게에서 돈을 건네주거나 카페에서 마실 것을 주문할 때처럼 대립적 성격이 다소 약한 상황을 연습해 본다. 필요하다면 아이 옆에서 돕는다. "조금 더 크게 말해 볼래? 네 말이 안 들리나 봐."
- 단호하고 적극적인 말을 간단하게 표현하는 연습을 한다. 예를 들어 "그만 해요. 나는 그거 싫어요."
- 누군가 아이가 좋아하지 않는 일을 하면 골반에 손을 얹는 것처럼 몸짓 언어를 사용하는 법을 보여 준다.

마지막으로 아이가 숙련한 기술, 타인과 환경을 돌보는 법을 배운 점을 칭찬하고 축하한다. **아이가 자신감을 얻는 데 도움이 된다.**

한편 아이가 자신감이 넘치고 다른 아이에게 달려가 건저 포옹하는 것을 좋아하면, 그런 관심을 즐기지 않는 것 같은 아이의 마음을 해석해 준다. "밀어내는 것 같네. 아마 저 아이는 안기는 것을 좋아하지 않나 봐. 한번 알아봐야겠다." 이렇게 말하면 아이는 다른 아이가 자기만큼 신나지 않는다는 것과 포옹을 좋아하지 않는다는 것을 알 수 있다. 다른 아이들이 원하는 행동 방식을 받아들이는 법을 아이에게 알려 준다.

어른 입장에서 다른 아이를 대할 때 먼저 물어보는 게 좋다는 점을 기억하면 유용하다. 포옹하는 게 싫은지 사전에 물어본다.("나를 안아 줘!"보다는 "너는 포옹하는 걸 좋아하니?"라고 묻는다.) 아이를 들어 올리기 전에 괜찮은지 사전에 동의를 구한다. 다른 아이를 위해 무엇인가를 하기에 앞서 먼저 도와줘도 괜찮은지 묻는다. 그 아이도 언제, 어떤 식으로 자신이 다뤄질지에 대한 발언권이 있다는 점을 인식하고 존중한다.

때리기, 물기, 밀기, 물건 던지기

유아기는 소통하는 방법을 배우는 시기다. 때때로 아이들은 단어나 소리로 소통한다. 몸짓 언어도 사용한다. 그리고 가끔 우리나 다른 아이들을 때리고, 물고, 밀기도 한다. 이것도 소통하는 한 가지 방식이다. 그러니 바람직하지는 않지만 잘 넘기도록 도와줘야 한다.

먼저 우리 아이가 다른 아이를 때리거나, 물거나 밀면 아이가 처한 사회적 상황에 함께 있는다. 다른 아이들을 안전하게 지키기 위해 상황에 개입할 준비를 한다. 초조해할 필요 없이(아이는 상황을 곧 이해할 것이다.) 아이를 지원하기 위해 가까이 있거나 옆에 앉으면 된다. 필요할 때 부드럽게 개입하거나 아이들 사이에 손을 둔다. 어떤 행동을 저지하거나 아이들을 떼어 놓으면서도 아이의 감정을 인지하고 인정해 준다. 최소한 당분간은 아이가 불편해하고 때리거나 미는 행동을 촉발(아이들이 많은 곳, 시끄러운 환경 등)할 것 같은 외출은 자제한다.

행동 관찰하기

몬테소리 교사들은 거의 모든 질문의 답으로 "제일 먼저 관찰하라."라고 말한다. 어떤 상황이 폭력적 행동을 야기하는지 관찰한다. 다음 질문들을 살펴보자.

- **시간**: 언제 아이가 그런 행동을 했는가? 아이가 배고프거나 피곤해하는가?
- **변화**: 이가 나고 있는가? 동생이 태어났거나 새집으로 이사하는 등 가정에 어떤 변화가 생겼는가?

- **활동**: 폭력적 행동이 촉발되었을 때 아이는 무엇을 하고 있었는가? 어떤 놀이를 하고 있었는가?
- **다른 아이들**: 주변에 아이들이 얼마나 많이 있었는가? 그 아이들은 같은 나이인가? 우리 아이보다 어리거나 큰가?
- **감정 표현**: 그 일이 발생하기 바로 전에 아이는 어떤 상태였는가? 한껏 장난을 치고 있었는가? 속상해하거나 혼란스러워했는가?
- **환경**: 그 일이 일어난 환경을 본다. 부산스러운가? 색깔이 너무 많거나 자극적이었는가? 잡동사니가 널브러져 있었는가? 아이가 만들어 놓은 작품들이 많았는가? 그로 인해 감각적 투입이 많았는가 아니면 조용하고 평화로웠는가?
- **어른**: 우리는 그 상황에 어떻게 대응하는가? 우리가 그 상황에 아이의 불안감을 가중시키지는 않았는가?

폭력적 행동 방지하기

관찰하면 아이의 행동에서 반복되는 패턴을 발견하고 지원할 방법을 찾아낼 수 있다. 다음은 예시다.

- **배가 고프다.** 식사 시간 바로 전이라면 간식을 줘서 너무 배고프지 않게 한다.
- **이가 난다.** 다양한 치아 발육기(차가운 것)를 준다.
- **실험이 필요하다.** 아이들이 새로 장난감을 실험해 보게 한다.
- **자극이 많은 환경이다.** 더 차분한 환경을 만들기 위해 자극의 정도를 줄인다.
- **소음이 너무 많은 환경이다.** 너무 시끄러워진다 싶으면 소음을 없앤다.
- **과도기다.** 그날 상황은 충분히 예측 가능한가? 변화가 아이에게는 너무 버거운가? 아이가 하는 것을 끝낼 시간을 준다. 아이가 자유롭고 체계화되지 않은 놀이를 할 수 있게 한다.
- **활동을 조율해야 한다.** 아이가 사용할 수 있는 말을 시범 보인다. 손을 골반에 얹고 이렇게 말한다. "지금은 내가 쓰고 있어. 조금 있으면 네가 할 차례가 와."
- **개인 공간에 민감하다.** 아이가 구석으로 내몰리거나 개인 공간을 충분히 갖지 못하는 건 아닌지 살핀다.
- **그릇된 장난을 한다.** 장난이나 또는 애정을 보여 주는 의미에서 깨무는 아이가 있다.

라즈베리 불기blowing raspberries("푸-푸" 하며 입술 사이를 진동시키며 만드는 옹알이의 일종-옮긴이)처럼 아마 무엇인가 오해하는 것이다. 포옹이나 상호 동의하에 이뤄지는 거친 놀이처럼 애정을 표현하는 다른 방법이 있음을 알려 준다.
- **사회적 상호 작용을 배운다.** 아이가 다른 아이를 민다는 것은 아마 "우리 놀래?"라고 말하고 싶은 것일 수 있다. 말을 가르쳐 준다.
- **듣기와 시력에 문제가 있다.** 둘 중 하나라도 문제가 있으면 아이는 방향을 못 잡고 혼란스러워할 수 있으며 공격적으로 반응할 수 있다.
- **아이의 신경 체계를 진정시킬 필요가 있다.** 빅 베어 포옹처럼 아이의 신경 체계를 진정시키는 방법은 177쪽에 나와 있다.

아이들은 우리 감정에 매우 민감하다. 그러니 주변에 아이가 있을 때는 확신을 하고 걱정하는 모습은 보이지 않도록 노력한다. 아이들은 우리가 느끼는 불안을 감지할 수 있으며 그로 인해 마음을 불편해할 것이다. 매일 신선한 눈으로 새롭게 아이들을 지켜본다. 이 시기 또한 지나갈 것이다.

아이들이 때리고, 물고, 민다면 무엇을 어떻게 해야 할까?

유아는 표현해야 할 감정이 많다. 따라서 감정은 표현해도 되지만 다른 사람을 때리고, 물고, 밀어서는 안 된다는 점을 아이에게 확실하게 표현한다. 아이가 느끼는 감정을 인정하고 상황에서 감정을 배제한다. 일단 아이가 진정하면 그때 교정하도록 도와준다. 다른 아이가 괜찮은지 확인하고, 울고 있으면 휴지를 건네주고 사과하는 법을 선보인다.

다음은 몇 가지 사례다.
- "화가 난 모양이구나. 하지만 나를 물게 둘 수는 없어. 그러니까 너를 앉힐 거야." 아이가 진정하는 동안 안전한지 확인한다. 그리고 우리가 괜찮은지 아이가 살펴볼 수 있도록 한다. "내가 다쳤는지 한번 볼까? 어디보자. 그래, 여기가 조금 빨갛구나." 아이가 완전히 차분해질 때까지 충분한 시간을 주고 나면 보통 아이들은 우리 몸에 난 상처를 문질러 주거나 뽀뽀를 해 준다.
- "쟤들이 네 머리카락을 만지는 게 싫었구나? 그래도 아이들을 때리는 건 안 돼.

저기 조용한 곳으로 가자." 이후 아이가 진정하면 그때 다른 아이들도 괜찮은지 아이가 살펴볼 수 있게 한다.

또는 사과하는 법을 아이에게 보여 준다. "이 아이가 너를 때려서 미안해. 쟤가 짜증이 났나 봐. 하지만 그렇다고 너를 때린 건 잘못이야. 괜찮니?"

아이한테 문제점을 설명해 보라고 한다. 예를 들어 장난감을 가지고 놀고 있었는데 다른 아이가 그것을 가져갔다는 상황을 아이가 직접 설명할 수 있게 한다.

때리기, 물기, 밀기 단계는 인내심을 많이 필요로 하며 극복하기 위해서는 수많은 반복이 이루어져야 한다. 이 쉽지 않은 시기에 부모는 아이의 행동을 감정적으로 받아들이지 않고 차분하게 아이를 안내하는 가이드가 되어야 한다는 점을 기억한다.

아이가 때리고, 물고, 미는 행동을 한 후에 웃는다면?

아이들은 다른 사람을 때리고, 물고, 민 다음에 웃으면서 곧잘 어른의 한계를 시험한다. 무엇은 괜찮고, 무엇은 아닌지 확실한 선의 선명함을 찾는 행동이다. 이때는 그저 말로 웃지 말라고 하기보다는 차분하고 확실하게 그런 행동을 하지 못하게 한다.

웃는 아이를 보고 우리 안에서 어떤 반응이 일어나면 아이의 그런 행동 때문에 우리가 어떤 감정을 느끼는지 아이에게 말한다. 필요하다면 진정할 장소를 찾는 것도 좋다. "네가 나를 때려서 마음이 불편해. 내가 안전하다고 느끼는 게 중요한데 말이야. 이제 나는 차 한 잔 마시며 안정을 취할 거야. 기분이 나아지면 돌아올게."

물건 던지기

이것도 일반적인 단계다. 아이들은 주변 모든 것을 만지며 실험하고 싶어 한다.

- 이 행동에 반복되는 패턴이 있는지 살펴본다.
- 아이가 탁자에서 밀어내는 물건들을 미리 치운다. 바닥에 내려놓거나 손이 닿지 않는 곳에 두는 식으로 예방 조치를 한다. 던져서 다칠 수 있는 나무로 만들어진 장난감은 아예 치워버릴 필요가 있다.
- 공원에서 던지기를 많이 할 수 있게 한다. 집에서는 부드러운 물건(양말이 최적이

다.)을 던지게 한다.
- 아이가 던질 수 있는 것에 관해 확실히 말해 주고 일관성을 가진다. "그건 안에서 던지면 안 돼. 하지만 이 공 주머니는 던져도 좋아."

집중력 키우기

"집중력 키우기는 아이의 전인적 인격 형성과 아이의 흥미를 고양하는 데 필수다."

-마리아 몬테소리, 『흡수하는 정신』

집중력은 단순히 부산스러움만의 문제가 아니다. 집중력은 모든 감각과 관련이 있다. 유아가 집중력을 키우도록 도우려면 먼저 아이가 무엇에 관심이 있고 무엇에 숙달하려고 배우는지 관찰하는 것에서부터 시작해야 한다. 그다음에 아이에게 시간, 가능성 그리고 준비된 환경을 제공한다. 그리고 아이가 활동을 반복하고 집중력을 높일 수 있도록 지원한다.

집중력을 키우는 팁

1. 방해하지 않는다

우리는 가끔 아이가 하는 일에 너무 많이 개입하고 언급한다. 우리는 퍼즐 조각, 색깔 등의 이름을 말해 준다. 그러지 말고 아이를 믿으라. 아이가 활동하고 있을 때 조용히 있으라. 우리를 바라보면 그때 반응한다. 아이가 어른의 풍부한 언어에 노출될 기회는 많다. 밖으로 나가서 함께 세상을 탐험할 때, 식사 준비를 하면서, 목욕을 시키는 등 아이를 돌볼 때 말을 할 수 있다. 하지만 아이가 집중할 때는 말을 아껴야 한다.

2. 아이가 반복하는 것을 관찰한다

아이가 서랍 여닫기를 반복하고 있는가? 바구니에 물건을 넣었다 빼는 걸 반복하는가? 옷을 분류하는가? 작은 물건을 집는가? 돌을 수집하는가? 바닥을 닦는가? 음식 준비를 하고 있는가? 이런 일을 반복한다는 것은 아이가 무엇에 관심이 있는지를 보여 주는 것이다. 반복하게 두라. 다 끝났을 때도 반복하고 싶은지 물어보라. 그리고 비슷하면서 난도가 점점 높아지는 활동을 하게 한다.

3. 적게 하는 게 낫다

활동은 두어 가지만 하게 한다. 너무 쉽거나 어려운 활동은 상자에 넣어 교구장에 놓고 활동을 번갈아가면서 시킨다. 아이들은 할 것이 적을 때 더 집중한다. 이때 어떤 활동을 더 이상 하지 않는지, 활동이 어느 한쪽으로 치우쳐졌는지 확실하게 알 수 있다. 그러면 그런 활동 도구는 치우고 다른 것을 꺼내 놓으면 된다.

4. 필요한 만큼 도와주되 개입은 최소한으로 한다

아이가 힘들어하는 모습을 봤을 때는 일단 아이 스스로 감당할 수 있는지 지켜본다. 아이가 포기하려고 할 때 개입해서 약간만 도와준다. 그리고 물러서서 아이가 어떻게 대처하는지 본다. 그러면 아이는 활동에 계속하며 집중할 수 있을 것이다. 예를 들어 열쇠 돌리는 것을 도와주고 물러서서 아이가 직접 상자를 열 수 있는지 지켜본다.

5. 작업 공간을 준다

식탁 매트나 작은 탁자는 아이가 선택한 활동에 집중하는 데 도움이 된다. 아이가 어떤 활동을 선택하면 그것을 탁자나 매트로 운반하는 것을 도와준다. 하지만 이미 식탁이나 책상에서 작업하고 있다면 집중력을 방해하지 않는 게 좋다. 방해하면 아이는 집중력을 완전히 잃고 그 활동을 아예 그만둘 수도 있다.

불만감 다루기

아이가 짜증스러워하면 바로 개입해서 도와주고 싶은 게 일반적인 감정이다. 몬테소리 박사는 너무 빨리 개입하지 않도록 마음을 억제하기 위해 참을성을 가지고 로사리오 묵주 구슬을 세곤 했다고 한다. 아이가 애쓰는 것이 중요하다. 아이는 너무 어려워서 포기할 정도가 아니면서 도전이 될 만큼 어려운 활동에 숙달하는 것을 즐긴다. 포기하기 바로 직전까지 기다렸다가 개입해서 조금 도와주고 뒤로 물러선다.

다음의 방식으로 아이를 돕는다.

- 아이에게 보여 준다. "내가 보여 줄까?", "조금 도와줄까?" 그리고 말은 하지 말고 천천히 (예를 들면) 퍼즐이 맞을 때까지 퍼즐 조각을 돌리는 법을 보여 준다.
- 소리로 신호를 준다. "그거 돌려 봤니?"

아이가 도움을 아예 거부할 수도 있다. 답답함이 화로 변할 수도 있다. 그러면 아이가 화를 내게 둔다. 다음에 다시 하면 된다. 아이가 짜증이나 답답함을 느끼고 이를 극복하는 것도 학습의 일부이다.

아이가 매달리며 집착할 때

혼자 놀고 싶어 하지 않는 아이가 있다. 이런 아이들은 우리가 방에서 나가게 두지 않는다. 심지어 화장실도 못 가게 한다. 우리가 다른 곳에 더 많이 있을수록 이들은 더욱 매달리며 집착한다. 아이가 매달리는 데는 여러 가지 이유가 있다.

- 아이의 기질 차이다. 부모와 함께하며 안전한 것을 선호하는 아이들이 있다.
- 여행, 일상의 변화, 질병, 작업 상황의 변화, 새로운 아이를 돌보는 일 등은 큰 변화로 아이가 불안감을 느낄 수 있다.
- 부모가 다른 일에 신경 쓰는 경우, 예를 들어 우리가 저녁을 준비하거나 이메일을 쓸 때다.
- 일을 처리할 수 있는 힘이 없고 필요한 것에 접근할 수 없어서 아이가 독자적으로 상황에 대처할 수 없을 때나, 아이들이 해야 할 일을 부모가 대신 해 줘서 부모에게 의존하는 경우다.

일반적으로 유아는 감독이 필요하며 오랫동안 혼자 놀 수 없다. 그래서 함께 즐기는 시간을 보내는 게 중요하다. 하지만 아이가 계속 매달리거나 안아 달라고 조르면 좀 더 긴 시간 동안 혼자 놀도록 도와준다.

- 먼저 함께 논다. 그다음에는 함께하는 시간을 조금 줄이고 지켜보는 시간을 늘린다. 아이가 놀이를 주도하게 둔다. 시간이 지나면 조금 더 멀리 떨어져서 아이를 지켜볼 수 있게 된다.
- 아이가 놀이에 완전히 집중하면 잠시 떠난다. 주방에 가서 주전자에 물을 올린다든가 빨랫감을 세탁기에 넣으러 간다고 아이에게 말한다. 그리고 곧바로 돌아온다. 다음에는 차를 한 잔 타러 잠시 떠났다가 돌아온다. 이런 식으로 하면 아이들은 우리가 어디론가 갔다가 다시 오는 상황에 익숙해진다.
- 아이가 우리와 함께 있기를 원할 때 성가서하기보다는 조금 지루하다는 표시를 한다. 예를 들어 생일 파티에서 아이가 우리 곁에 서 있을 때 다른 부모들과 잡담을 나눈다. 놀 준비가 되었다고 아이 스스로 느끼면 다른 아이들과 합류해 놀 것이다.

함께한다

아이가 실생활에 참여할 수 있도록 한다. 커가면서 아이는 좀 더 독자적으로 놀기 시작한다. 하지만 그 전까지는 아이가 우리와 함께 시간을 보내며 즐기게 한다.

- 유아용 디딤대를 이용해 아이가 주방일을 돕게 한다.
- 세탁기 버튼을 아이가 누르게 한다.
- 세탁기를 돌리는 동안 아이이게 양말을 개게 한다.
- 아이가 "엄마가 해."라고 말하면 조금 도와주고 물러나서 나머지는 아이 스스로 감당하는지 지켜본다. 처음에는 아이가 안정감을 느낄 수 있도록 가까이 있는다.

아이를 이해한다

- 아이 관점에서 보고 아이가 느끼는 감정을 인정한다. "걱정 하지 마. 관찮을 거야."라고 말하기보다 "이게 무섭구나."라고 이해하는 표현을 쓴다. 우리가 문제 해결을 해야 한다는 의미는 아니다. 그저 우리가 상황을 이해한다는 것을 아이가 알게 하는 것이다.
- 아이의 감정 탱크를 가득 채워 준다. 아침에 오래 안아 주고 책을 읽어 주면 그날

의 일과가 바빠지기 전에 아이의 감정 탱크가 가득 찰 것이다. 그리고 아이가 징징거리며 보채기 시작하면 진정 공간을 더 찾기보다는 아이가 다시 마음의 균형 감각을 찾을 수 있게 안아 준다.
- 아이가 말하는 "사랑의 언어"는 아마 신체 접촉을 하거나 함께 시간을 보내는 것일 수 있다. 이런 아이는 사랑받는다고 느끼기 위해 접촉하는 걸 많이 즐긴다. (이에 대해서는 게리 채프먼의 『5가지 사랑의 언어 The Five Love Languages』를 참고한다.)
- 내성적인 아이는 여러 명이 모인 공간에 있는 것을 버거워할 수 있다. 이런 아이들은 처음에는 어른들과 함께 있을 필요가 있다. 아이의 욕구를 충족시키기 위해 방문이나 외출을 짧게 한다.

안전하다고 느끼게 해 준다

- 새로운 곳에 도착하면 아이에게 간단히 설명하고 아이가 공간을 돌아보면서 방향과 공간 감각을 느낄 수 있게 한다.
- 몰래 빠져나가지 말고 항상 어디에 가는지 말해 준다. "엄마는 화장실에 갈 거야. 2분 후에 돌아올게." 그러면 아이가 울 수도 있지만 시간이 지나면서 우리가 돌아온다는 것을 믿기 시작한다.
- 모둠 활동이나 모임에 갈 때는 조금 일찍 도착하는 게 좋다. 이미 아이들로 꽉 찬 공간에 걸어 들어가는 것은 아이에게 버거운 일이 될 수 있기 때문이다.

나는 아이의 여행을 꽃잎에 비유하는 게 좋다. 이 꽃잎의 중심에 어른이 있다. 아이는 방에서 다른 쪽으로 기어갔다 돌아오며 자기만의 작은 여행을 할 것이다. 자라면서 아이는 독자적으로 조금 더 멀리 갔다가 다시 돌아온다. 조금 더 크면 이제 학교에 갔다가 돌아온다. 고등학교에 진학하면 혼자 하루 동안 자전거 여행을 하고 저녁에는 집으로 돌아온다. 아이가 보채고 매달리면 공간을 탐험하게 하고 안전함을 느끼도록 도와준다. 아이는 점차 더 멀리, 더 길게 탐험할 것이고 다시 우리에게 돌아올 것이다. 이제 10대가 된 내 아이들은 더 멀리 탐험을 나갔다가 다시 돌아오는데 엄마인 나는 여전히 중요한 연락책이 된다.

영상 기기를 이용하는 시간

몬테소리는 유아에게 여러 가지 직접 체험과 탐험 기회를 제공하고자 한다. 영상 기기는 풍부한 감각적 학습을 제공하지 않는다. 영상 기기가 없는 육아 웹사이트는 다음 사항을 포함해 영상 기기와 관련된 다양하고 유용한 연구 자료를 제공한다.

- 어린아이는 영상 기기로 언어를 배우지 않는다. 아이들은 다른 사람과의 개인적 관계를 통해 가장 효과적으로 언어를 배운다.
- 영상 기기는 아이의 수면과 집중력에 부정적인 영향을 미칠 수 있다.
- 육체 건강에 영향을 미친다. 아이가 활동하거나 야외에 있을 때는 영상 기기를 이용하는 시간을 가질 수 있다.

대신 할 수 있는 것

유혹을 물리치기 위해 영상 기기를 아예 치워버린다. 아이가 주변에 있을 때는 어른도 의식적으로 영상 기기 사용하는 걸 조심하는 게 좋다. 카페에서 아이들이 지루해 하면 잠시 걸으며 카페 주방에서 일하는 직원들을 관찰하거나, 책을 가져와서 읽어 주거나 함께 다른 활동을 한다. 아이들이 흥분했을 때 진정시킬 요량으로 영상 기기를 사용하기보다는 6장에서 제시한 아이디어를 실행한다. 그러면 아이는 자신의 감정을 인지하는 법을 배울 것이고, 진정하고 힘든 시간을 보내는 법을 터득할 것이다.

영상 기기에 얽힌 개인적 경험

내 아이들은 어릴 때 영상 기기나 전자 장난감에 노출되는 상황이 거의 없었다. 텔레비전이 없었고 카페이 갈 때는 책을 가져갔다. 가끔 정선된 텔레비전 프로그램이나 짧은 영화를 보여 주었다.

내 아이들이 다닌 몬테소리 학교의 경우 6살 이상이 되면 30명당 컴퓨터 2대를 둔다. 뭔가를 검색하고 싶으면 시간을 예약해 사용하는 시스템이었다. 이때 집에서는 영상 기기 사용을 제한적으로 허용했다. 나는 아이들에게 어떤 프로그램 또는 게임을 하게 할지 신중하게 골랐고 항상 감독했다. 이런 활동 덕에 아이들은 학교에서 친구들과 무엇을 이야기할지에 대한 아이디어를 얻을 수 있었다.

아이가 혹시 뒤처지지 않을까 염려하는 분들을 위해 덧붙이자면 지금도 내 아이들은 컴퓨터를 아주 잘 다룬다. 혼자 웹 사이트를 만들고, 발표 프로그램을 작성하고, 코딩 프로그램을 이용해 간단한 게임 코딩도 한다.

 영상 기기 사용을 제한하는 것과 관련해 "왜"와 "어떻게"에 대한 추가적 아이디어를 얻으려면 수 팔머의 『유년기를 망치는 테크놀로지Toxic Childhood』를 추천한다. 영상 기기와 아이들을 어떤 식으로 다뤄야 하는지 매우 현실적이며 선제적인 방안을 제시한다.

이중 언어

유아기는 "흡수정신"의 시기로 언어 습득 민감기에 해당한다. 그러므로 하나 이상의 언어에 노출되기 좋은 시간이다. 커다란 노력을 하지 않고 추가로 언어를 습득할 수 있다. 이와 대조적으로 성인은 지속해서 노력을 기울여야 또 다른 언어를 배울 수 있다.

집에서 한 가지 이상의 언어를 구사한다면 "한 사람, 한 언어" 접근법을 사용한다. 부모는 각자의 모국어로 아이에게 말하지만 전체 가족은 동의한 "가족 언어"로 소통한다.

다음의 사례를 참고하라.

우리 집 건너편에 살던 가족에게는 아이가 하나 있었다. 부모 중 한 명은 아이와 이탈리아어로 말을 하고 다른 한 명은 독일어로 말을 했다. 그리고 부모끼리는 영어로 대화를 했다. 이 아이는 이중 언어 어린이집에 다녔다. 거기에서 아이는 네덜란드어와 영어에 노출되었다. 아이는 부모 중 한 명에게는 이탈리아어로, 다른 한 명에게는 독일어로 사과를 달라는 표현을 배웠다. 거리에서 나를 만났을 때 우리는 영어로 대화했다. (현재 이 아이는 네덜란드 학교에서 네덜란드어로 공부를 하고 집에서는 계속 이탈리아어와 독일어를 말한다. 영어는 그보다 말하는 빈도는 낮지만 이해는 더 많이 한다.)

"사용의 범위Domains of Use" 방식을 사용할 수도 있다. 이는 가족이 동의한 시간 또는 일정한 언어를 사용하는 장소를 의미한다. 예를 들어 주말에는 가족끼리 영어를 사용하기로 하고 집을 벗어났을 때는 해당 지역의 언어를 사용하기로 한다거나, 집에서는 엄마의 모국어를 사용하기로 하는 방식이다.

아이가 구사할 언어별로 읽고 쓸 수 있는 능력 목표치를 살펴보라. 아이가 특정 언어로 공부를 할 수 있게 하려면 1주일에 30퍼센트는 그 언어로 말해야 한다. 아이가 깨어 있는 시간을 계산한 다음 특정 언어에 노출되는 시간을 늘려야 하는지 살펴보라. 예를 들어 10대 어린이가 특정 언어로 아이에게 책을 읽어 주고 놀아 주는 시간을 갖거나, 해당 언어를 구사하는 베이비시터를 곁에 두거나, 그 언어를 구사하는 놀이 그룹에 참여하는 등 창의적인 방식으로 아이에게 언어 연습을 시킬 수 있다.

이중 언어 환경에서 아이를 기르면 언어 지연이 발생할 거라고 걱정하는 부모들이 있다. 관련 연구에 의하면 하나 이상의 언어에 노출되어도 언어 지연은 발생하지 않는다. 1년 6개월 된 아이가 단일 언어에 노출될 경우는 대략 10개 단어를, 이중 언어에 노출되면 각 언어당 5개 정도의 단어를 습득하는 것으로 나타났다. 아이가 전체적으로 10개 단어를 말할 수 있어도 언어 레벨은 더 낮은 것으로 나타났다.

아이가 다국어를 배우기 위해 모국어를 버려야 한다는 부모의 견해를 지지하지 않는 연구도 있다. 습득할 그 어떤 타 언어보다 모국어 습득을 더 강조해야 할 필요가 있다. 우리가 할 수 있는 부분은 아이가 다국어를 충분히 익힐 수 있도록 언어에 노출되는 시간을 늘리는 것이다.

이중 언어나 하나 이상의 언어 학습에 대한 사항은 콜린 베이커의 『내 아이를 위한 이중 언어 교육 길라잡이A Parents' and Teachers' Guide to Bilingualism』를 참고할 것을 추천한다.

실천하기

1. 매일 아이들을 돌보며 유대감을 늘리는 방법은 무엇일까?
2. 아이의 먹기, 잠자기, 화장실 사용을 어떤 식으로 지원할 수 있을까?
   이 활동에서 우리가 느끼는 불안감을 해소할 수 있을까?
3. 아이들(형제자매) 사이의 갈등에서 중립적인 자세를 유지할 수 있을까?
4. 다음 상황에서 아이를 다루는 기술을 어떻게 쌓을 수 있을까?
   - 공유하는 문제
   - 어른의 행동이나 말을 방해하는 것
   - 내성적인 아이를 다루는 법
   - 아이가 때리고, 물고, 밀고, 물건을 던지는 경우
   - 아이의 집중력을 증진하는 법
   - 짜증에 대처하는 법
   - 아이가 보채고 매달리는 경우

가정에서 몬테소리 접근법을 실천할 때 우리는 아이의 가이드가 되는 법을 배운다. 아이가 도움을 청할 때 우리는 다정하고 확실하게 대처한다. 필요할 때 아이가 기술을 계단식으로 차근차근 습득하도록 돕는다. 그리고 매일 아이와 유대감을 쌓는다.

8

육아하는
부모를 위한 처방

- 204　부모가 되기 위한 준비 작업
- 205　육체 돌보기
- 206　배우려는 마음가짐 갖기
- 206　하루를 차분히 시작하고 끝내기
- 207　현재에 머무르기
- 209　관찰하기
- 210　부모와 아이의 감정 탱크 채우기
- 211　천천히 하기
- 213　아이의 가이드 되기
- 214　집을 적극 활용하기
- 215　정직하기
- 216　삶과 선택에 책임지기
- 217　실수에서 배우기
- 217　충만한 감정 느끼기
- 218　자기 자신을 돌보기
- 218　계속 연습하기

부모가 되기 위한 준비 작업

몬테소리 박사는 육아를 할 때 우리가 스스로 해야 할 필요가 있는 작업에 대해 매우 잘 알고 있었다. 마리아 몬테소리는 이것을 "부모가 되기 위한 준비 작업"이라고 불렀다. 어떻게 하면 우리는 아이에게 최고의 모델이 될 수 있을까? 행동을 예측하기 힘든 유아가 있는 집에서 어떻게 차분함을 유지할 수 있을까? 우리는 어떤 상황에 처하게 될까? 어떤 해결되지 않은 문제가 나타날까?

완벽한 부모가 되는 것이 목표가 아니다. 내 경우 완벽한 부모가 되려고 노력했을 때 또는 그렇게 보였을 때 스트레스가 심했고 가족들과 분리되었으며 그저 모든 것을 걱정하기만 했다. 완벽하기보다는 지금 이 순간부터 가족과 재미있고 편안한 관계를 맺는 것을 목표로 하는 게 낫다. 이런 생각은 우리가 아이들을 지원하고 가이드할 때나 좀 더 차분하게 양육하는 데 도움이 된다.

우리는 배우자를 바꿀 수 없다. 하지만 그들에게 대응하는 방법은 바꿀 수 있다. 아이들과의 관계도 마찬가지다. 부모 노릇이 영적 여행이 될 거라고 누가 알았을까? 심지어 정말 엄청난 영적 여행이다. 가끔 나는 '부모가 되기 전에 이 모든 것을 알았다면 얼마나 좋았을까?'라고 생각하곤 한다. 우리는 그저 알고 있는 것만 알 뿐이다.

내가 자랄 때와 아이들을 나란히 놓고 본다. 아이들은 내가 노력하고, 잘못하기도 하고, 잘못을 바로잡으려 다시 노력하고, 조금씩 나아지고, 계속해서 배우고 성장하는 모습을 본다. 내가 배운 것이 모든 가정에 효과가 있지 않을 수 있다. 다른 사람들에게 어떻게 살라고 말하고 싶은 마음은 없다. 대신 부모로서 그리고 몬테소리 교사로서 사과하기, 잘못했을 때 "다시 하기"를 포함해 내게 도움이 되었던 것들을 사람들과 나누고 싶다.

육체 돌보기

몸과 마음, 영혼이 강하고 건강할 때 우리는 최선의 결과를 만들어 낸다. 가족을 양육하려면 먼저 우리 자신을 돌봐야 한다. 우선 좋은 음식이 필요하다. 자전거 타기나 공원에서 아이들 쫓기 등 움직임과 운동, 야외 활동이 매일 필요하다. 아무도 방해하는 이가 없을 때는 저녁에 길게 목욕하는 것도 좋다. 언제나 재미있는 활동 또는 평화로운 시간을 확보하는 새로운 방법을 찾는다. 우리 자신을 우선시 할 때 죄책감을 느낄 수 있다. 그런 점도 받아들인다. 하지만 죄책감은 잊어버리라. 그보다는 우리가 스스로 돌보는 모습을 아이가 보고 자라 할 수 있도록 좋은 모델이 되어 보자.

지치고 피곤할 때는 도움을 요청한다. 자신의 한계를 끝까지 밀어붙이는 것은 장기간 지속할 수 있는 옵션이 아니다. 조부모님, 아이를 돌봐 주는 분과 번갈아 가며 아이를 돌보고 부모, 배우자 등에게 도와달라고 한다. 아이들은 우리가 믿는 특별한 다른 사람이 그들의 삶에 들어온다는 것을 배울 수 있다. 그들과 함께 있어도 안전하다는 것을 알게 된다. 그러니 모두에게 이로운 계획이다.

우울할 때는 어떤 선택이 가능한지 알아보는 정도라도 반드시 의사에게 도움을 구해야 한다. 나는 두명의 자녀가 모두 2살 미만일 때 의사를 찾아갔다. 우울증에 걸린 것은 아닌지 걱정되었다. 타인을 돌보느라 정신없을 때 이야기를 나누고 걱정해 주는 사람이 있다는 것이 도움이 되었다. 우울증이 염려된다면 의사를 만나라. 어떻게 해야 할지 도움을 줄 것이다.

배우려는 마음가짐 갖기

우리는 일정한 훈련을 받지 않으면 보수를 받는 일을 맡을 수 없다. 그리고 아이들의 학교 선생님들은 업무를 수행하기 위해 지속적으로 직업 훈련을 받을 거로 기대한다. 부모로서 우리 또한 계속해서 배워야 한다. (이 책을 읽고 있음으로 당신은 이미 아이 양육에서 배우려는 마음가짐을 기르고 있다.)

그리고 다음의 사항을 추가한다.
- 아이의 특별한 발달에 대해 더 배운다.
- 아이에 대해 다각도로 연구하고 필요한 자원을 구한다.
- 긍정적 훈련이나 비폭력적 소통 방법을 다루는 프로그램에 참여한다.
- 여러 가지 책과 자료를 찾아본다. (246~247쪽에 추천 도서 목록이 있다.) 관련 팟캐스트와 오디오북을 듣는 것도 좋다.
- 양육과 관련 없는 자료도 읽고 배운다. 우리 삶이 풍성해지는 것도 필수다.
- 직관을 따르는 법을 배운다. 생각하는 우리의 뇌는 매우 강력하다. 그러니 그쪽 스위치는 끄고 직관의 소리, 내면에서 들려오는 차분한 목소리를 듣는다. 이 또한 우리가 연마할 수 있는 기술이다.

하루를 차분히 시작하고 끝내기

나는 아침에 일어나서 그리고 저녁마다 정기적으로 나만의 의식을 치르는데 이것이 엄마로서 나를 드러내는 데 커다란 영향을 미친다. 그리 엄격하지는 않지만 거의 매일 정기적으로 의식을 치른다. 이런 의식은 내가 하루를 살아가는 방식에 어떤 의미가 깃들도록 도와준다. 그래서 삶이 내게 던지는 것에 단순하게 반응하지 않게 된다. "가지런한 상태"에서 하루를 시작하면 하루 내내 이 상태를 유지할 수 있다.

내 아이들이 유아일 때도 나는 식구들보다 30분 먼저 일어나서 혼자만의 조용한 시간을 보내려 노력했다. 가족들보다 먼저 일어날 수 없다면 우리가 좋아하면서 가족들과 함께하는 아침 일과를 만들어 보라. 아침에 깨서 침대에서 기분 좋게 뒹굴기, 책 읽기, 함께 아침 먹기, 행복한 음악 틀기, 커피나 차 만들기 등으로 하루를 시작한다. 나는 가족들보다 먼저 일어나서 다음과 같이 시간을 보냈다.

- 침대에 누워서 명상한다. 이건 서투르거나 못할 수가 없는 활동이다. 어떤 날은 마음이 엄청나게 바쁘고, 어떤 날은 호흡을 좀 더 길게 가져갈 수 있기도 하다. 명상은 온종일 발생하는 여러 상황에 감정적으로 대처하지 않도록 도움을 준다. 한참 정신없고 산란한 나날을 보낼 때 명상으로 아침에 한 방울의 평화를 느낄 수 있었다.
- 글 쓰는 시간을 5분 동안 갖는다. 감사할 일들, 오늘 하루를 놀랍게 만들 몇 가지 일(내가 조절할 수 있는 것들 그리고 커피 한 잔 또는 바깥 계단에 앉아 있는 것같이 간단한 일들), 오늘 내가 원하는 것(예를 들어 여유를 가지는 것, 다른 사람들의 말을 듣고 사랑과 유대감에 초점을 맞추는 것)에 관한 글을 쓴다.
- 시간이 남으면 아이들 발소리가 들리기 전에 옷을 입기 시작한다. 이 일을 마치기 전에 방해를 받으면, 사랑스러운 가족이 있는 게 얼마나 행운이며 가족이 내게로 오는 소리를 듣는 것은 또 얼마나 행복한 일인지 생각하려 노력한다.

하루를 마칠 때 나는 목욕을 하고 책을 읽는다. 오늘 일어난 놀라운 일 3가지를 적고 그다음 날 할 일을 적는다. 시간이 없다고 생각할 수 있지만 우선순위로 만들면 얼마든지 가능하다. 뉴스를 읽거나 소셜 미디어를 확인하기 전에 먼저 이 활동을 한다. 이런 활동이 최상의 상태를 유지하는 데 큰 영향을 미친다. 아침과 저녁 의식이 어떤 면에서 최고의 효과를 가져오는지 생각해 보자. 가족을 돌보듯 같은 방식으로 우리 자신의 건강과 행복을 돌볼 필요가 있다.

현재에 머무르기

모든 사람에게 모든 것을 맞추려 하고, 부모 역할을 포함해 수많은 일에 책임을 다하며 헌신해야 하는 어른은 지향점이 여러 방향으로 나뉘기 때문에 오롯이 현재에 머무르기가 어렵다. 현재에 머무를 수 있는 방법을 몇 가지 제시한다.

- **한 번에 한 가지 일을 하는 데 집중한다.** 주방에서 무엇인가 준비하고 있을 때 아이들이 하루 동안 있었던 일을 이야기하면 나는 사실 잘 듣지 않는다. 주방 일을 마치고 나서 이야기를 듣겠다고 말하면 상황이 훨씬 더 나아진다. 아니면 일을 멈추고 아이들 말을 들어 준 다음 다시 하던 일에 집중한다.
- **메모장을 사용한다.** 아이들과 보드게임을 하거나 수업을 할 때 뭔가 생각나면 적는 노트가 몇 권 있다. 나중에 볼 수 있도록 메모를 한다. 일단 현재에 머무르고 노트에 적은 내용은 나중에 "처리"한다.
- **스마트폰을 의식적으로 사용한다.** 나는 스마트폰을 사랑한다. 하지만 우리는 좀처럼 거기에서 떨어지지 못한다. 그래서 나는 종종 스마트폰을 침실에 숨겨 둔다. 스마트폰 옆을 지나가거나 소리가 날 때마다 확인하지 않기 위해서다. 뭔가 일 때문에 스마트폰을 집어들 때마다 다른 애플리케이션을 찾아보게 되기 때문이다.
- **마음을 차분하게 한다.** 스마트폰만이 문제가 아니다. 마음을 다스리는 게 관건이다. 지금 이 순간 바로 여기에 있기가 정말 힘들다. 우리는 끊임없이 과거의 어떤 순간을 소환하고 미래를 위한 계획을 짠다. 이는 스스로를 미치게 만들 수 있다.

지금 바로 여기에서는 아무것도 걱정할 필요가 없다. 이 책을 들고 잠시 호흡해 보라. 숨을 들이마시고 내쉰다. 이 짧은 순간 아무것도 생각하지 않는다. 나는 내 마음이 이렇게 조용하고 고요할 때가 참 좋다. 그렇게 평화로운 공간에서 좀 더 긴 시간을 보낼 수 있다고 상상해 보라. 연습하면 얼마든지 가능하다.

이런 순간을 갖는 연습을 많이 할수록 천천히 속도를 줄여 아이들을 관찰할 수 있고 그들 관점에서 보는 일이 수월해진다. 내면의 고요한 공간을 찾는 일에 시간을 투자할수록 아이들이 힘든 시간을 보낼 때 지도자로서 차분하게 대처할 수 있다. 그들을 지도해야 할 순간에 고요한 공간으로 돌아가는 일이 더 쉬워진다.

지금 이 순간에 머무르는 일을 잘하는 이는 누구일까? 그들이 연습을 도와줄 수 있다. 바로 아이들, 유아들이다. 아이들은 비행기 소리에 신이 나 소리를 지르고 도저히 예상하지 못한 곳에서 꽃을 따온다. 공원 잔디에서 발가락을 꼼지락거리며 즐거워한다. 아이들을 따르고 배우라.

관찰하기

5장에서 논의했듯 관찰은 몬테소리 교사들이 많이 사용하는 방법이다. 가정에서 판단이나 편견 그리고 분석하지 않고 사실에 기반해 관찰하는 방법에 관해 이야기했다.

다시 관찰을 강조하는 이유는 다음과 같은 자세를 갖는 데 도움이 되기 때문이다.
- 관찰하면 상황을 판단하지 않게 된다. 즉 아이의 행동으로 인해 자극 받지 않으며 반응하기보다는 적절히 대응하게 된다. ("이 아이는 항상 바닥에 그릇을 떨어뜨려."가 아니라 "그릇이 바닥에 떨어졌네."라고 말하게 된다.)
- 아이들을 신선한 눈으로 객관적으로 보게 된다.
- 좀 더 현재에 머물며 아이와 주변 세상을 좀 더 자세히 보게 된다.
- 아이들 관점에서 사물을 봄으로 아이와 유대감을 형성하고 그들을 좀 더 깊이 이해하게 된다.

아이들 때문에 약이 오른다는 느낌을 받으면 노트를 들고 아이들을 관찰한다. 손으로 다른 일을 하고 있으면 글을 적지 않고 관찰한다. 분석은 하지 말고 아이들을 관찰하며 바로 그 순간을 즐긴다.

부모와 아이의 감정 탱크 채우기

우리는 모두 감정 탱크를 가지고 있다. 안전하고 사랑받으며 받아들여진다고 느낄 때 우리의 감정 탱크는 가득 찬다. 이 탱크는 지속적해서 채워 줘야 한다. 우리가 이 탱크를 무시하면 점점 감정적으로 변한다.

감정 탱크를 채워 나가는 일은 우리 책임이다. 자기 감정을 돌보는 방법을 찾고 필요한 지원과 도움을 받아야 한다. 여기서 도움을 받을 수 있는 대상은 비단 배우자뿐이 아니다. 창의력을 조금만 발휘하면 다양한 방법으로 감정 탱크를 채울 수 있다.

몇 가지 아이디어를 제시한다.
- 차나 커피 타서 마시기
- 음악 틀기
- 조부모님과 대화 나누기
- 야외로 나가기
- 식사에 친구들 초대하기
- 무엇인가 굽기
- 밤에 외출하기(어른들끼리, 배우자, 친구)
- 친구와 아이를 바꿔서 돌보기

우리의 감정 탱크가 꽉 차 있으면 아이의 감정 탱크를 채워 주기도 쉽다. 아이의 탱크를 채워 주는 가장 간단한 방법은 유대 관계를 맺는 것이다. 5장에서 논의했듯 아이가 소속감을 갖고, 자신을 소중한 사람으로 인식하고, 가족의 일원으로 받아들여진다고 느끼게 한다. 아이에게 책을 읽어 주고, 함께 잠옷을 입고 서로 끌어안고 뒹굴며 웃는다. 그러면 아이의 감정 탱크는 물론 우리의 탱크도 채워지고 아이는 좀 더 수용적이고 덜 반항적으로 행동하게 된다.

천천히 하기

"천천히 하기"는 우리가 유아, 좀 더 큰 아이 그리고 가족과 함께하는 삶을 좀 더 편안하게 만드는 일상에 적용할 수 있는 법칙이다. 생활에 속도감을 높이다보면 뭔가를 잃어버릴지도 모른다는 두려움에 휩싸인다. 이때 속도를 늦추고 모든 감각을 이용하면 일상에서 벗어날 수 있다.

폭풍이 오기 전 빗줄기 냄새를 맡아보고 자전거를 타고 도시를 달릴 때 뺨을 스치는 바람을 느껴 보라. 음식을 서둘러 먹지 말고 한 입씩 먹을 때마다 즐기며 맛을 음미해 보라. 우리에게 가장 중요한 게 무엇이고 어떤 것은 나중에 혹은 아예 안 해도 되는지 알게 될 것이다.

천천히 한다는 것은 다음과 같은 의미다.
- 수업을 마치고 집에 도착하면 나를 기다리고 있는 수많은 일을 곧바로 시작하기 전에 앉아서 차 한 잔을 마신다.
- 순간을 풍부하게 만들어 줄 음악을 튼다.
- 건강한 음식을 만들고 내가 맛보았던 풍미를 기억하며 요리하는 과정을 즐긴다.
- 너무 많은 계획을 세우고 모든 일을 해치우기 위해 급히 서두르지 않는다.
- "안 돼."라는 말을 많이 하므로 가끔은 가족, 친구와 소파에서 더 많은 시간을 보내며 "좋아."라고 말하는 시간을 갖는다.
- 내가 즐기는 것을 선택하고 그중에서 해야 할 일을 선별하면 그것이 큰 영향을 미칠 것을 안다.
- 매일 밤 책을 읽는다.
- 주말에는 새로운 곳으로 여행을 가고 자연에서 심신을 재충전한다. 모든 것을 다 하려 하기보다 어떤 인상을 흡수한다. (간단한 것이 더 좋다.)

우리가 속도를 늦추면 주변의 것을 흡수하기 더 편하기 때문에 유아들은 좋아할 것이다.

또 다른 사례를 소개한다.

- 옷을 입을 때 먼저 아이가 고르게 한다. 그리고 도움이 필요할 때 개입한다. 천천히 정확한 동작을 보여 준다.
- 바구니나 접시를 운반하는 법을 보여 줄 때 천천히 한다. 두 손을 사용해서 아이들이 할 때도 성공할 수 있게 한다.
- 두 손으로 천천히 의자를 옮긴다.
- 함께 노래 부를 때는 천천히 노래하고 율동도 천천히 한다. 그러면 아이는 동작과 노래를 처리할 시간을 확보할 수 있다. 그리고 아마 우리와 함께 노래하거나 율동을 할 것이다.
- 앉아서 먹으라는 등 아이에게 무엇인가를 요청하면 머릿속으로 10까지 센다. 아이가 처리할 시간을 준다.
- 아이의 호기심을 키워 주려 할 때도 천천히 한다. 아이 속도에 맞추고 서두르지 않으며 놀기와 탐구 활동을 위해 시간을 아낀다. (5장 참고한다.)

그 밖에 아이디어가 더 필요하면 칼 오노레의 『느린 것은 아름답다』를 참고하기 바란다. 느림의 철학을 다른 장르로 시도하려는 개인의 노력을 담은 책이다. 나는 이 책의 마지막 장을 좋아한다. 대부분 천천히 하면 정작 서둘러야 할 때는 아이들이 좀 더 이를 잘 받아들인다는 내용이 결론에 담겨 있다.

마지막으로 한 가지 덧붙이면 아이가 직접적인 위험에 처한 게 아니라면 어떤 상황에서든 반응하기 전에 머릿속으로 3까지 숫자를 셀 시간이 있다. 서둘러 도움을 주려 하지 말고 묵주 알을 센 몬테소리 박사 흉내를 내 보는 거다. 천천히 하라. 그러면 우리는 반응하기보다 대처할 수 있게 된다.

가이드가 되어 줘요.
하인이나 윗사람은 싫어요.

아이의 가이드 되기

내 아들이 1살 때 나는 『어떤 아이라도 부모의 말 한마디로 훌륭하게 키울 수 있다』를 읽었다. (이 책 전반에 걸쳐 저 책을 언급했는데, 이는 내가 저 책의 영향을 받았고 그 영향력이 지속된다는 의미다.) 가장 큰 깨달음은 부모로서 내 역할이 아이를 위해 서둘러 모든 문제를 해결하는 사람이 아니라는 점이었다. 아이 곁에서 지원하고 자문관이 되어 주며 아이가 불만스럽고 불안해하는 상황에 안전지대 역할을 해 주는 것이 핵심이다. 엄청난 생각의 전환이었다. 동시에 어깨에서 아주 무거운 짐을 내려놓는 느낌이었다. 우리는 아이들의 가이드다. 씨앗을 심고 자라게 둔다. 우리는 아이들 뒤에 서서 오직 필요한 만큼만 가능하면 최소한도로 아이들을 도와주는 바위 같은 존재다.

가이드의 역할은 아래와 같다.
- 아이가 스스로 해결하게끔 공간을 준다.
- 필요할 때 도움을 준다.
- 공손하며 다정하고 정직하다.
- 필요할 때 아이가 책임지도록 돕는다.
- 아이가 탐험과 탐구하기에 안전하며 풍부한 환경을 제공한다.
- 듣는다.
- 반응하기보다는 대처한다.

아이들에게 명령을 내리고 감독하거나 아이들이 배워야 할 모든 것을 가르쳐 주는 윗사람이 되지 않아도 된다. 가이드면 충분하다.

집을 적극 활용하기

몬테소리 교사들이 교실 환경을 제2의 교사로 사용하듯(2장을 참고하라.) 집을 활용해 육아에 도움을 얻을 수 있다. 이 방법은 4장에서 자세하게 다루었지만 그중 몇 가지를 이용해 아이들과 우리 자신의 변화를 모색할 수 있는 방법을 소개한다.

피곤할 때 집이 더 많은 역할을 하게 하는 방법을 찾는다. 몇 가지 사례를 제시한다.
- 아이가 우리에게 심하게 의존하면 생활 리듬에 독립성을 더할 방법을 모색한다.
- 아이 혼자할 수 있는 어떤 일을 우리가 대신해 줄 때마다 작은 변화를 줘서 아이 스스로 할 수 있게 한다. 그러면 궁극적으로 우리 부담도 줄어든다.
  예를 들어 시리얼 통에 숟가락을 넣어 둬서 아이가 아침 식사 때 스스로 시리얼을 만들어 먹을 수 있게 한다. 아이가 휴지를 몽땅 다 꺼내 바닥에 흘리면 몇 장만 꺼내서 접시에 놓고 휴지 상자는 아이 손이 닿지 않는 곳에 치운다. 상상력을 발휘하면 얼마든지 창의적으로 대처할 수 있다.
- 너무 많이 "안 돼."라고 말하고 있을 때는 환경을 바꾸는 방법을 찾아본다.
- 정리와 치우기에 시간을 너무 많이 보내고 있으면 꺼내 놓는 장난감 개수를 줄일 방법을 찾아본다. 장남감을 고를 때 좀 더 숙고하고, 아이가 더 이상 흥미를 갖지 않는 장난감이 무엇인지 관찰하고, 아이가 스스로 치우는 데 필요한 기술을 단계적으로 습득하도록 도울 방법을 찾는다.

정직하기

아이들은 어떻게 행동하라는 말을 들어서 배우기보다 우리를 관찰하면서 더 많이 배운다. 그러니 아이에게 정직한 모습을 보이는 것이 좋다. 우리는 정직함은 중요한 덕목이라는 것을 아이들이 배우기 원한다. 그러니 선의라도 거짓말은 안 된다.

사람들은 대부분 자신이 정직하다고 생각한다. 하지만 조금씩은 선의의 거짓말을 한다. 예를 들면 아래와 같다.
- "통화 중이라고 말해 줘." (누군가와 이야기하고 싶지 않을 때)
- "이번에 자른 머리 어떠냐고? 멋져." (전혀 그렇게 생각하지 않으면서)
- "지금 돈이 없어요." (거리에서 돈을 요구하는 사람에게)

이렇게 말하면 좋을 듯하다.
- 받기 싫은 전화에는, "지금 피곤한데, 내일 제가 전화하면 어떨까요?" 또는 "이메일로 보내 줄래요?"
- 머리를 새롭게 자른 사람에게, "그 스타일이 정말 마음에 드는 가 봐."
- 거리에서 돈을 요구하는 사람에게, "오늘은 아니에요. 행운을 빌어요." 또는 "가게에 가서 과일을 좀 사 줄까요?"

다정하면서 정직하기는 정말 어렵다. 아이에게 모범이 되는 좋은 모습을 보이기 위해서는 노력을 많이 해야 한다.

삶과 선택에 책임지기

삶에는 우리가 변화시킬 수 없는 어렵고 힘든 부분이 많다. 하지만 삶의 골칫거리 중 어떤 부분은 우리가 한 선택의 결과라는 점을 인정한다. 정원이 있는 집에 살기로 했다면 정원 유지 보수를 해야 한다. 대도시에 살기로 선택했다면 집세가 비쌀 것이다. 아이에게 전통적인 교육을 받지 않게 하려면 돈이 더 많이 들 것이다. 이런 선택을 바꿀 필요는 없다. 운 좋게도 애초에 이러한 것을 선택할 수 있다. 그리고 일단 선택을 하면 그 결과에 따른 책임을 져야 한다.

우리가 한 선택에 책임지는 모습을 아이에게 보여 준다. 짜증 나는 문제에 직면했을 때 문제를 소리 내서 크게 설명한다. 가령 "기차가 또 늦네! 대도시의 대중교통 시스템은 감사할 일이야. 하지만 오늘은 인내심을 발휘하기가 힘들구나. 다음에는 좀 더 일찍 나오자."라고 말한다. 우리 자신을 중립적인 시선에서 관찰한다. 조금 거리를 두고 차분해지면서 관점을 조정할 수 있다.

삶에서 '해야 하는 일'을 덜어내고 원하는 일을 한다. "이 셔츠를 다려야 해.", "아이들 저녁을 차려 줘야 해.", "그녀에게 전화해야 해.", "아이들에게 좀 더 신경 써야 해."를 떨쳐내라. 저녁을 차리거나 아이에게 신경 쓰는 일을 소홀히 하거나 하지 말라는 게 아니다. 아이에게 영양가 많은 가정식을 주고 싶어서 요리한다는 마음가짐을 가지고 그 점을 인정하라는 의미다. 아이가 안전하고 환영받는 존재로 자라기 원하기 때문에 아이에게 신경을 쓰는 것이다. 그 점도 인정하라.

"해야 해."라고 말할 때마다 그것이 우리에게 정말 중요한지 생각해 본다. 그렇지 않다면 창의력을 발휘해 바꿀 수 있다. 우리가 바꿀 수 없는 것들은 창의성을 발휘할 기회로 삼는다. 당신이 전일제로 일을 한다면 주말 동안, 식사할 때, 목욕 시간에 그리고 아침에 아이를 어린이집이나 유치원에 데려다줄 때 실천할 수 있다. 완벽한 환경을 제공하는 학교에 보낼 형편이 안 된다면 우리 가정의 가치를 보완해 줄 다른 학교를 찾아본다. 적합한 학교를 찾지 못하면 이 책에서 말하는 규칙과 원칙을 일상에 계속 적용하려고 노력한다.

무엇이 중요하고 지켜야 하는지 선별한다. 삶의 주인은 우리다. 우리가 한 선택에 책임을 진다면 폭풍우를 맞았을 때 무분별하게 밧줄을 풀어 버리기보다 삶이라는 이름의 배를 제대로 조종할 수 있다.

실수에서 배우기

실수를 하면 다른 사람 또는 다른 것 탓으로 돌리기가 쉽다. 예를 들어 아이가 우리를 화나게 만들어서 이성을 잃었다든가, 지도가 불분명해서 틀린 길로 갔다고 말한다. 우리가 한 선택에 책임을 지듯 실수 역시 받아들여야 한다.

인내심이 충만하지 못한 때가 있다. 뭔가 잘못했을 때 아이들과 배우자는 물론 우리 자신에게 실망할 때가 있다. 실수한다는 것은 어찌 보면 사과할 기회를 얻는다는 의미이기도 하다. 실수하지 않을 수 있었던 방법을 점검해 보는 기회이기도 하다.

내 아이(또는 이 문제에서는 누구에게든)에게 언제나 "정말 미안해. 그러지 말아야 했는데… 이렇게 해야 했는데…."라고 말한다. 이런 말은 다른 사람을 비난하는 것보다 아이에게 훨씬 더 강력한 의미를 전달한다. 아이들은 우리가 실수에서 배우는 것을 지켜본다. 항상 더 나은 선택을 하려 노력한다는 것을 아이들에게 보여 준다. 세상에 완벽한 사람은 없다. 부모도 마찬가지다.

충만한 감정 느끼기

우리는 무엇인가를 개선하려 노력하느라 너무 바쁜 나머지 현재를 잊어버리곤 한다. 나 역시 내 아이들에게 더 나은 롤 모델이 되기 위해 공부하고 노력하다 보면 지금 내가 있는 곳을 인식하고 받아들이는 것을 잊어버리곤 한다. 자신에게 "이 정도면 충분해. 최선을 다하고 있어."라고 말하는 것을 잊어버릴 때가 많다.

나는 곧잘 우리가 물이 가득 찬 유리컵이라고 상상한다. 이 컵을 아이, 배우자, 일이 채워 주기를 바라기보다 그저 나 자체로 꽉 차 있다고 생각한다. 이렇게 생각하면 깊은 안도감이 느껴진다. 배우고 개선해 나가는 것을 멈춘다는 의미가 아니라 그저 오늘 지금 이 순간의 내가 좋은 것이다. 아이를 포함해 내 삶과 함께하는 사람들에게 더 잘해 줄 수 있을 것 같이 느껴진다. 한편 아이가 꽉 찬 유리컵이라고 생각하기도 한다. 아이들은 지금 이 순간 그 조그만 몸으로 할 수 있는 최선을 다한다. 우리는 아이들 때문에 답답해하거나 화를 내지 않으면서 그들을 지원할 수 있다.

자기 자신을 돌보기

아이를 양육할 때는 자기 인식을 고양할 필요가 있다. 몬테소리 훈련에서 이것은 일종의 자기 관찰이다. **한계를 시험하는 일이** 생길 때를 대비해 다정하지만 확실하게 우리 한계를 아이에게 알릴 방법을 찾는다. 상황이 고조되게 내버려 두면 짜증스러워져서 상황에 차분히 개입해 아이에게 선명한 가이드를 할 수 없게 된다.

한계를 정하는 것은 괜찮다. 이는 자기 자신의 욕구를 인식하는 방법의 일환이며 아이들과 가족의 욕구 사이에 균형을 맞추는 작업이다. (타인과 함께 작업하는 방법에 대해서는 9장을 참고한다.)

뭔가에 **자극을 받아 폭발하는 자신을 발견하는 순간** 자기 자신을 관찰해야 한다. 아이의 문제를 떠맡고 있는가? 그게 자신을 싫어하게 만드는 무엇을 초래하는가? 한 발자국 물러서서 객관적으로 살펴보거나 글로 적어 두고 나중에 차분해졌을 때 생각해 본다. 자신을 동정하고, 우리 욕구 중 어떤 것이 채워지지 않았는지 보고(예를 들어 유대감을 맺고 돌봄을 받을 필요가 있음) 그런 필요를 충족시킬 방법을 모색한다. 그러면 우리는 가이드이자 자신감 있는 지도자, 아이들이 필요로 하는 반석이 될 수 있다.

계속 연습하기

이 책에서 제안한 모든 것을 실현하려면 연습해야 한다. 아이들과 함께 몬테소리 방식을 실천하는 것은 새로운 언어를 배우는 일과 같다. 연습을 많이 해야 한다. 나도 여전히 연습 중이다. 내 아이들은 청소년이 되어 가고 있고 나는 몬테소리 교사로 수년간 일하고 있다. 하면 할수록 쉬워지고 더 자연스러워진다.

> "조화롭게 자라는 아이와 자신을 개선해 나가는 어른은 흥미롭고 매력적인 그림을 만들어 낸다. 오늘날 우리에게 필요한 것이 바로 이런 보물이다. 이 보물은 아이가 독립적으로 성장하고 스스로 길을 개척하게 하며 희망과 빛의 선물을 받게 도와준다."
>
> -마리아 몬테소리, 『교육과 평화 Education and Peace』

실천하기

1. 하루의 질서를 잡아 주는 요소는 무엇인가? 우리는 행복한가? 욕구가 충족되고 있는가?
2. 좀 더 현재에 머무를 수 있는가? 조금 더 느리게 갈 수 있는가?
3. 아이의 윗사람이나 하인이 아닌 가이드가 될 수 있는가?
4. 집을 활용해 우리 일을 줄일 수 있는가?
5. 삶의 어떤 상황에서 남을 비난하는가? 선택에 책임질 수 있는가? 선택을 바꿀 수 있는가?
6. 지금 이 순간을 축하하고 기뻐할 수 있는가?

공동 육아

9

222 다른 사람은 어떨까?
223 부모도 사람이다
223 한쪽 부모 선호 현상
224 가족과 함께 일하는 비결
226 서로 다른 입장을 이해한다
227 조부모와 아이를 돌보는 분
229 가족 간에 갈등이 생길 때
230 이혼이 기피 단어가 되어야 할 이유는 없다

다른 사람은 어떨까?

우리는 혼자 아이를 양육하지 않는다. 여러 형태의 가족이 존재한다. 결혼으로 이루어진 가정, 결혼하지 않은 연인 사이, 한 부모 가정, 조부모와 사는 가정, 이성애 부모, 동성애 부모, 이혼한 가정 등 각기 다른 문화적 배경을 가진 가정이 있다. 이렇게 다양한 가족 형태는 사회가 진화하면서 점점 더 늘어날 것이다.

우리 가정이 어떤 형태에 속하든 주변에 사람들이 있다. 확대 가족의 맥락에서 살아간다는 의미다. 혈연으로 맺어진 친척, 부모 양육 모임에서 만난 친구, 학교 친구, 쇼핑하는 동네 식료품점에서 만나는 사람들이 이에 해당한다. 이들이 우리 가족의 삶 속에 있는 사람들이다. 혼자, 배우자와 함께, 확대 가족 체제에서 양육할 때 수많은 질문이 제기된다.

- 이 책을 읽고 가족과 함께 이 책에 나오는 양육 방식을 실천해 본다. 가족과 어떻게 함께할 것인가?
- 우리 가족의 가치는 무엇인가?
- 우리는 유아를 대하듯 가족의 말을 잘 듣고 말하는가?
- 아이 주도적 접근 방식에서 어른의 감정은 어디쯤 위치하는가?
- 아이가 부모 한 명을 선호한다면?
- 조부모나 아이를 돌보는 분과는 어떤가? 그들도 몬테소리 접근법을 실천할 수 있을까?
- 배우자와 떨어져 있는 상태라면? 이 점은 아이에게 어떤 식으로 영향을 미칠까? 이 점이 아이에게 긍정적인 경험이 되게 하려면 어떻게 해야 할까?

중요한 질문들이다. 다음은 몬테소리 접근 방식과 궤를 같이하는 생각들이다.

부모도 사람이다

삶이 온통 아이 위주로 돌아가기 쉽다. 우리가 필요로 하는 것은 옆으로 밀어 놓는다. 우리 자신을 위해 무엇인가를 하면 죄책감이 든다. 하지만 **어른도 욕구를 충족해야 하고 그럴만한 자격이 있다.**

아이가 주도하게 두라는 것이 우리 자신을 무시하라는 말이 아니다. 아이와 함께 작업한다. 그리고 필요할 때는 주장을 한다. 우리는 아이에게 자유를 많이 허용한다. 하지만 우리 욕구도 표현해야 한다. 가령 저녁에 아이가 잠을 자고 있을 때는 평화로운 시간을 즐긴다. (감정과 욕구에 관한 도표는 260쪽을 참고하라.)

어른들만의 관계를 형성하기 위한 시간을 마련한다. 우리의 배우자(있다면)도 사람이고 관계는 매우 중요하다. 인간관계가 없었다면 애초에 서로의 배우자가 되지 못했을 것이다. 하지만 우리는 종종 성인 간의 인간관계에 우선순위를 매기는 것을 잊어버린다.

네 자녀를 둔 프랑스 가족의 예를 들어 보겠다. 밖에서 일하는 배우자가 집에 돌아오면 서둘러 저녁을 준비하기보다 부모인 두 사람은 일단 먼저 앉아서 와인을 한 잔 마시고 가족과 인사를 하고 유대의 시간을 잠깐 보낸다. 이 시간 동안 이들은 아이들을 돌보려 서두르지도 않는다. 아이들은 이 시간이 부모가 특별하게 여기는 시간이라는 것을 배워 알고 있다. 아이들에게 어른들 사이의 관계도 중요하다는 것을 보여 준 것이다. 어쨌건 부모도 사람이다.

한쪽 부모 선호 현상

유아와 아이들은 대개 부모 중 한 명을 더 좋아하는 시기를 거친다. 선호하는 부모가 목욕 시켜 주고, 책 읽어 주고, 옷 입혀 주고, 침대에 데려다주기를 원한다. 이런 일이 지속되면 다른 한쪽 부모는 기분이 언짢고 소외감을 느낄 수 있다. 이 상황에 꼭 맞는 단 하나의 해결책이나 접근 방식이 있는 것은 아니지만 몇 가지 고려해 볼 만한 것들이 있다.

아이가 어떤 일정한 반응을 끌어내려 하는가? 이런 사례는 많은 경우 아이가 확실함을 원하고 한계를 시험하는 것이다. 아이의 요구에 반응하거나 굴복할 필요가 없다.

아이가 부모 중 어느 한 사람을 밀어낸다면 아이의 감정을 인정한다. "엄마(아빠)가 도와주길 바라는구나. 그런데 오늘은 내가 이 일을 하는 거야."라고 말한다. 그리고 차분하고 다정하며 확신 있는 태도를 유지한다.

집에서 변화를 찾는다. 부모 중 한 사람이 여행을 자주 가거나, 아기가 태어났다거나 다른 집으로 이사를 하는 등 가정에 변화가 생길 때 아이는 이를 자기표현의 방법으로 이용할 수 있다. 다른 것은 자기 힘으로 통제할 수 없을 때 아이가 할 수 있는 방법이 바로 한쪽 부모를 선호하는 모습을 보이는 것이다. 아이의 욕구를 채워 주기 위해 돌보는 이를 바꿔야 한다는 의미가 아니다. 하지만 상황을 좀 더 깊이 있게 이해하고, 좀 더 아이를 안아 줘야 할 필요가 있다. 그리고 아이 관점에서 상황을 보려 노력해야 한다.

가족과 함께 일하는 비결

가족과 함께 일하는 비결은 모두가 채워야 할 욕구가 있다는 점을 인지하고 창의적으로 해결 방법을 찾는 것이다. 쉽지는 않지만 얼마든지 가능하다. 아니면 최소한 대화라도 시작할 수 있다.

아이와 함께 작업하기

어른이 책임을 진다. 하지만 문제를 어떻게 해결할지는 단연코 아이가 제시할 수 있다. "정말 바깥에서 놀고 싶은 거야? 나는 들어갈 준비가 되었는데. 그러면 **어떻게 이 문제를 해결할까?**"라고 말한다. 아직 말을 못 하는 아이와도 할 수 있다. 구체적인 방법과 제안은 6장을 참고한다.

배우자와 함께 작업하기

나는 융통성을 갖고 조금만 더 이해하면 모두가 원하는 것을 할 수 있다고 믿는다. 일반적인 주말 오후를 예로 들어 보자. 슈퍼마켓에 가야 할 시간인데 아이는 놀이터에 가고 싶어 한다. 배우자는 낮잠을 자고 싶어 하고 당신은 친구를 만나 커피를 한 잔 마시고 싶다.

이때 "네가 잘하면 공원에 갈 거야."라며 아이를 매수하기보다 **조건을 달지 않고** 모두를 위한 계획을 짤 수 있다. 아이를 데려가지 말고 혼자 슈퍼마켓에 가고 배우자가 낮잠을 자는 동안 아이를 놀이터에 데려다준다. 또는 온라인으로 식료품 주문을 한다. 아이는 놀고 배우자는 자는 사이 친구가 집에 놀러 오게 할 수도 있다. 다른 방식으로 조합할 수 있고 다른 해결책도 가능하다.

타인과 함께 작업하기

부모 이외 다른 사람들이 아이들을 돌보게 되는 때도 있다. 조부모나 아이를 돌봐주는 분과 함께 아이를 돌볼 수 있고 아이가 어린이집이나 학교에 갈 수 있다. 아이들은 부모가 믿고 자신을 맡길 다른 사람이 세상에 존재한다는 것을 배우게 될 것이다. 다른 사람을 믿는 법을 배우고 그들이 갖고 있는 세상에 대한 지식을 배울 것이다. 이런 상호 소통으로 아이들 세상이 더욱 풍성해진다. 우리가 아이를 맡길 만한 사람을 찾으면 아이들은 그것을 감지한다.

내 아이의 몬테소리 학교 교사에게서 들은 최고의 조언은 아이를 맡길 때 아주 긍정적이지만 짧게 인사를 하라는 것이다. "재미있게 시간 보내. 스토리타임 끝내고 보자." 나는 매일 이렇게 똑같이 말했다. 그렇게 하니 나 자신이 안심되는 것은 물론 아이도 안심했다. 아이들이 수업을 끝내고 나오면 원할 경우 안아 주며 반기고 "이렇게 보니 너무 좋네."라고 말했다. 얼마나 아이가 보고 싶었는지 말할 필요는 없다. 유아가 그것까지 소화하기엔 너무 버겁다.

아이에게는 '부모가 이 사람을 믿으니 나도 그들을 믿으면 된다.'라는 메시지가 필요하다. 이 과정을 겪는 아이는 부모를 믿을 필요가 있다. 부모가 떠나면 아이가 어느 정도 슬퍼하지만 이런 현실을 아이가 받아들일 수 있도록 행동해야 한다. 이렇게 하면 아이가 상황을 더 편안하게 받아 들인다. 말도 하지 않고 사라져서 부모의 부재를 느끼게 하거나, 어디로 갔으며 언제 돌아오는지 알지 못하게 하는 것보다 말이다.

서로 다른 입장을 이해한다

우리 아이들, 배우자 또는 가족 등 다른 사람을 변화시키는 것은 불가능하다. 우리는 이들이 몬테소리의 양육 방식을 수용하기 원하지만 억지로 하게 할 수는 없다. 하지만 절망은 하지 말기 바란다.

우리 자신부터 바뀐다. 우리가 할 수 있는 최선은 계속 연습하는 것이다. 사람들은 종종 우리가 다른 방식으로 양육하고 있다는 것을 알고 정보를 요청한다. 사람들은 "놀이터에서 아이가 짜증 낼 때 아이에게 소리 지르지 않던데요. 어떻게 하는지 좀 말해 줄 수 있어요?"라고 묻곤 한다. 우리의 행동이 아이들뿐 아닌 주변 세상의 모델이 되는 것이다. 이렇게 모두는 아니라도 호기심을 품고 묻는 사람들이 있다.

정보를 나누는 색다른 방식을 찾는다. 짧은 글을 돌린다. 비슷한 방식을 실천하는 사람에 관한 이야기를 공유한다. 공감을 불러일으킬 만한 라디오 프로그램이나 팟캐스트 에피소드를 찾아서 듣는다. 이 책을 나눈다. 소식지를 발송한다. 함께 온라인 강습을 시청한다. 몬테소리 학교 강습회에 사람들을 초대해 나오게 한다. 대화를 나눈다. 그렇게 조금씩 천천히 하지만 꾸준히 소화하기 쉬운 정보를 사람들이 해 보고 싶은 속도에 맞춰 공개한다.

우리가 가족과 이야기하는 방식을 관찰한다. 우리는 가족들이 아이에게 다정하고, 고치려 들지 않고, 비판을 자제하며 사기를 북돋아 줄 수 있는 방식으로 이야기하기를 바란다. 그런데 정작 우리가 가족과 이야기하고 그들의 말을 들을 때의 태도를 살펴보면 아이를 대할 때 하지 말아야 할 모습과 비슷하다. 즉 가족이 잘못된 것을 이야기하면 그것을 고쳐 주려 한다. 인내심 없이 구는 모습을 답답해하고 결국에는 가족과 대화를 끝내 버리며 존중하지도 않는다.

가족의 감정을 인정하고 그들의 마음을 이해한다. 누가 맞고 틀리고가 없다. 우리가 아이 관점에서 보는 법을 배웠듯 다른 가족의 관점에서 상황을 보는 법도 배운다. 가족 구성원 중 누군가가 아이와 이야기하거나 소통하는 방식을 좋아하지 않을 수 있지만, 그래도 가족 측에 서서 그들의 관점에서 보고 이해하려 한다. "할머니는 네가 소파에 기어오르는 걸 원치 않는 것 같아.", "엄마는 네가 음식 던지는 걸 원치 않는 것 같아.", "너희 둘이 서로 사이가 안 좋아서 힘들지? 도움이 필요하면 말해 줘."

놀이터에서 만나는 사람들, 이웃과의 소통 또는 우리와 뜻이 맞지 않는 친척과 소통할 때도 같은 방식을 적용한다. 그들 측면에서 이해하고 해석하려 한다.

가족이 중요하다 여기는 가치에 합의한다. 지혜를 발휘해 우리는 대화를 나눌 수 있고 그렇게 가족은 합의점을 찾을 수 있다. 우리 모두 아이를 위한 최선을 다한다. 아이가 존중받으며 책임감 있는 사람으로 자라기 원한다. 아이가 호기심을 가지길 바라지만 그러면서도 한계가 있음을 알기를 원한다.

이런 큰 그림 속에서 우리 아이들은 **가족 구성원 모두 각자 특별한 접근 방식이 있음**을 배우게 될 것이다. 아이들은 바보같이 굴고 싶을 때 누구를 찾을 것인지, 그들 세상에서 모든 일이 다 옳게 돌아가지 않을 때는 누구에게 갈 것인지 자연스럽게 배우게 된다. 돌봐 주는 사람이 많은 아이는 행운아다. 직계 가족과 교류를 하지 않는 상황일 때는 주변 이웃들의 보살핌을 받을 수 있다.

조부모와 아이를 돌보는 분

이 책을 읽는 당신이 조부모이거나 아이를 돌보는 일을 직업으로 하고 있다면 다음 내용이 도움이 될 것이다. 이 책에서 언급하는 기법을 적용해 보자. 이 방식은 당신이 기존에 실천한 방식, 아이를 다룰 때 효과가 있었던 방식과 사뭇 다를 수 있다. 손쉽게 시작할 수 있는 몇 가지 방법을 소개한다. 마음에 들면 이 책을 좀 더 읽으면서 더 많은 것을 알아보라.

아이를 관찰한다. 아이의 신호를 받아들인다. 아이가 무엇에 관심을 두는가? 아이가 자유롭게 탐구해도 당신은 괘념치 않는가? 아이들의 안전을 확보하면서 자유롭게 탐구하게 할 방법이 무엇인가? 당신에게 그런 방법이 있는가?

아이 스스로 문제를 해결할 수 있는지 본다. 무엇을 먹거나 옷을 입을 때, 또는 장난감을 가지고 씨름을 하든 말든 간에 아이 스스로 해결할 수 있는지 잠시 지켜본다. 스스로 감당할 수 있어 기뻐하는 얼굴은 값어치를 매길 수 없을 만큼 의미 있다.

당신이 즐기는 일 중 아이와 나눌 수 있는 것은 무엇인가? 당신의 관심을 아이와 공유하면 아이가 풍부한 경험을 하는 데 도움이 된다. 당신은 악기를 연주할 수 있는가? 당신이 손수 만든 멋진 작품을 아이가 탐구하게 한다. 운동 방식을 간단하게 축약해 아이에게 보여 주고 함께 즐겨 보라.

바깥세상을 탐험한다. 집 안에 있는 물건을 깨뜨릴까 봐 걱정되거나 아이를 즐겁게 해 주고 싶다면 공원이나 놀이터로 나가거나 산책로를 걸어 보라. 아니면 그저 같이 가게에 가 본다. 아이가 보는 모든 것을 당신에게 보여 주게 하라. 아이가 당신에게 보여 주는 것의 이름을 말해 주고 그에 관해 이야기해 보라.

당신이 보는 것에 대해 피드백한다. "잘했어."라고 말하며 단순히 칭찬하기보다 당신이 본 것을 아이에게 알려준다. "너 혼자 그네를 잘 타던데?", "너 언덕 위까지 단숨에 올라가서 굴러 내려오더라. 재미있어 보였어." 외적인 칭찬이나 인정보다는 아이 스스로 판단하게 한다.

선물이 아닌 당신 자체를 선물한다. 선물 주는 것은 재미있다. 당신의 사랑을 보여 주는 방법 중 하나다. 하지만 장난감보다 당신의 시간이 사랑을 보여 주는 데 더 효과적이다. 선물을 사 주고 싶다면 동물원 입장권을 사서 함께 가거나 소파에 앉아 같이 즐길 수 있는 책, 당신이 아이를 돌보는 동안 아이의 부모들이 식사를 할 수 있는 상품권 등을 선물로 고려해 보라. 적게 소유하는 것은 우리가 이 행성에 함께 더 오래 머무를 수 있다는 의미다. 우리는 아이들에게 그들 자신과 다른 사람은 물론 환경을 보호하는 방법도 보여 주고자 한다.

당신은 아이들 부모와 어떤 가치를 공유하는가? 공동으로 추구하는 가치를 찾는 것부터 시작한다. 질서를 좋아하는 유아에게 일관성을 보여 준다. 서로 가지고 있는 규칙이 아마 다르겠지만 아이는 배울 것이다. 큰 그림이 같다면 아이는 당신과 아이 부모와의 관계에서 안정감을 느낄 것이다.

아이 부모에게 소속감, 존재감을 주고 그들을 있는 그대로 받아들일 수 있는가? 아이를 돌봐 주는 분을 포함해 직계 가족 내 의견 차이가 있다는 것은 상대방을 받아들이고 싶은 마음이 있다는 뜻이다. 성인이라도 마음속에는 있는 그대로의 모습을 인정받고 사랑받고 싶어 하는 어린아이가 있기 마련이다. 조부모와 아이를 돌보는 분이라면 아이 부모에게 그들의 관점을 이해한다는 것을 보여 주라. 서로 다르지만 함께하는 공간을 만들어 갈 수 있다.

가족 간에 갈등이 생길 때

가족 구성원이 각자 우려하는 점을 상대방에게 알리고 소통할 때 적극적 듣기 연습이 도움이 된다. 시간을 20분만 달라고 요청하자. 스킬라 엘워시가 2017년 몬테소리 회의 기조연설에서 말한 기법을 소개한다.

먼저 처음 5분 동안 상대방이 그들을 성가시게 하는 것에 관해 이야기하는 것을 듣는다. 들으면서 상대방이 표출하는 감정을 감지한다. 그다음 5분은 상대방에게서 들은 것을 이야기한다. 그들의 감정에 대해 생각하는 바를 말한다. 이때 상대방은 우리가 무엇을 오해하고 있는지 말할 수 있다.

그다음에 서로 역할을 바꾼다. 이제 우리 감정을 거스르게 하는 것에 관해 5분 동안 말한다. 이 5분 동안 상대방은 우리가 말하는 것을 듣고 우리의 감정을 인지한다. 그리고 오해한 것이 있다면 말한다. 갈등 해소에 시간이 더 필요할 거 같으면 20분 동안 이런 대화를 반복한다. 타인과 그들이 필요로 하는 것을 보고, 우리 모두 인간이며 자신의 욕구가 충족되기 원한다는 것을 알게 될 것이다.

Tip
- 상대방을 비난하는 언어를 피한다. 예를 들어 "너는 나를 존중하지 않아"보다는 "나는 존중 받는 것에 가치를 크게 둬."라고 말하는 게 좋다. "나"로 시작하는 문장을 쓰고 나를 관찰하고 나의 감정과 욕구를 파악한다.
- 상대방에서 요구가 아닌 요청을 한다. 창의적으로 생각하면 문제를 해결할 방법이 무궁무진하다. 그러니 다른 해결책에도 마음을 열라. 부록에 감정과 욕구를 기술한 도표(260쪽)가 있으니 참고하라.

이혼이 기피 단어가 되어야 할 이유는 없다

부부가 헤어지기로 하고 각자 다른 집에서 사는 것으로 결정하면 아이의 환경에 변화가 온다. 이상적인 경우 부모 양측이 책임을 지고 아이와 시간을 갖는 공동 육아를 할 수 있다. 몬테소리 박사는 1900년대에도 아이가 부모 중 어느 한 사람과 접촉하지 말아야 할 육체적 혹은 심리적 이유가 있지 않은 한, 양측 부모가 아이에게 중요한 역할을 한다는 점을 인정했다. 가장 중요한 우선순위는 아이의 안전이다.

이혼과 별거를 낙인 찍는 풍토가 여전히 존재한다. 부부 관계가 끝난다는 것은 슬픈 일이지만 꼭 부정적이라고 할 수 없다. 헤어짐으로 양측이 더 행복해졌다면 아이에게는 오히려 긍정적인 경험이 될 수 있다. 비록 어린 나이라 해도 아이는 집안에서 싸움과 불화, 갈등이 발생하면 이를 감지할 수 있다. 이럴 때 **아이의 안정감이 중요하다**. 양측 부모가 약속된 일정을 잘 지키면 아이는 어떤 일이 일어날지 예상할 수 있다. 유아는 질서 감각이 뛰어나다는 점을 이미 이야기했다. 안정감을 우선순위로 둔다.

연령에 적합한 방식으로 **아이를 정직하게 대한다**. 상황을 파악하기에 아이가 너무 어리다고 속단하지 않는다. 다만 자세한 사항을 모두 알려줄 필요는 없다. 사실을 말해 주고 변화하는 상황을 알려줘서 아이가 알 수 있게 한다.

아이와 함께 있을 때는 **부모가 서로 존중하는 것이 중요하다**. 부모가 서로 공손하고 우호적으로 이야기하겠다는 약속을 지키는 게 매우 중요하다. 어려울 때도 있을 것이다. 그럴 경우에는 갈등에서 한발 물러나 나중에 문제 해결 방안을 논의한다. 친구나 가족 또는 전문 상담사에게 배우자와 겪는 어려운 문제에 관해 털어놓는다. 하지만 아이에게는 말하지 않는다. 아이를 부부 가운데 개입시키는 것은 공정하지 않다. 기억하라. 우리 둘 다 여전히 아이의 부모이며 가족이다. 그저 같이 살지만 않을 뿐이다.

실천하기

1. 어른의 욕구와 요구도 채워지는가? 그렇지 않다면 채울 수 있는 방법을 함께 논의해 보자.
2. 가족 모두의 욕구를 채울 방법이 있을까? 창의력을 발휘해 방안을 찾아보라.
3. 가족을 동참시키려면 어떤 방식이 도움이 될까?
4. 갈등이 있다면 "가족 간에 갈등이 생길 때" 부분(229쪽)에 나온 해결 방안을 연습해 보자.

영유아 이후

10

232 취학(유치원, 학교) 준비
233 성인이 되기까지
237 교육에 변화가 필요한 순간
237 평화의 시간

취학(유치원, 학교) 준비

곧 취학 준비를 해야 하는 가정을 위한 몇 가지 팁을 소개한다. 특히 몬테소리 학교에 입학하는 아이에게 유용한 팁이다.

먼저 **독립성을 키우는 훈련**이 중요하다. 예를 들어 아이 스스로 외투를 입고 신발을 신고 벗는 법, 코를 닦는 법 등을 익힐 수 있도록 도와줄 방법을 찾는다.

그다음은 **떨어지기 연습**을 한다. 특히 아이를 도와주는 분이 없다면 다른 그 무엇보다 이 기술에 먼저 익숙하게 하고 싶을 것이다. 다른 사람이 집에 와서 아이와 책을 읽거나 같이 놀게 하는 것부터 시작한다. 일단 아이가 그 사람과 있는 것을 편안해하면 볼일을 보러 나가는 등 잠깐 외출을 한다. 외출할 때는 아이가 슬퍼해도 돌봐 주는 사람에게 확실하게 말한다. 그러면 아이는 우리가 돌아온다는 것을 배우게 된다. 아이가 학교에 가면 머무르게 될 시간만큼 떨어져 있는데, 아이가 익숙해질 때까지 분리 시간을 조금씩 늘려나간다.

마지막으로 아이는 전 생애에 걸쳐 **사회성을 연마**한다. 놀이터에서 우리는 아이들 입장에서 그들의 생각을 해석해 주고 아이들이 언어 사용하는 법을 배우도록 도와준다. 필요하다면 혼자 힘으로 일어설 수 있도록 격려하고 타인을 돌보는 법을 시범 보이기도 한다. 이렇게 해서 아이는 다른 사람들과 잘 지내는 법, 새로운 환경이 될 학교에서 다른 아이들을 돌봐 주는 법 등을 배울 수 있다.

가정에서 사용하는 몬테소리 교구

아이가 학교에 다니기 시작하면 집에 몬테소리 학교에서 쓰는 것과 똑같은 교구를 두지 않는 것이 좋다. 몇 가지 이유가 있다.

- 학교에서 6시간 가까이 시간을 보내게 될 텐데, 교재와 교구를 교실에서만 접하면 아이가 더욱 학습에 집중하게 될 것이다.
- 같은 자료와 도구를 학교에서 배운 것과 다른 방식으로 집에서 내놓으면 아이가 혼란스러워 할 수 있다.
- 아이들에게는 체계화되지 않은 놀이, 바깥에서의 시간, 어른들과 실생활에 참여하고 친구들과 함께 보낼 시간이 필요하다.

내 아이의 몬테소리 교사가 "내 눈은 ~로 시작되는 사물을 감시한다." 놀이는 집에서 해도 된다고 했다. 일반적인 "아이 스파이I Spy" 놀이와 이 놀이의 유일한 차이점은 사물의 이름이 아닌 소리를 사용한다는 것이다. 예를 들어 볼ball에는 "b" 대신 부흐buh를, 트리tree에는 "t" 대신 트르tr를 사용한다.

성인이 되기까지

몬테소리 박사는 과학적 관찰에 근거해 0세부터 24세까지 아이의 발달 개관을 만들어 "발달 4단계"라고 이름 지었다. 몬테소리 박사가 24살까지를 아이라고 간주했다는 점이 놀라울 수 있다. 현재 뇌 연구에 의하면 이성적 판단을 하고 사회적 행동을 조절하는 부분인 전두엽 피질은 20대 초반까지 발달한다.(몬테소리 박사가 관찰한 바를 100여 년 뒤의 뇌 연구가 뒷받침하고 있다.) 단계별로 6년씩 4단계를 통해 몬테소리 박사는 아이의 육체, 정신, 행동 발달에서 유사점을 찾았다. 유아기 이후 어떤 것이 있는지 살펴보자.

유아기(0세~6세): 발달 1단계

첫 번째 단계인 6년 동안 아이는 부모에게서 육체적, 생물학적으로 독립한다. 엄청난 변화가 일어나는 시기인 만큼 매우 불안정하고 변덕스러운 기간이다. 아이는 이 시기에 급격한 육체적 변화를 겪는다. 어른에게 전적으로 의지하는 아기에서 걷고, 말하고, 스스로 먹을 수 있는 아이가 된다. 독립적으로 된다는 것은 때로는 부모 가까이 있기 바라다가 어느 순간 부모를 밀어내거나 모든 것을 스스로 하길 원한다는 의미다. 이는 일종의 독립성의 위기다.

또한 아이는 자신을 둘러싼 주변 세상을 이해하기 위해 수많은 실험을 한다. 이 기간에는 흡수정신이 작동한다. 태어나서부터 6년 동안 아이는 주변 정보를 스펀지처럼 흡수할 수 있다. 초반 3년(0세에서 3세) 동안 아이는 무의식적으로 힘들이지 않고 흡수 정신으로 정보를 완벽하게 흡수한다. 그다음 3년(3세에서 6세)간은 의식적인 학습자, 즉 의식적으로 흡수하는 정신 상태에 들어간다.

실생활에서 이는 무엇을 의미할까? 0세에서 3세 아이는 그저 단순히 받아들이고 주변 세상에 적응하다가 3세에서 6세에 이르면 '왜'와 '어떻게'를 묻는다. 처음 3년 동안 받아들였던 모든 것을 이해하고 싶어 한다. 또한 다른 문화에 매료되고 세계 지도와 깃발, 땅의 형태에 관심을 갖는다. 읽기, 쓰기 그리고 구체적인 학습 자료를 이용해 수학에 흥미를 보이기도 한다.

이 단계의 아이는 감각을 이용한 학습자다. 심지어 엄마 배 속에서도 그렇다. 0세에서 3세까지 아이는 주변 세상을 탐구하는 데 모든 감각을 사용한다. 3세에서 6세 동안에는 이런 감각을 분류하기 시작한다. 예를 들어 크고, 작고, 딱딱하고, 부드럽고, 거칠고, 매끈하고, 소리가 크고, 조용하고 등을 구분한다.

이 시기에 아이는 현실에 기반한다. 그들이 보는 주변 세상을 대부분 쉽게 이해하고 일이 돌아가는 방식에 매료된다. 아이는 주변 세상을 이해하기 시작하는 2살 6개월 정도부터 상상력에 기반한 놀이, 예를 들어 가게 놀이나 가족 놀이를 한다. 또한 아이의 개성이 형성되는 시기이기도 하다. 생애 초기의 경험은 어른이 되어서도 정체성 형성에 큰 영향을 미칠 것이다.

유아기는 사실상 씨앗을 뿌리는 단계이다.

유년기(6세~12세): 발달 2단계

1단계 때 아이가 육체적, 생물학적으로 독립성을 얻으려 한다면 2단계 때 아이는 정신적 독립성을 추구한다. 이때 아이는 모든 것을 알려는 욕구, 이성 탐구의 욕구가 강하며 더 이상 단순히 정보를 흡수하지 않는다. 아이는 주변 세상에 대한 독립적인 생각과 도덕 감각을 발달시키기 시작한다. 회색 구역 탐험도 시작한다. "이건 맞는 거야? 틀린 거야?", "이건 공정해 아니면 불공정해?"

아이는 상상력을 발휘해 세상을 탐험한다. 이때 역사를 이해하고 미래에 대해 생각할 수 있다. 그룹으로 커다란 탁자에 둘러앉거나 바닥에 앉아서 함께 작업하는 것을 좋아하는 연령이기도 하다. 이 시기에 급격한 성장은 없기 때문에 아이는 변덕이 덜하고 안정적이다. 부모에게는 반가운 시기일 수 있다. 생후 6년간 우리가 확실하게 한계를 정하면서 이미 기초 작업을 했기 때문에 2단계의 아이는 그 한계를 이해하고 매번 그에 도전하지 않는다.

유년기는 나무줄기가 크고 튼튼하게 자라나는 시기에 비유할 수 있다.

청소년기(12세~18세): 발달 3단계

청소년기는 1단계 시기와 공통점이 많다. 그래서 부모는 유아와 10대 청소년이 비슷한 점이 많다고 생각하는데, 몬테소리 박사도 그 점에 동의한다. 이때 아이는 사춘기를 겪으면서 신체적, 정신적으로 커다란 변화를 겪는다. 유아기에 아이가 육체적으로 부모에게서 독립해 나가듯 청소년은 사회적 독립성을 형성하고 가족한테서 떨어지는 연습을 한다. 가족에 속하고 싶어 하다가도 이내 독립적이길 원하는데 이런 상황에서 아이는 갈등을 겪는다. 유아기에 이어 또다시 독립성의 위기를 맞는데 이번에는 사회적 다양성의 시간을 겪는다.

청소년은 자신의 생각과 이상을 타인과 나누는 것을 좋아한다. 특히 사회 정책 개발을 포함해 세상을 바꾸는 방식에 관심이 많다. 몬테소리 박사는 전통적인 학교가 일반적으로 좀 더 학구적 교육을 하는 이 시기에 실제로 청소년은 학구적이지는 않다는 점을 간파했다. 몬테소리 박사는 청소년을 위한 완벽한 학습 환경으로 에르드킨더Erdkinder 또는 농장 학교를 제안했다. 이곳에서 아이들은 밭을 일구고, 생산한 작물을 시장에 팔고, 사회 구성원 속에서 자신의 자리를 찾아가며 배운다. 도시에는 "도시 농장 학교"로 알려진 몬테소리 고등학교가 있다. 이 학교에서는 에르드킨더와 비슷한 원칙을 도시에서 적용하고자 노력한다.

개인적으로 사춘기 청소년이 두려운 대상이 아니라고 말하고 싶다. 현재 우리 집에 10대가 두 명이 있는데 이 아이들과 함께하는 시간은 즐겁기 짝이 없다.

청소년기는 성숙해 가며 잎이 돋고 꽃이 피는 시기다.

성숙기(18세~24세): 발달 4단계

몬테소리 박사는 앞선 3단계에서 모든 것이 실행되었다면 4단계는 스스로 돌보는 시간이라고 말했다. 정신적, 도덕적 독립성 발달에 힘쓰는 단계다. 이 시기의 젊은이는 기본적으로 사회에 공헌하길 원한다. 자원봉사나 평화 봉사단 작업을 통해 봉사 활동을 하고 대학에 진학하거나 직업을 갖는다. 2단계 시기와 유사하게 4단계에 들어선 청년은 좀 더 안정적이며 이성적 사고를 하고 논리적이다. 일과 학업에 깊이 있게 몰두하고 자신의 관심 영역을 탐구하느라 바쁘다. 뇌도 거의 완전하게 형성된다.

이제 나무는 완전히 자랐지만 여전히 돌봄과 관심이 필요하다. 아이들은 우리에게서 완전히 독립한다.

발달 4단계

1단계
0~6세

씨앗을 심는다.

- 육체적, 생물학적 독립성
- 흡수정신
- 세상을 구체적으로 이해함
- 감각을 이용한 학습자
- 아이들은 소규모로 협력하며 함께 작업한다.
- 급격한 성장과 변화

2단계
6~12세

줄기가 크고 튼튼하게 자라고 있다.

- 정신적 독립성
- 도덕 감각(옳고 그름)이 발달하고 일이 어떻게 이루어지고 연결되는지 탐구
- 구체적 학습에서 추상적 학습으로 이동
- 상상을 통해 학습
- 소규모 그룹으로 협력
- 성장은 덜함, 안정적인 시기

3단계
12~18세

나뭇잎과 꽃이 피고 거의 성숙 단계에 가까워진다.

- 사회적 독립성
- 사회 정책(그것이 어떻게 세상을 바꾸는지)을 발전시킴
- 생각과 이상을 타인과 공유함
- 육체적, 심리적으로 급격한 변화가 일어남(1단계와 유사함)

4단계
18~24세

완전히 다 자랐다.

- 영적, 도덕적 독립성
- 사회 공헌
- 이성적, 논리적 사고
- 안정적인 시기(2단계와 유사함)

교육에 변화가 필요한 순간

부모가 되면 현행 교육 체계가 우리 아이들을 어떻게 망가뜨리는지 깨닫기 시작한다. 현행 교육 체계는 산업 혁명을 위해 공장 노동자를 훈련시키기 위해 만들어졌다. 이 체계에서 아이들은 열에 맞춰 앉아서 암기하고 시험을 통과해야 한다. 아마도 당신은 아이가 스스로 생각하고, 질문에 대한 답을 찾기 위해 연구하고, 창의적으로 생각하여 문제를 해결하고, 타인과 함께 일하기를 바랄 것이다. 일의 의미를 찾는 사람으로 아이들을 기르고 싶어서 이 책을 읽고 있을 것이다.

켄 로빈슨 경 같은 교육과 창의력 전문가들은 우리에게 끊임없이 교육 시스템에 관한 질문을 한다. 전통적인 학교 교육이 창의력을 죽인다는 것을 알고 아이들이 배울 만한 혁명이 필요하다는 것을 깨닫기 바라서다.

나도 당신과 똑같다. 아기와 유아를 키웠고 자녀 교육에서 어떤 선택지가 있는지 고려했다. 나는 이상주의자였다. 내 아이들에게 그저 시험에 통과하기 위한 교육을 받게 하고 싶지 않았다. 그래서 몬테소리 교실을 찾았고 거기에서 다른 방식의 교육 방법을 알게 되었다.

평화의 시간

"세상에 진정한 평화를 알리고 전쟁에 반대하는 진정한 전쟁을 하려면 아이들로부터 시작해야 한다. 아이들이 선천적인 천진함을 유지하고 자란다면 우리는 투쟁하지 않아도 되고 성과 없는 어리석은 해결안을 통과시킬 필요도 없다. 그저 사랑에서 사랑으로, 평화에서 평화로 갈 것이다. 그래서 결국 이 세상이 의식적으로 또는 무의식적으로 갈구하는 사랑과 평화가 구석구석 세상 모든 곳을 뒤덮을 것이다."

– 마하트마 간디, 『새로운 교육을 향해Towards New Education』

이제 한 단계 더 올라설 시간이다. 이 책을 통해 제공하는 정보가 세상에 평화와 긍정성을 조금이나마 더 퍼뜨릴 수 있도록 당신에게 도움을 청하고 싶다. 주변에서 일어나는 모든 폭력을 저지할 힘이 우리에게 없다는 생각을 자주 하게 된다. 그렇지 않다.

우리가 할 수 있는 일이 있다. 우리 아이들을 더 잘 이해하는 법을 배운다. 이를 아이들에게 그다음에는 배우자, 가족, 친구, 학교나 슈퍼마켓에서 만나는 사람, 이방인에게 적용한다. 그리고 세상을 다른 관점에서 보는 사람들에게 평화를 전한다. 이 책에서 배운 대로 상대방 관점에서 생각하는 자세를 가져 보자. 서로 대화를 나누고 이야기를 들으며 진정으로 이해해 보자.

아이를 키우는 방식이나 교육 방법이 서로 다를 수 있다. 아마 우리는 다른 성별, 인종, 민족, 정치, 종교를 가지고 있을 것이다. 믿는 신념과 가치 체계도 다를 것이다. 나는 누가 옳은지 그른지는 절대 중요하지 않다고 믿는다. 핵심은 다른 이를 존중하고, 소속감을 주고, 있는 그대로 그들을 받아들이는 것이다. 아이들에게서 배운 것과 똑같이 말이다. 아이들이 만족하면 우리도 만족한다. 모든 살아 있는 것도 마찬가지다.

세상에 평화를 가져오기 위해 우리가 서로 다름을 축하하고, 공통점을 추구하고, 타인을 향한 두려움을 해소하고, 함께 사는 평화로운 방법을 찾고, **서로 다르기보다 비슷하다는 점을 인정해야 한다**. 아무튼 우리는 모두 인간이다. 그렇다면 어디에서부터 시작하면 될까? 아이를 더 잘 이해하는 데서 시작하면 된다. 육아는 아름답고 호기심 충만하며 책임감 있는 사람을 길러내는 씨앗을 뿌리는 일이다.

몬테소리 박사는 1952년 5월 6일 네덜란드 노르트베이크 안 제이에서 사망했다. 그녀의 묘비에는 다음의 말이 새겨져 있다. "내가 사랑하는 강한 아이들이 나와 함께 세상과 인류에 평화를 전하기를 간구한다."

실천하기

1. 아이들이 유아기를 벗어나 성장해 학교에 다니고 자라는 과정에서 우리는 우리 자신과 아이들을 위해 어떤 준비를 해야 할까?
2. 이 책에서 배운 타인의 관점에서 보는 기술을 어떤 식으로 적용할 수 있을까?
   - 아이와의 관계
   - 배우자와의 관계
   - 가족이나 친구와의 관계
   - 이웃과의 관계
   - 낯선 사람과의 관계
   - 세상을 다르게 보는 사람과의 관계

몬테소리 사례

전 세계 가정 방문 &
몬테소리 교육을 하는 가정이 전하는 말

240 **오스트레일리아**
카일리, 애런, 캐스퍼, 오티스 그리고 오토
우리가 몬테소리를 하는 방식

241 **몽골**
에네리엘, 바야나, 니므 그리고 오디
미니니무

242 **캐나다**
베스, 앤서니 그리고 크엔틴
우리의 몬테소리 생활

243 **미국**
에이미, 제임스, 샬럿 그리고 사이몬
미드웨스트 지방의 몬테소리

244 **나의 가족**
시모네, 올리버 그리고 엠마
오스트레일리아 그리고 네덜란드

245 **나의 교실**
자카란다 트리 몬테소리
네덜란드 암스테르담

오스트레일리아

카일리, 애런, 캐스퍼, 오티스 그리고 오토
우리가 몬테소리를 하는 방식

"몬테소리 관련 자료를 얼마나 많이 읽었는지와 상관없이 저는 몬테소리 부모-아이 수업에 직접 참여해서 경험해 보라고 권해요."

"아이는 배우기를 할 때 직접 체험하는 것을 좋아해요. 아이가 몬테소리 활동하는 것을 관찰하는 게 즐거워요. 아이는 달콤한 디저트를 굽는 것을 아주 좋아해요. 가족을 위해 요리하면서 기쁨을 느껴요. 예술 활동을 하며 주변을 어지럽히는 것, 가족과 함께 하는 것도 좋아해요. 아직도 엄마한테 바싹 파고들며 안기곤 해요. 그래서 우리는 곧잘 서로 부둥켜안고 책을 읽어요."

"몬테소리 방식에서 가장 공감하는 것은 부모가 아이를 관찰하고, 따르라고 교육한다는 거예요. 아이는 각자 자기 속도에 맞춰 배우죠. 마법 같은 일이에요."

몽골

에네리엘, 바야나, 니모 그리고 오디

미니니무Mininimoo

"몬테소리라는 단어를 보았을 때 눈이 번쩍 뜨이는 것 같았어요. 밤새 몬테소리에 대해 검색하고 다음 날 아들을 위한 몬테소리 활동 준비를 시작하느라 한숨도 못 잤어요."

"활동보다 훈육법을 교육하는 게 더 중요하다고 생각해요. 부모가 모범을 보여야 하는 거죠. 이 과정을 겪으며 우리도 부모로서 훈련을 받게 돼요. 그리고 아이에게 배우죠. 그러려면 아주 많이 노력해야 해요. 그래도 아이가 흥미를 느끼고 배울 때 즐거움이 아주 커요."

"우리 집의 몬테소리 활동 공간은 아주 작아요. 작은 아파트에 살지만 공간이 넓어 보이도록 만드는 게 재미있어요. 필요한 모든 것을 제공하지만 한꺼번에 많은 물건을 내놓지 않으려 노력해요. 항상 아이가 탐험할 공간을 만들어 주려고 하죠. 공간을 안락하고 편안하게 만들라고 제안하고 싶어요."

캐나다

베스, 앤서니 그리고 쿠엔틴
우리의 몬테소리 생활

"우리가 가장 좋아하는 일은 아이들을 밖으로 데리고 나가 자연이 제공하는 모든 것을 알려주는 거예요. 야외로 나가면 자연스럽게 학습할 기회가 많아요."

"우리는 전인적이고 개인적 수준에서 아이가 필요로 하는 것을 채워 줄 방법을 찾았어요. 몬테소리가 완벽하고 부드러운 해답이었죠."

"무엇보다 몬테소리의 중심은 평화 교육이에요. 다음 세대에게 평화를 가르치는 것을 기본으로 하는 교수법이죠. 이런 교수법은 그 어디에도 없어요. 그래서 저는 몬테소리가 무척 좋아요."

"가정에서 하는 몬테소리는 아이를 존중하고 예우하는 법에 대한 훈련이에요. 당신 아이는 스스로 음식을 만들 수 있나요? 직접 옷장에서 옷을 꺼내올 수 있나요? 아이가 직접 물을 마실 수 있나요? 아니면 어른이 물을 가져다줘야 하나요? 무엇보다 가장 중요한 것은, 당신은 아이와 다른 식구들에게 어떤 식으로 말하나요?"

미국

에이미, 제임스, 샬럿 그리고 사이몬
미드웨스트 지방의 몬테소리

"아이와 하는 활동 중 제가 가장 좋아하는 것은 관찰이에요. 일단 아이를 위한 환경을 만들어 주고 나면 뒤로 물러나서 아이가 하는 것을 지켜보기 만 하면 되죠. 이렇게 관찰하면 대충이나마 아이들 다음을 알게 되는데 그게 참 흥미로워요. 관찰하는 것 빼고는 바깥(자연이나 거리, 공원)에 나가서 시간 보내기, 책 읽어 주기, 음악을 듣고 만들기, 실생활을 좋아해요."

"아이의 성장에 최적화된 환경을 만드는 데 필요한 부분이 있어요. 돌봐 주고 자시히 살펴봐야 할 부분이죠. 거기에는 어른의 준비도 포함돼요. 이게 가장 어려운 부분일 거예요. 특히 부모에게는요. 우리 자신과 집을 돌보는 것이 곧 아이를 존중하고 예우하는 겁니다. 나머지는 아이에게 달려 있어요."

"우리는 종종 유아가 제멋대로고 다루기 힘들다고 생각해요. 하지만 아이에게 공간을 주고 천천히 관찰하면 그 어린아이가 자기 일에 아주 집중하는 모습을 보게 돼요."

나의 가족

시모네, 올리버 그리고 엠마
오스트레일리아 그리고 네덜란드

"아이 관점에서 세상을 봅니다. 아이 눈으로 세상을 볼 때 깊이 있게 이해하고 존중하게 돼요. 이는 다시 아이를 지도하고 지원하는 데 도움이 될 거예요."

"내 아이들이 단순히 시험에 통과하기 위해서가 아니라 정말 배우는 것을 좋아하게 되길 바랐어요. 몬테소리 예비 학교에 갔을 때 깊은 감명을 받았어요. 어떤 생각을 표현한 활동 기구들이 교구장에 놓여 있었죠. 모든 것이 너무도 아름다웠어요. 직접 그 모든 것을 알아보고 싶었어요. 그리고 '내 아이를 위한 올바른 환경이 바로 이거구나.'라고 깨달았죠."

"몬테소리 철학을 깊이 있게 이해하면서 지속적으로 영감을 받았어요. 양파처럼 계속해서 껍질을 벗겨도 새로운 것이 나오는 느낌이에요. 몬테소리를 그저 학교에서 진행하는 학습 방법 중 하나라고 생각할 수 있겠지만 저는 몬테소리가 삶의 방식이 될 수 있다고 생각해요. 그게 멋진 거죠."

나의 교실

자카란다 트리 몬테소리
네덜란드 암스테르담

"매주 100명 이상의 아이, 부모, 아이를 돌보는 분이 몬테소리 환경에서 배우기 위해 이곳을 찾고, 저는 그들을 맞이합니다. 아기, 유아 그리고 미취학 아동을 위한 수업을 제공합니다."

"아이는 환경 탐험하는 것을 좋아하기 때문에 나이에 맞는 적절한 활동을 할 수 있고, 모든 것을 만지고 경험할 수 있게 교실을 세팅합니다. 어른은 아이를 관찰하는 법을 배우고, 질문하고, 비슷한 생각을 하는 다른 가족들과 만나요. 어른들과 아이들이 수업에 와서 엄청난 변화를 경험하는 모습을 보는 것이 좋아요."

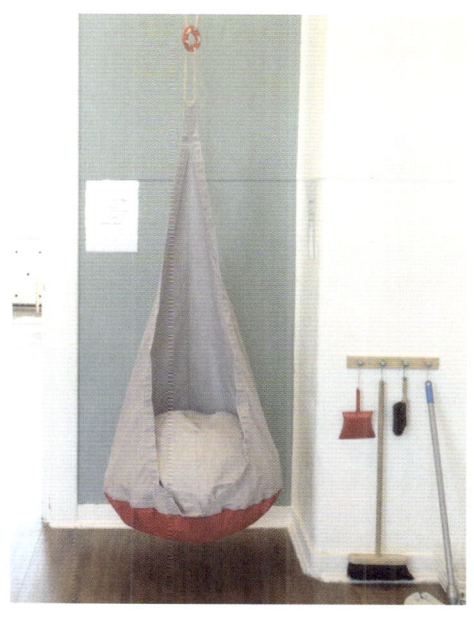

참고 문헌

마리아 몬테소리 박사의 저서
『흡수하는 정신The Absorbent Mind』, Maria Montessori, Holt Paperbacks, 1995
『가정에서의 어린이The Child in the Family』, Maria Montessori, ABC-CLIO, 1989
『새로운 세상을 위한 교육Education for a New World』, Maria Montessori, ABC-CLIO, 1989
『인간의 형성The Formation of Man』, Maria Montessori, Association Montessori Internationale, 2007
『어린 시절의 비밀The Secret of Childhood』, Maria Montessori, Fides Publishers, 1966
『아이의 발견The Discovery of the Child』, Maria Montessori, Ballantine Books, 1986
『마리아 몬테소리가 부모에게 전하는 말Maria Montessori Speaks to Parents』, Maria Montessori, Montessori
 - Pierson Publishing Company, 2017
『1946년 런던 강의The 1946 London Lectures』, Maria Montessori, Montessori-Pierson Publishing Company, 2012

몬테소리 접근법에 관한 도서
『즐거운 아이The Joyful Child: Montessori, Global Wisdom for Birth to Three』, Susan Mayclin Stephenson, Michael Olaf Montessori Company, 2013
『세상의 아이Child of the World: Montessori, Global Education for Age 3-12+』, Susan Mayclin Stephenson, Michael Olaf Montessori Company, 2013
『인간의 이해Understanding the Human Being』, Silvana Quattrocchi Montanaro M.D., Nienhuis Montessori, 1991
『놀라운 아이로 키우는 법How to Raise an Amazing Child: The Montessori Way to Bring Up Caring, Confident Children』 Tim Seldin, Dorling Kindersley, 2007
『마리아 몬테소리 생애와 작업Maria Montessori: Her Life and Work』, E. M. Standing, Plume, 1998
『몬테소리 광기Montessori Madness』, Trevor Eissler, Sevenoff, 2009
『몬테소리 처음부터Montessori from the Start』, Paula Polk Lillard and Lynn Lillard Jessen, Schocken, 2003

양육에 관한 도서
『긍정의 훈육Positive Discipline: The First Three Years』, Jane Nelsen, Ed. D., Three Rivers Press, 2007
『어떤 아이라도 부모의 말 한마디로 훌륭하게 키울 수 있다How to Talk So Kids Will Listen and Listen So Kis Will Tal<』, Adele Faber and Elaine Mazlish, Piccadilly Press, 2013
『천사 같은 우리 애들 왜 이렇게 싸울까Siblings Without Rivalry』, Adele Faber and Elaine Mazlish, W. W. Norton & Company, 2012

『전뇌를 쓰는 아이The Whole-Brain Child: 12 Proven Strategies to Nuture Your Child's Development Mind』, Daniel J. Siegel, MD, and Tina Payne Bryson, MD, Delacorte, 2012

『자녀 교육, 사랑을 이용하지 마라Unconditional Parenting: Moving from Rewards and Punishment to Love and Reason』, Alfie Kohn, Atria Books, 2006

『슬립 레이디의 안녕, 잘 자!The Sleep Lady's Good Night, Sleep Tight』, Kim West, Vanguard Press, 2010

『자신감 있는 아이로 키우기Thriving!: Raising Confident Kids with Confidence, Character and Resilience』, Michael Grose, Bantam, 2010

『유년기를 망치는 테크놀로지Toxic Childhood: How the Modern World Is Damaging Our Children and What We Can Do About It』, Sue Palmer, Orion, 2006

『내 아이의 잊지 못할 하루The Creative Family Manifesto: How to Enccurage Imagination and Nurture Family Connections』, Amanda Soule, Roost Books, 2008

『내 아이를 위한 이중 언어 교육 길라잡이 A Parents' and Teachers' Guide to Bilingualism』, Colin Baker, Multilingual Matters, 2014

개인 발달에 관한 도서

『비폭력 대화Nonviolent Communication』, Marshall B. Rosenberg, Phd, Puddledancer Press, 2003

『마인드셋Mindset: How We Can Learn to Fulfill Our Potential』, Carol S. Dweck, Ballantine Books, 2007

『콰이어트Quiet: The Power of Introverts in a World That Can't Stop Talking』, Susan Cain, Penguin Books, 2012

『느린 것은 아름답다In Praise of Slow: How a Worldwide Movement Is Challenging the Cult of Speed』, Carl Honoré, Orion, 2005

『5가지 사랑의 언어The Five Love Languages』, Gary Chapman, Northfield Publishing, 2004

기타 출처

「아이의 짜증을 저항이 아닌 고통으로 보기Seeing Tantrums as Distress, Not Defiance」, Jenny Anderson, the New York Times, October 30, 2011

「이중 언어를 하는 영유아의 어휘 발달: 단일 언어 기준과 비교Lexical Development in Bilingual Infants and Toddlers: Comparison to Monolingual Norms」 Barbara Pearson et al., Language Learning 43, no. 1 (March 1993), 93–120

Sarah Ockwell-Smith, http://sarahockwell-smith.com/2015/03/19/one-simple-way-to-improve-your-baby-or-child-sleep/

Yoram Mosenzon, Connecting2Life, www.connecting2life.net/

Screen-Free Parenting, www.screenfreeparenting.com

Scilla Elworthy, www.scillaelworthy.com

Sir Ken Robinson, www.sirkenrobinson.com

Rusty Keeler, www.earthplay.net

감사의 글

히요코 이 책이 이렇게 아름답게 나올 거라고 꿈도 꾸지 못했다. 히요코에게 아이디어를 보내면 언제나 내가 의도하는 대로, 그리고 예상보다 훨씬 더 좋은 결과물이 나왔다. 히요코의 미적 감각, 세심함, 넉넉함 덕분에 최고의 삽화가 나왔다. 내 아이디어를 이토록 아름답게 그림으로 표현해 준 히요코에게 감사드린다.

알렉시스 알렉시스와 이 책 작업을 함께할 수 있어서 정말 즐거웠고 영광스러웠다. 원고 교열을 약간만 부탁했는데, 알렉시스는 책 전체에 대한 피드백을 주었다. 알렉시스의 솜씨 덕에 원고가 훨씬 더 좋아졌다.

워크맨 출판사 팀 워크맨은 나의 계획을 구체화해 세상에 평화와 긍정을 퍼뜨리는 일을 도와주었다. 그 점이 너무 행복하다. 이 책을 찾아 워크맨에 소개해 주고, 언제나 긍정적으로 내 모든 요구를 경청해 준 놀라운 편집자 메이지, 재미있고 창의적인 방식으로 말을 만들어 준 레베카, 레티아, 신디, 수많은 디자인 요구를 들어준 지면 배치 기술의 달인 갈렌, 여러 가지 언어로 이 책이 나오게 해 준 크리스틴, 정리 기술이 남다른 순 그리고 보이지 않는 곳에서 애쓴 워크맨의 팀원들 모두에게 감사드린다.

그 외 도움 준 분들 다이애나, 케빈, 니나는 초기에 원고를 읽고 풍부한 피드백을 주었다. 루시와 타냐도 꼼꼼히 원고를 읽어 주었다. 요람은 부록 편에 감정과 욕구 도표 수록하는 것을 허락해 주었다. 매디는 인용구 조사 부분에 도움을 주었다. 몬테소리 인용구 부분은 몬테소리 친구들이 마리아 몬테소리 박사의 지혜와 관련된 자료 조사를 기꺼이 맡아 수고해 주었다. 최고의 책을 만들기 위해 받은 이 모든 도움에 감사드린다.

집을 공유해 준 가정 사람들의 관대함과 친절에 계속 놀라게 된다. 이 책에 나온 집을 공유해 주고 아이들의 모습을 보여 준 가정에 처음 연락해 부탁했을 때, 그들은 주저하지 않고 사진과 삶을 공개해 주었다. 이들의 이야기와 사진이 여러분의 가정에 몬테소리를 도입하는 데 순수한 영감이 되길 바란다. 몬테소리가 선사한 아름다움, 기쁨 그리고 평화를 공유해 준 애나, 카일리, 에네리엘, 베스, 에이미에게 감사드린다.

영감을 준 분들 페른 판 질, 안 모리슨, 애너벨 니즈 세 분 덕분에 몬테소리를 알게 되었다. 이분들께 무한한 감사를 드린다. 내 아이들과 페른의 수업을 들을 수 있었던 건 행운이었다. 페른의 수업을 통해 몬테소리를 접하게 되었다. 함께 작업하며 페른은 몬테소리의 사랑을 나눠 주었고 아이들 관점에서 사물 보는 법을 가르쳐 주었다. 안과 애너벨은 내 아이들의 첫 몬테소리 선생님이다. 시드니 캐슬크레이그 몬테소리 학교의 공개 수업을 참관했을 때 몬테소리 교실의 아름다움, 아이들을 존중하는 교사들, 모든 것이 아이들에게 맞춰 준비된 환경을 보고 감명을 받았다. 몬테소리의 발자취를 따를 수 있도록 영감을 주신 분들에게 감사드린다.

나의 몬테소리 선생님 주디 오리온은 국제 몬테소리 협회의 영유아를 위한 조력자 훈련 프로그램을 통해 자신의 풍부한 경험 그리고 아기와 유아에 대한 사랑을 우리에게 나눠 주었다. 그때 나는 훈련 과정의 모든 것을 흡수하며 아이와 함께하는 작업을 꼼꼼하게 준비하는 요령을 배웠다. 주디에게 배운 훈련의 기초는 무엇보다 관찰의 힘이었다. 매일 신선한 눈으로 아이들을 보고 있는 그대로 받아들이는 법을 배웠다. 새로운 길을 열어 준 주디에게 감사드린다.

몬테소리에서 만난 친구들 온·오프라인에서 만난 수많은 몬테소리 친구들 덕분에 배움의 즐거움을 알게 되었다. 국제 몬테소리 협회 본부의 하이디 필리파트-알콕, 진-마리 파넬, 이브 허먼과 가족, 파멜라 그린과 앤디 룰카, 몬테소리 총회, 온라인 몬테소리

카페의 모든 분에게 받은 지혜와 도움에 감사드린다. 덕분에 매일 성장하며 배울 수 있었다.

자카란다 트리 몬테소리에서 만난 가족들 자카란다 트리 몬테소리 학교에서 놀랍고도 멋진 가족들과 함께할 수 있었던 점에 감사한다. 매주 나는 100명 이상의 아이들과 부모님, 조부모님, 아이를 돌보는 분들을 만났다. 매일 이 가족들에게서 배운다.

나의 어머니, 아버지 그리고 가족들 친척을 포함해 우리 가족은 재미있고 여러 가지 면에서 서로 다른 점이 많지만 닮은 점도 있다. 부모님은 내가 네덜란드라는 먼 곳으로 이주해 몬테소리 교사가 되겠다고 했을 때 지지해 주었다. 일요일 아침마다 화상 대화를 나누며 그동안의 소식을 나누는 시간이 너무나 좋다. 내 뿌리가 되어 주고 날개를 달아 준 가족들에게 무한한 사랑과 감사의 마음을 전한다.

루크 루크와 나는 런던의 시장을 방랑하면서 함께 아기를 갖는 꿈을 꾸었고 그 꿈을 현실로 만들었다. 내가 몬테소리 훈련을 받는 동안 루크는 밤 근무를 마치고 돌아와 올리버와 엠마를 돌보았다. 우리는 영국, 오스트레일리아 그리고 네덜란드에서 함께 살았다. 나는 17년 동안의 결혼 생활에서 많은 것을 배웠다. 비록 헤어졌지만 이별 과정도 원만했다. 지금도 루크와 나는 공동 육아를 하고 있다. 이 모든 것을 루크가 아닌 다른 사람과는 하고 싶지 않았을 것이다. 내 지적 스파링 배우자가 되어 준 루크에게 감사한다.

직장 동료 혼자 일을 하다 보면 필요한 지원과 격려를 얻기 힘들 때가 있다. 그때 데비를 만났다. 데비는 단순한 동료 이상이다. 데비는 내가 큰 변화를 겪을 때 내 이야기를 들어 주었다. 우리는 함께 수련회에 참가했고, 아이들과 함께 자연을 탐험했다. 데비의 가족은 신터클라스 파티를 함께하기에 적격이다. 데비와 나는 카페에 나란히 앉아 서로를 축하하고 지원하며 책을 썼다. 그녀는 항상 내 곁에서 내 말을 들어 주며 상황에 꼭 맞는 조언을 해 준다. 데비와 함께 한 매주 목요일 오후 그리고 모든 것에 감사한다.

친구들 이곳 암스테르담에 친구들이 있다. 우리는 함께 커피를 마시고, 박물관 주변을 산책하고, 영화를 보며 온갖 중요한 일을 의논한다. 드문 같은 도시에 살지 않아 자주 이야기는 못 나누지만 서로에게 무슨 일이 있었는지를 정확하게 알 같은 길을 걷는 것 같은 느낌을 주는 친구들이 아주 많다. 레이첼, 아지, 미셸, 브리짓, 에밀리, 베치, 나렐, 에이미, 클레어, 모니카 그리고 즐거운 시간을 함께하는 모든 친구들에게 감사한다.

킥스타트 후원자들 이 책을 처음 시작했을 때 지원해 준 모든 분들에게 마음의 빚을 졌다. 나를 믿고 이 프로젝트가 순항하도록 도움을 준 모든 분께 감사드린다.

모든 것들 따뜻한 차 한 잔, 자연 속으로 산책, 자전거를 타고 수업에 가기, 목욕, 거실에서의 요가, 이 책 작업을 했던 안락하고 따뜻한 공간들(카페, 야외, 내 침대, 우리 집 주방 식탁, 내 책상, 소파, 프랑스로 향하던 기차 안, 스톡홀름행 비행기, 리옹의 아파트), 주변의 아름다움을 채집하는 카메라, 수많은 사람과 연결되고 영감을 주는 팟캐스트를 들을 수 있게 해 준 인터넷, 내가 참고한 모든 책, 이제는 내 고향이 된 암스테르담 등 주변의 모든 것들이 고맙다.

당신 한 번에 한 가정씩 세상에 평화를 전달하는 이 작업에 내가 동참할 수 있게 해 준 당신에게 감사한다.

내 아이들 마지막으로 내 삶에서 가장 소중한 올리버와 엠마에게 고맙다. 함께 시간을 보내기에 제일 좋은 사람이 누구냐고 내게 묻는다면 단연코 올리버와 엠마다. 아이들을 통해 많은 것을 배웠다. 부모로서 아이들과 함께하며 나는 많이 성장했다. 아이들의 지원과 인내심, 일하는 엄마를 이해해 준 마음은 의미가 아주 크다. 이 프로젝트에 관해 끊임없이 이야기하는 엄마를 믿어 주고 사랑해 준 아이들에게 진심으로 감사한다. 아이들의 순수한 사랑으로 채워진 마음 덕분에 이 책을 쓸 수 있었다.

부록

252 이렇게 말하지 말고, 이렇게 말해 보자
254 몬테소리 교구와 가구는 어디에서 구할 수 있을까?
256 몬테소리 학교에 대해
    256 몬테소리 학교에서 찾아볼 것
    257 몬테소리 학교의 일반적인 하루 모습
    258 몬테소리 방식은 모든 아이에게 적합할까?
    259 몬테소리 교육을 받고 일반 학교에 진학하는 아이는 어떤 도습으로 변화할까?
260 감정과 욕구
262 지점토 만드는 방법
264 유아를 위한 몬테소리 활동 목록

이렇게 말하지 말고, 이렇게 말해 보자

목표	이렇게 말하지 말아요	이렇게 말해 보아요
아이의 관점 파악하기	부정한다.: "걱정하지 마. 그저 둔덕일 뿐이야."	아이 관점에서 상황을 본다, 아이의 감정을 인정한다.: "놀랐어? 둔덕에 부딪치면 다칠 수 있어."
	판단한다.: "넌 항상 다른 애들 장난감을 빼앗는구나."	아이 입장에서 해석한다.: "쟤네가 끝나면 네 차례라고 말하고 싶은 것처럼 들리는데."
	비난한다, 훈계한다.: "~하면 안 되는 거야." "~해야 하는 거야."	아이가 어떤 감정일지 생각하고 이해하려 한다.: "~라고 말하려던 거야?" "~같구나." "~한 느낌이 들어?" "~처럼 보이는 구나."
독립성 키워 주기	아이가 하지 말아야 할 일을 말한다.: "유리컵 떨어뜨리지 마!"	성공할 수 있는 방법을 말해 준다.: "두 손을 써 봐."
	항상 어른이 주도한다.: "가서 퍼즐을 해 보자."	아이가 주도하게 한다.: 아무 말도 하지 않는다. (아이가 무엇을 고르는지 지켜본다.)
아이를 돕기	아이를 위해 어른이 맡아서 해 준다.: "내가 ~해 줄게."	가능하면 적게, 반드시 필요한 때만 개입한다.: "내가(누군가) 너를 도와주면 좋겠니?" "내가 하는 걸 볼래?" "이렇게 해 봤어?"
아이가 배우는 것을 좋아하도록 환경 조성하기	고쳐 준다.: "틀렸어. 그건 코끼리야."	가르쳐 준다.: "아, 코뿔소를 보여 주고 싶구나." (다음번에 아이에게 코끼리를 가르쳐야 한다는 메모를 해 둔다.)
호기심 키워 주기	모든 질문에 답을 준다.: "하늘은 파란색이야. 왜냐하면…"	아이가 알아낼 수 있도록 격려한다.: "나는 모르겠어. 같이 찾아보자."
아이 스스로 평가하도록 하기 (내재적 동기 길러 주기)	칭찬한다.: "잘했어!" "그렇게 하는 거야!"	1. 피드백을 하고 아이의 노력을 묘사한다.: "트럭을 모두 바구니에 넣었네." 2. 단어로 요약한다.: "그런 것을 재주가 좋다고 말하지." 3. 우리의 감정을 묘사한다.: "정돈된 방에 들어가니 기분이 좋아."
공유하기	강제로 나누게 한다.: "이제 쟤네들 차례야. 그러니 그걸 줘."	아이가 사용한 후 차례대로 돌아가며 공유하게 한다.: "지금은 저 아이들이 놀고 있어. 곧 네 차례가 올 거야."
아이를 있는 그대로 받아들이기	아이가 품는 화/강한 감정을 부정한다.: "그냥 숟가락일 뿐이야. 바보같이 굴지 마."	모든 감정을 인정하고 표현하게 한다.: "네가 제일 좋아하는 숟가락이 없어서 속상한 모양이구나."
가정/기본 규칙 상기시키기	소리를 지른다.: "싸우지 마!"	가정 규칙을 정한다.: "저 아이들을 때리게 놔둘 수 없어. 네가 하는 싶은 것을 말로 표현해."
협동심 증진하기	안 된다고 말한다.: "아기 건드리지 마!"	긍정적인 언어를 사용한다.: "아기는 부드럽게 대하는 거야."

목표	이렇게 말하지 말아요	어떻게 말해 보아요
	문제에 아이를 결부시킨다.: "너 때문에 미칠 것 같아. 옷 좀 입어. 우리 나가야 돼!"	문제 해결 방법을 찾는다.: "어떻게 하면 문제를 해결할 수 있을까? 아침에 집에서 나가기 위해 해야 할 모든 일을 목록으로 만들어 점검해 보자."
	짜증 낸다.: "왜 말을 안 들어? 목욕 시간이야!"	아이가 참여할 수 있는 방법을 강구한다.: "토끼처럼 깡충깡충 뛰어서 욕조에 들어갈까? 아니면 게처럼 옆으로 걸어서 들어갈까?"
	잔소리한다 소리 지른다.: "신발 신으라고 몇 번을 말해야 하니?"	한 단어를 사용한다.: "신발"
	반복한다.: "오븐에 가까이 가지 말라고 했어!"	메모를 해 둔다.: "이것은 '뜨거움'이야"
	비난한다.: "다 끝나고 장난감 집어넣는 걸 도대체 본 적이 없어."	보여 준다.: (교구장을 두드리면서) "이건 여기에 넣는 거야."
책임감 키워 주기	으름장을 놓는다, 벌을 준다, 보상하거나 타임아웃을 한다.: "한 번만 더 그러면 그때는…" "지금 오면 스티커를 줄게." "타임아웃이야. 가서 네가 뭘 했는지 생각해 봐!"	아이를 진정시키고 그다음에 교정한다.: "마음이 안 좋구나. 안아 줄까?" "진정 공간에 가서 마음을 진정시킬래?" 그러고 나서 "저기 친구가 울고 있어. 쟤한테 어떻게 보상을 할까?"
한계 정하기	갈등을 피하고, 엄격하게 굴거나 나쁜 선례를 세운다.: "너무 어려서 자기가 뭘 하는지 몰라." "다시 한번 나를 물면 나도 너를 물거야. 그럼 어떤 기분일지 한번 느껴 봐."	다정하지만 단호하게 한계를 정한다.: "네가 나를 때리게/문가 던지게/물게 둘 수 없어. 너의 행동에 한계를 정할 거야. 뭔가 물고 싶으면 이 사과를 물어."
형제간 경쟁 구도 피하기	형제간을 비교한다.: "너는 왜 언니/오빠처럼 콩을 먹지 않는 거니?"	모든 아이를 특별하게 대한다.: "더 먹고 싶은가 보구나."
	맏이에게 책임을 맡긴다.: "이제 너는 형/오빠/언니/누나야. 그러니 더 잘 해야지."	형제들 모두에게 책임을 지게 한다.: "엄마가 욕실에 갔다 올 동안 둘이 서로 보살펴 줄 수 있지?"
형제간 다툼에 중립적인 태도 갖기	누가 옳고 그른지 결정하려고 한다.: "무슨 일이 있었던 거야?"	아이들이 문제를 해결하게 둔다.: "둘 다 똑같은 장난감을 원하는구나. 너희 둘 다 만족할 만한 해결책을 제시할 수 있다는 거 알아."
역할을 부여하거나 꼬리표 붙이지 않기	아이에게 어떤 역할을 맡기거나 꼬리표를 붙인다.: "쟤들은 수줍음을 타/똑똑해."	아이들 스스로 자신을 새로운 관점에서 볼 수 있게 한다.: "너 스스로 도움을 청하는 걸 봤어."
다른 가족/베이비시터와 소통하기	가족 구성원에게 화를 낸다.: "왜 애들한테 소리를 질러요?"	다른 가족 입장에서 해석한다.: "엄마/아빠는 네가 ~하기를 원하는 것 같아."
예의와 공손한 태도 시범 보이기	다른 사람을 비난한다.: "좀 더 일찍 말했어야지."	책임을 진다.: "나는 ~게 했어야 했어." "나는 ~게 말했어야 했어."

몬테소리 교구와 가구는 어디에서 구할 수 있을까?

교구와 가구를 얻을 수 있는 곳은 나라마다 다를 것이다. 시작할 때 도움이 될만한 몇 가지를 제안한다. 지역 경제를 지원하고 쇼핑 비용을 최소화해 탄소 발자국을 줄일 수 있도록 먼저 거주하는 지역에서 필요한 교구와 가구를 찾아보라고 조언하고 싶다.

이케아IKEA 같은 곳에서 파는 몇 가지 재료는 기본 아이템으로 유용하다. 여기에 솜씨를 발휘해 각자의 상황에 맞게 만들면 된다. 이케아 같은 곳에는 알맞은 탁자와 의자, 미술품, 미술 재료, 책 선반 그리고 복도와 주방, 욕실에 놓을 물건이 있다.

1. 활동

다양한 나무 퍼즐을 선택한다. 분류하기, 쌓기, 구멍 안에 넣기, 꿰기 활동을 하고 악기 등을 이용한 활동을 한다. 나무 장난감 가게나 중고 가게에서 활동 도구를 찾을 수 있다. 동전을 넣는 상자는 문방구나 특수 자물쇠 가게에 있다. 집에 구비하기 쉬운 재료는 작은 (동전)지갑을 넣은 바구니다. 지갑 안에는 보물을 숨겨 놓는다. 나는 벼룩시장이나 중고품 할인 상점에서 이런 지갑을 찾는데 아주 재미있다. 지갑 안에 작은 팽이, 동물 인형, 장난감 아기, 열쇠고리에 붙은 작은 장신구(열쇠고리는 제거한다.) 등을 보물로 숨겨 둔다. (이런 아이템은 대개 작기 때문에 아이가 삼키면 위험해질 가능성이 있음으로 항상 감독한다.) 나는 슐라이히Schleich의 플라스틱 동물도 좋아한다. 조금 비싸기는 하지만 선물로 제격이다. 나무 장난감 가게나 온라인 쇼핑몰에서 구매할 수 있다.

2. 만들기 재료

작은 가위, 색칠 재료, 고품질의 굵은 색연필, 수채화 물감 등은 미술용품 상점에서 구할 수 있다. 다양한 크기의 종이와 붓도 살 수 있다.

3. 바구니와 쟁반

바구니와 쟁반은 집에서 활동 도구를 정리할 때 필요한 완벽한 물품이다. 저장 용품 가게, 중고품 할인 가게, 백화점에 있다. 무인양품Muji에도 적당한 제품이 많다.

4. 간식 먹는 공간

튼튼하고 잘 깨지지 않으면서 아이들이 작은 손으로 잡기 편한 유리 제품은 주방용품이나 생활용품을 파는 상점에 있다. 플라스틱이 아닌 유리 제품을 선택한다. 우리는 집에서 아이에게 실제 물건을 다루는 법을 보여 준다. 어떤 물건이 깨질 수 있다는 것을 알면 아이는 조심스럽게 다루는 법을 배운다. 유리컵으로 마시면 맛도 더 좋다. 환경적으로도 지속 가능한 선택이다. 또한 아이 스스로 마실 것을 따르는 법을 배울 때 유리컵은 쉽게 엎어지지 않는다. 나는 수업 시간에 가장 작은 크기의 듀라렉스Duralex 유리컵을 사용한다. 가정용품 가게에서 애나멜 그릇, 이케아에서 작은 금속 사발을 산다. 크래커 담을 용도의 귀여운 주석 상자는 골동품 상점, 이케아에서 찾아본다.

5. 청소

대걸레, 대 빗자루, 빗자루 달린 쓰레받기 등 작은 청소 도구를 주방에 둔다. 이런 물품은 장난감 가게나 온라인 쇼핑몰에서 살 수 있다. 장갑(손에 딱 맞는 테리 재질의 옷감으로 만든 것)을 준비하면 유용하다. 백화점에서 검색해 본다. 나는 몬테소리 앞치마를 검색하다가 엣시Etsy에서 예쁜 유아용 앞치마를 찾았다.

6. 가구

작은 식탁, 의자, 낮은 교구장을 제작해 줄 목공소를 알아본다. 중고품 가게를 이용하는 것도 좋다. 내 교실에 설치한 교구장 크기는 가로 120cm, 세로 40cm, 깊이 30cm다.

몬테소리 학교에 대해

몬테소리 학교에서 찾아볼 것

몬테소리라는 이름에 저작권이 설정되어 있지 않기 때문에 몬테소리 학교의 범위가 워낙 넓다. 그리고 어떤 곳이 정말로 몬테소리 박사의 이론과 원칙을 적용하는지 알기 어렵다. 몬테소리 학교가 맞는지 다음 10가지를 찾아보자.

1. 학교가 만질 수 있는 교구를 제공하고 세상을 이해하는 직접적인 체험을 추구하는가? 아이들은 만지고, 탐구하고, 실생활에서 사용하는 아름다운 교구를 통해 자기 자신을 발견한다.
2. 교구가 아이 눈높이에 맞춰 교구장에 놓여 있는가? 활동 도구들은 모자라거나 부족한 부분 없이 쟁반이나 바구니에 담겨 보기 좋고 예쁘게 구비되어 있어야 한다.
3. 3세부터 6세, 6세부터 9세, 9세부터 12세까지 아이들 연령이 섞여 있다. 큰 아이는 그보다 더 어린 아이에게 모범이 되고 도움을 줄 수 있다.
4. 활동 시간이 정형화되어 있지 않다. 아이들은 자유롭게 하고 싶은 활동을 고르고 방해받지 않으면서 (이상적으로) 3시간 동안 활동한다.
5. 아이들이 행복하고 독립적이다.
6. 시험이 없다. 있어도 아주 미미하다. 교사는 아이가 어떤 활동에 숙달했는지 알고 있기 때문에 시험을 볼 필요가 없다.
7. 교사가 공인된 몬테소리 훈련 프로그램을 이수했다. 국제 몬테소리 협회는 몬테소리 박사의 가족이 설립한 훈련 기관이다. 청렴성과 성실성을 지키기 때문에 나는 국제 몬테소리 협회 프로그램을 좋아한다.
8. 교사는 가이드로서 아이를 존중한다. 질문에 대해 아이 스스로 답을 찾도록 격려하고 필요한 도구를 찾도록 돕는다. "나는 잘 모르겠어. 함께 찾아보자!"와 같은 태도를 취한다.
9. 전통적 학습보다 자연스러운 학습을 강조한다. 교사가 교실 맨 앞에 서서 아이들이 알아야 할 것을 말하기보다 아이들이 자유롭게 탐험하며 자연스럽게 스스로 발견할 수 있게 한다.

10. 학교는 아이들 하나하나를 모두 특별한 개인으로 대한다. 그리고 아이들 발달의 모든(사회적, 정서적, 육체적, 인지적 그리고 언어적) 국면을 관찰한다.

몬테소리 학교의 일반적인 하루 모습

한 교실에서 30명의 아이가 어떻게 동시에 각자 다른 수업과 다른 주제를 소화하는지 부모 입장에서 이해하기 쉽지 않을 수 있다. "선생님이 이 모든 것을 어떻게 관리하죠?"라는 질문을 나는 종종 듣는다. 실제 상황에서 이것이 어떻게 가능한지 이야기해 보겠다.

수업을 시작하기 전이 몬테소리 교사는 교실 준비 작업을 한다. 다양한 주제에 따라 구역별로 아이들 신장에 맞춘 교구장을 놓고 활동 도구들을 준비한다. 여러 기술을 단계적으로 연마할 수 있도록 교구를 단계에 따라 꼼꼼하게 진열한다. 수업 시간에 교사는 아이들을 관찰한다. 어떤 아이가 배우고 있는지, 어떤 아이가 기술에 숙달하는지 살펴본다. 그리고 준비가 되면 아이에게 다음 단계를 제안한다.

몬테소리 교실에 들어가면 수학을 연습하는 아이, 언어 활동을 하는 아이, 경쟁하며 그룹으로 프로젝트를 수행하고 있는 아이들을 볼 수 있다. 아이가 하고 싶은 활동을 직접 고르는 것이 핵심이다. 몬테소리 교실에서는 모두 앉아서 수업을 듣거나 단체로 화장실에 가는 식의 개인 움직임을 통제하는 단체 활동에 보내는 시간이 적다. 그래서 교사는 아이들을 관찰하며 돕는 데 더 열중할 수 있다.

교실에 서로 나이가 다른 아이들이 섞여 있기 때문에 큰 아이들이 어린아이들을 도와줄 수 있다. 한 아이가 다른 아이에게 무엇을 설명할 때 학습 효과가 강화된다. 어린 아이들은 큰 아이들을 관찰하면서 배울 수 있다.

이렇게 자유가 주어지면 아이들이 배우는 것을 기피하지 않을까 우려할 수 있다. 그런 일이 발생하면 교사는 아이가 아직 준비되지 않았는지 관찰하고 좀 더 아이가 실행할 수 있거나 흥미를 느낄 만한 활동을 다른 방식으로 보여 주며 제안한다.

몬테소리 방식은 모든 아이에게 적합할까?

몬테소리가 모든 아이에게 적합한지, 계획을 잘 세우고 독립적이며 조용히 앉아서 활동을 할 수 있는 아이에게만 좋은지 궁금할 것이다.

1. 몬테소리는 각기 다른 학습 유형에 효과가 있는가?

나는 몬테소리 방식이 모든 아이에게 적합하다는 것을 알게 되었다. 몬테소리 자료는 시각, 청각, 촉각 그리고 말을 통해 배울 수 있는 기회를 제공하기 때문에 다양한 방식으로 학습하는 아이들이 매력을 느낀다. 관찰해서 배우는 아이가 있는 반면 직접 행동으로 배우는 아이도 있다. 아이가 항상 바쁠 필요는 없다.

어떤 활동을 하는 다른 아이를 관찰하는 것도 좋다. 관찰을 통해 많은 것을 배워 자신이 똑같은 활동을 할 때 이미 그 활동에 숙달하는 경우가 있다. 어떤 활동에 통달할 때까지 혼자 스스로 계속 반복해서 배우는 아이도 있다. 이런 아이들은 학습 형태는 다르지만 몬테소리 환경에서 얼마든지 커다란 발전을 하며 잘 자랄 수 있다.

2. 아이가 계획을 세울 능력을 갖춰야 하는가?

몬테소리 교육을 받는 아이들은 시간이 지나면 하루 계획 세우는 방법을 배운다. 나이가 어린 아이들은 자연스러운 리듬과 흥미를 따라간다. 자라면서 차차 단계적으로 계획 세우는 기술을 익힌다. 다른 아이보다 좀 더 지원이 필요한 아이들이 있다. 훈련받은 몬테소리 교사가 아이의 활동을 정리하는 일을 도와 주면서 아이와 함께한다.

3. 아이가 많이 움직여야 하는 경우라면 어떨까?

몬테소리 방식은 활동하고 싶어 하는 아이에게 이상적일 수 있다. 몬테소리 교실에 들어가면 놀라울 정도로 조용해 보이는 때가 종종 있다. 교사는 아이를 진정시키기 위해 소리를 질러야 할 필요가 없고 아이들은 자기 활동에 집중하고 있는 때가 많다. 아이들은 교실에서 자유롭게 돌아다니고, 다른 아이를 관찰하고, 필요할 때는 화장실에 가기도 한다. 또한 원활한 이동과 움직임 자체가 활동이 되기 때문에 몬테소리는 많이 움직여야 하는 아이에게 적합할 수 있다.

4. 몬테소리는 가정에 적용하기 적합한 양육 방식인가?

몬테소리는 모든 아이에게 적합하지만 교실에서 정하는 한계가 너무 과하다고 생각하는 사람이 있다. 반대로 교실에서 누리는 자유가 너무 관대하다고 보는 이도 있다. 나는 아이가 집에서도 교실에서 겪는 것과 비슷한 경험을 할 때 몬테소리 교육이 최고의 효과를 발휘할 수 있다고 믿는다. 즉 부모는 아이를 존중하지만 한계는 확실하게 정하고, 아이가 그 한계 안에서 배우는 환경을 만들어야 한다.

몬테소리 교육을 받고 일반 학교에 진학하는 아이는 어떤 모습으로 변화할까?

부모는 나중에는 아이를 전통적인 교육을 하는 학교로 옮겨야 하지 않을까 종종 염려한다. 부모 입장에서 '교사가 모든 아이에게 똑같은 수업을 하는 환경에서 내 아이가 어떻게 적응할까? 아이가 아닌 교사의 시간표를 과연 따를 수 있을까? 수업 시간 내내 조용히 앉아서?'라고 생각하는 건 자연스러운 반응이다.

일반적으로 아이들은 몬테소리 학교에서 다른 학교로의 전환기를 잘 받아들인다. 몬테소리 교육을 받은 아이들은 대개 매우 독립적이고 남을 존중하며 다른 아이들에게 민감하다. 이는 새로운 학교로 갈 때 매우 유용한 기술이다. 변화에 관해 아이가 이렇게 말하는 걸 들었다. "쉬워요. 그냥 선생님이 하라는 대로 하면 돼요." 반대의 경우도 있다. 고등학교까지 몬테소리 학교에 있었던 아이에게 닥친 가장 큰 도전은 아래와 같다.

- 화장실을 가도 되냐고 선생님에게 물어보는 것
- 시험 문제를 푸는데 답을 모를 때 정보를 찾아볼 수 없다는 점. 이 아이는 스스로 해결책을 찾는 데 익숙해져 있었기 때문에 이런 점을 힘들어했다.

어떤 가족은 새로운 학교에서는 아이들이 시험을 보고 교사에게 뭔가 질문하려면 항상 손을 들어야 하는 게 재미있다고 느끼기도 했다. 몬테소리 교육을 받은 아이들은 좋아하고 원해서 배우지 시험을 대비해 공부하지는 않기 때문이다.

감정과 욕구

나는 요람 모센존이 운영하는 커넥팅투라이프(connecting2life.net)의 비폭력적 소통 프로그램에서 많은 것을 배웠다. 그가 언급한 "감정과 욕구" 도표를 이 책에 수록해도 되는지 문의했는데 흔쾌히 수락해 주었다.

감정·기분·정서

유쾌한 (확장)

차분한
여유 있는, 신뢰하는
고요한, 안도하는
평온한, 마음의 중심을
잃지 않는
평화로운, 만족하는
잠잠한, 성취감을 느끼는
쉬운, 흡족한
편한, 온화한

행복한
즐거운, 기쁜
활발한, 즐거워하는
재미있는, 기분 좋은

호기심을 느끼는
매료된, 집중하는
흥미를 느끼는, 영감 받은
몰두하는

상쾌한
피로가 풀린
생동감 있는
회복한
활기를 찾은
냉철한

활기 넘치는
흥분된, 행복한
열정적인, 열광하는
적극적인, 빛나는
활력 넘치는, 신이 난
에너지 넘치는, 놀란
생기 넘치는, 깜짝 놀란
기대, 긍정적인

연민을 느끼는
부드러운
따뜻한
개방적인
다정한
애정
친절한
동정적인
감동 받은

감사하는
고마워하는
다행으로 생각하는
감동 받은
용기를 얻은

자신감 있는
힘을 얻은
개방된
자랑스러워하는
안전한
희망적인

감정·기분·정서

혼란스러운
분열된
이해할 수 없는
주저하는
당황스러운
어리둥절한
당혹스러운

공포감을 느끼는
두려운
무서운
의심스러운
공황 상태에 빠진
마비된
공포에 겁이 난
걱정되는

미약한
깨질 것 같은
불안한
내성적인
예민한

질투는 느끼는
시기하는

피로감을 느끼는
압도된
소진된
소모된
졸리는
피곤한

육체적 감각
통증, 위축됨
긴장되는, 토할 것 같은
불안한, 역한
숨 막히는, 공허한
압박을 받는, 질식할 것 같은

불편한
힘든, 매우 불안한
긴장한, 짜증스러운
불안정한, 충격 받은
불확실한, 놀란
불안한, 의식하고 경계하는
동요하는, 뒤숭숭한

슬픈
마음이 무거운, 연민하는
실망한, 갈망하는
용기를 잃은, 절망적인
우울한, 무력한
음울한, 좌절하는
침울한, 그리워하는

고통
상처 받은, 고통스러운
마음이 부서진, 마음이 피폐한
외로운, 후회하는
비참한, 회한을 느끼는
괴로워하는, 죄책감 느끼는
슬퍼하는, 혼란스러운

짜증스러운
귀찮은, 불쾌한
답답한, 속상한
참을성 없는, 불만족스러운

불쾌한 (수축)

걱정스러운
염려하는
스트레스를 받은
긴장하는
우려하는
날카로운
동요하는

창피한
수치심을 느끼는
부끄러운

지루한
단절된
소외된
냉담한
차가운
감각이 없는
내향적인
안달하는

화난
속이 상한
분노한
분개한
억울한

혐오하는
싫어하는
적대적인
진절머리 나는
억울해하는
역겨워하는
경멸하는

비폭력적 소통

도표 이용법 · 어떤 기분이 들 때 "감정·기분·정서" 도표를 살펴보면 진짜 나의 느낌을 콕 집어낼 수 있다. 어떤 감정인지 알고 난 다음에 "보편적이고 기본적인 욕구" 도표를 보면 어떤 기본 욕구를 채워 줘야 하는지 알 수 있다. 그리고 자신을 좀 더 이해(연민과 동정)할 수 있고, 타인과 좀 더 효과적으로 자신의 감정에 대해 이야기 나눌 수 있다. 또한 이런 연민을 타인에게도 적용해 그들의 감정과 욕구를 이해할 수 있다.

보편적이고 기본적인 욕구

육체적 행복
공기
영양(음식, 물)
빛
온기
휴식/수면
움직임/육체 운동
건강
접촉
성적 표현
쉼터/보안/보호/안전/고통으로부터 보호/정서적 안전/보존
안락

조화
평화
아름다움
질서
차분함/편안함/평화/고요함
안정감/균형
안온함
교감/온전함
완성/소화/통합
예측 가능성/친밀감
평등/정의/공정함

유대감
사랑
소속감
가까움
친밀감
공감/연민
감탄
수용
인정
안심
애정
개방성
신뢰
소통
공유/교환
주기/받기
관심
부드러움/관대함
민감함/친절함
존중
보기(보기/보살핌 받기)
듣기(듣기/들어 주기)
이해하기(이해하기/이해 받기)
배려/돌보기/욕구 파악
포용/참여
지원/도움/양육
협동/협업
공동체/동반자 관계/파트너십
우정
상호성/상호 호혜
지속성/계속하기

의미
목적
공헌/삶을 풍성하게 만들기
집중
희망/믿음
선명성
(현실에 실재함) 알기
배우기
인식/의식
영감/창의력
도전/자극
성장/진화/진보
권한 분산/힘/내적 강인함 갖기/능숙함/능력
자아 가치/자신감/자존감
존엄성
효험/유효성
자유/변화
상관하기/참여하기/세상에 나의 자리 만들기
영성
상호 의존
소박함
축하하기/애도하기

자유
선택/나만의 영성에서 벗어나기
자율성
독립성
공간/시간

정직성
자기표현
진정성
청렴성
투명성
진실성/진실

놀이
활기/살아 있음/활력
흐름
열정
자발성
재미
유머/웃음/가벼움
발견/모험
다양함/다양성

Note · 이 목록의 단어들은 우리가 공격당한 것처럼 느껴진다고 말할 때와 같은 "가짜 감정"이 아니다. 가짜 감정은 종종 의도와는 다른 메시지를 사람들에게 전달할 수 있다. 그러니 신중하게 선별한 이 목록의 단어들을 주의해서 활용하기 바란다.

지점토(플레이도우)
만드는 방법

좋은 지점토를 만들려면 보통 구워야 하는데 그러면 아주 지저분해진다. 그래서 대신 끓는 물을 사용한다. 재료를 저어 가며 섞고, 끓는 물을 부은 후 몇 분 동안 섞어 준 다음 식힌다. 그러고 나서 치대면 멋진 지점토가 완성된다.

재료 (한 컵 240ml 분량의 지점토 만들기)

일반 지점토

밀가루 1컵(125g)
주석산 2큰술
소금 ½컵(150g)
끓는 물 ¾컵(175~250ml)
조리용 기름 1큰술
식용 물감 또는 시나몬, 스피룰리나 가루 또는 다른 천연염료

초콜릿 머드 지점토

밀가루 1¼컵(150g)
코코아 ½컵(50g)
주석산 1작은술
소금 ¼컵(75g)
끓는 물 ¾컵(175~250ml)
조리용 기름 2큰술

만드는 법
1. 아이가 중간 크기의 그릇에 마른 재료를 넣고 섞는다.
2. 섞은 재료에 끓는 물, 식용 염료, 기름을 넣고 그릇 가장자리에서 재료가 떨어져 나올 때까지 섞는다.
    (이 부분은 어른이 한다.)
3. 몇 분이 지나 완전히 식으면 부드러워질 때까지 아이가 반죽을 치대게 한다.
4. 상자에 넣고 봉인한 다음 최장 6개월까지 저장한다. 냉장 보관할 필요는 없다.

유아를 위한
몬테소리 활동 목록

연령	활동 이름	내용/재료	발달 분야
전 연령	음악/춤/운동/노래 부르기	• 악기 연주하기 • 아름다운 음악 듣기(배경 음악이 아닌 음악만 집중해서 듣는 것이 더 좋다.) • 몸을 탐구하고, 몸을 뻗기 위해 춤추고 몸 움직이기 • 노래하기	• 음악과 운동
전 연령	책	• 아이가 살고 있는 세상과 관계된 실물 이미지가 실린 책 모음 • 한쪽에 그림 하나 그리고 그림 하나에 단어 하나, 그림 하나에 문장 하나 그리고 간단한 이야기를 만든다. 다음에는 좀 더 복잡한 이야기를 만든다. • 아이가 책 표지를 보고 쉽게 책을 접하도록 진열해 둔다. 작은 바구니나 교구장에 책을 몇 권 둔다. • 보드 북으로 시작해서 하드커버 책과 페이퍼백으로 옮겨 간다.	• 언어
전 연령	리듬이 있는 언어	• 시, 노래, 리듬이 있는 짧막한 노래 • 간단하고 너무 길지 않은 것 • 상당히 현실감 있는 것 • 노래에 어울리는 손가락과 몸의 움직임 • 예: 액션라임, 핑거라임, 하이쿠(짧은 시), 팻어케이크 (pat a cake. 노래를 부르며 손가락 치기 놀이)	• 언어
전 연령	자기표현	• 아이가 어른과 무엇인가를 나누고 싶어 할 때 • 말을 못 하는 아이는 소리, 표현 또는 혀를 내미는 행동 등을 할 수 있다. • 말을 할 줄 아는 아이는 단어, 구 그리고 문장을 사용한다. • 어른은 아이 눈높이에 맞춰 몸을 낮추고 (문화적으로 적합할 경우) 시선 접촉을 한다. 그리고 그 순간에 집중한다. • 아이가 말한 것을 우리가 다시 말한다. • 어른은 몸짓 언어와 말로 아이가 나누고자 하는 것에 무척 관심이 있다는 것을 알린다.	• 언어
12개월	낙서하기	• 크레용이나 굵은 색연필 • 종이 크기, 색깔, 촉감이 다른 것 • 탁자 전체가 더러워지지 않도록 매트를 깐다.	• 미술/자기표현

12개월	이젤-분필	• 칠판-예:
		  1. 이젤의 뒷면
		  2. 커다란 합판이 붙은 칠판 페인트 바닥에 가깝게 낮은 벽에 붙인다.
		  3. 교구장에 놓을 수 있는 작은 칠판
		• 분필: 처음에는 하얀 분필로 시작해서 점차 다른 색깔, 종류의 분필을 사용한다.
		• 작은 지우개
			• 미술/자기표현

연령	활동 이름	내용/재료	발달 분야
도움 없이 설 수 있을 때	이젤-물감	• 이젤 • 이젤을 완전히 덮는 종이 • 컵에 든 진한 물감 하나로 시작해서 하나씩 서서히 물감 색깔을 늘린다. 큰 아이는 두 가지 색 이상의 물감을 사용할 수 있다. • 손잡이가 짧은 굵은 붓 • 그림 그릴 때 입는 작업복/앞치마 • 작업복, 앞치마를 걸을 후크 • 깡통에 말아 넣어 둔 종이 • 물감을 엎질렀을 때 닦을 젖은 헝겊	• 미술/자기표현
12개월 이상	치수가 조금씩 변하는 고리와 고리대	• 축이 있는 고리대와 치수가 다른 고리 4~5개 (색깔이 다르면 더 좋다.) • 맨 아래에 넣을 고리 길이는 아이의 손바닥 전장보다 길지 않아야 한다.	• 눈과 손의 협응 활동
12개월 이상	너트와 볼트	• 짝이 맞는 너트와 볼트(하나 또는 두 가지 모양) • 너트를 볼트에 맞추는 것으로 시작	• 눈과 손의 협응 활동
12개월 이상	여닫기	• 여닫기 놀이를 할 물건 2~3개를 담은 바구니 • 예: 장식 상자, 주석 상자, 똑딱이 단추가 달린 지갑, 메이크업 상자, 칫솔 함	• 눈과 손의 협응 활동
12개월 이상	어휘 물건	• 같은 범주에 속한 물건(모조품 또는 진짜) 3~6개 • 과일, 채소, 옷, 동물원 동물, 농장 동물, 애완동물, 곤충, 포유류, 새, 척추동물, 무척추동물 등	• 언어 발달 지원 • 어휘 확장
12개월 이상	원기둥 상자	• 6개의 구멍이 상단에 나란히 뚫려 있고, 하단에는 이 구멍에 꽂을 원기둥을 넣어 두는 공간이 있는 나무 쟁반	• 눈과 손의 협응, 움켜쥐기 개선
12개월 이상	수직 핀에 꽂힌 정육면체 큐브	• 핀이 3개 꽂힌 가로대. 큐브는 바구니나 핀에 꽂아 둔다. • 구슬 꿰기 준비 작업	• 눈과 손의 협응, 움켜쥐기 개선
12~14개월 이상	퍼즐	• 손잡이 달린 퍼즐 모음에서 점점 더 어려운 난이도의 퍼즐로 진행 • 퍼즐에 그려진 주제가 되는 물건은 실물과 같고 아이의 관심을 끌어야 한다. • 예: 동물, 건축 현장에서 타는 차량 등	• 눈과 손의 협응, 펜치로 잡기 개선 • 배경 모양을 알아보는 능력 발달
약 13개월	열쇠와 자물쇠	• 줄로 단단히 연결된 자물쇠와 열쇠	• 눈과 손의 협응 활동
걸을 수 있을 때	탁자 닦기	• 쟁반에 바구니 그리고 스펀지/다른 장갑 • 여분의 대체 스펀지/마른 장갑	• 환경 돌보기
14개월 이상	물건과 똑같은 그림 카드 맞추기	• 주제별로 분류된 물건 세트와 물건과 일치하는 카드 • 물건과 동일한 그림(가능하다면 크기나 색깔도 똑같은 것). 가능하면 물건을 그림 위에 놔서 그림을 완전히 가린다.	• 언어 발달 지원 • 3차원 물건과 2차원 그림을 이해할 수 있도록 도움

연령	활동 이름	내용/재료	발달 분야
14개월 이상	물건과 비슷한 그림 카드 맞추기	• 주제별로 분류된 물건 세트와 물건과 일치하는 카드 • 물건과 비슷한 사진. 색깔, 크기 등이 다른 것	• 언어 발달 지원 • 비슷한 카드 중에서 실제 물건의 카드를 찾을 수 있음
14개월 이상	미닫이 뚜껑이 달린 나무 상자	• 미닫이 뚜껑이 달린 상자를 준비한다. 상자 안에 넣은 물건을 정기적으로 바꾼다.	• 눈과 손의 협응, 움켜쥐기 개선
14개월 이상	칸이 나뉜 나무 상자	• 3칸으로 나뉜 나무 상자(각 칸이 열리는 구조) • 다른 3가지 물건을 각 칸에 넣는다.	• 눈과 손의 협응, 움켜쥐기 개선 • 손목 움직임 연습
14개월 이상	끼워서 집어넣기 활동	• 모양과 크기가 다른 끼워 넣을 수 있는 상자 • 단일 형태의 기본 세트 (예: 동그라미 모양을 오려 넣은 뚜껑, 사각형 모양을 오려 넣은 뚜껑, 삼각형과 직사각형 모형을 오려 넣은 뚜껑) • 더 어렵게 만들기 (예: 뚜껑 하나에 2가지 모양 또는 4개까지 다른 모양을 오려 넣는다.)	• 눈과 손의 협응, 움켜쥐기 개선 • 기하학적 물체를 소개하고 이름 알기
14개월 이상, 안정적으로 걸을 때	식물에 물 주기	• 쟁반(교구장을 보호하기 위해) • 작은 물뿌리개 • 작은 접시 닦이 스펀지가 들어 있는 작은 상자 • 식물	• 환경 돌보기
14개월 이상	옷 벗기, 입기 그리고 보관하기	• 외투, 신발 그리고 옷을 입고 벗기 후크에 걸거나 바구니에 넣기	• 자기 돌보기
14개월 이상	개수대에서 손 씻기	• 고형 비누 또는 물비누 • 수건	• 자기 돌보기
14개월 이상	코 닦기	• 휴지(반으로 자르거나 접힌 것) • 거울 • 회전 뚜껑이 달린 작은 쓰레기통 • 어른이 먼저 코 닦는 법을 보여 준다. 그다음에 아이가 스스로 해 보게 한다.	• 자기 돌보기
14개월 이상	양치질하기	• 욕실 개수대 • 칫솔을 보관할 장소 • 칫솔 • 치약 • 아이가 먼저 양치질을 하게 하고 마무리 작업을 살펴봐 준다.	• 자기 돌보기
14개월 이상	벨크로 다루기	• 나무로 만든 틀, 벨크로로 조일 옷감 2장 • 벨크로 열고 잠그는 연습을 한다.	• 자기 돌보기
14~16개월	기어오르기	• 반구형 물체에 기어오르기, 기둥, 담벼락, 장애물 코스, 나무에 올라가기	• 대근육 활동

연령	활동 이름	내용/재료	발달 분야
14~16개월	밀기/당기기	• 외바퀴 손수레 밀기, 수레 당기기	• 대근육 활동
14~16개월	원숭이처럼 양손으로 번갈아 매달려 건너가기	• 정글짐, 고리	• 대근육 활동
14~16개월	미끄럼 타기	• 미끄럼 타기를 할 때 아이가 독립적으로 움직이기 편할 만큼 넓고 큰 플랫폼이 위에 있으면 이상적이다.	• 대근육 활동
14~16개월	달리기	• 예: 화살표로 표시된 트랙을 따라 달리기 공을 넣은 바구니를 트랙 양쪽 끝에 둔다. 아이가 공을 한쪽 바구니에서 다른 바구니로 옮기게 한다.	• 대근육 활동
14~16개월	점프하기	• 예: 바닥에 선을 그려 놓고 점프해서 넘는 활동 아이가 양발로 점프를 하면, 좀 더 높은 것을 점프할 수 있는지 시도해 본다.	• 대근육 활동
14~16개월	타기	• 예: 자전거로 균형 잡기 또는 바닥을 발로 밀어 추진하는 낮은 세발자전거 2살 반부터는 페달이 달린 세발자전거를 탈 수 있다.	• 대근육 활동
14~16개월	균형 잡기	• 평균대에서 균형 잡기 (예: 책이나 벽돌을 쌓다 놓고 그 위에 나무판자를 놓는다.) • 처음에는 벽에 손을 대고 옆으로 걸어 본다. 한 손을 벽에 대고 평균대 위에서 앞으로 걸어 본다. 한 발은 평균대에 두고 나머지 한 발은 땅에 둔다. (양발을 번갈아 가며 올려놓고 걷는다.) 평균대 높이를 변경하거나 평균대를 벽에서 떼어 낸다. 너비가 넓은 평균대에서는 기어가는 활동도 할 수 있다.	• 대근육 활동
14~16개월	그네 타기	• 그네가 낮아서 아이 혼자 그네를 타고 내리고 혼자 밀 수 있는 게 이상적이다. 아이는 그네 의자에 등을 대고 누운 자세로 발 구르기를 하거나 그네에 앉아서 등을 세우고 발을 떼고 움직일 수 있다.	• 대근육 활동
14~16개월	다른 동작 가능성	• 반원 형태의 플랫폼(또는 밸런스 보드)은 균형 감각을 키우고 몸이 보내는 신호를 이해하며, 운동 감각을 조정하는 데 매우 좋다. • 버드나무 가지 등 천연 재료로 만든 Y자 형태의 터널 • 회양목 울타리로 만든 미로 • 모래밭 • 공이나 타이어 돌리기 • 정원 가꾸기와 비료 만들기 • 나뭇가지, 버드나무 등의 자연 재료로 만든 동굴 • 흐르는 물	• 대근육 활동

연령	활동 이름	내용/재료	발달 분야
14~16개월	수평 막대에 원반 끼우기	• 나무 판에 달린 수평 금속 막대에 1개에서 3개의 원반 끼워 넣기	• 눈과 손의 협응, 움켜쥐기 개선 • 몸의 정중선 넘어가기 • 손목 움직임 연습
14~16개월 이상	구불구불한 막대에 원반 끼우기	• 나무 판에 달린 구불구불한 금속 막대에 1개에서 3개의 원반 끼워 넣기	• 눈과 손의 협응, 움켜쥐기 개선 • 몸의 정중선 넘어가기 • 손목 움직임 연습
약 15~16개월 이상	나뭇잎 닦기	• (나뭇잎 모양의) 작은 접시와 그 안에 들어갈 정도 크기로 자른 스펀지 • 교구장에 물이 들어가지 않도록 막는 쟁반	• 환경 돌보기
약 15~18개월 이상	걸쇠	• 방이나 복도에 있는 각기 다른 가구에 달린 걸쇠 모음 (예: 체인에 달린 걸쇠, 후크 걸쇠, 막대기형 걸쇠)	• 눈과 손의 협응, 움켜쥐기 개선
약 15~18개월 이상	머리 빗기	• 거울과 빗 • 빗, 머리핀과 고무줄을 담을 쟁반	• 자기 돌보기
약 15~18개월 이상	말뚝(3개)에 작은 고리 끼우기	• 나무로 만든 네모난 판과 그 위에 달린 기본 색깔 말뚝 3개 • 색깔별 고리 3개	• 눈과 손의 협응, 움켜쥐기 개선
약 16~18개월 이상	찰흙	• 찰흙 활동 때 사용할 플라스틱 매트나 식탁보 • 진짜 진흙 덩어리(백토/테라코타) 또는 하얀 DAS 찰흙이나 지점토 또는 키네틱 샌드 젖은 옷감에 싸서 용기에 보관 • 찰흙을 조각하고 자를 도구	• 미술/자기표현
16~18개월 이상	쓸기	• 긴 빗자루 • 쓸기 가이드(또는 땅에 분필로 원을 그려 준다.)는 어디에서 먼지를 쓸어야 할지 보여 주는 데 사용할 수 있다. • 쓰레받기와 빗자루	• 환경 돌보기
16~18개월 이상	먼지 털기	• 먼지떨이용 헝겊	• 환경 돌보기
16~18개월 이상	대걸레질	• 아이용 대걸레 또는 수건이 부착된 납작한 대걸레 • 청소대에 대걸레를 걸 고리	• 환경 돌보기
16~18개월 이상	식물에 붙은 먼지 털기	• 울 소재의 수제 식물 먼지떨이 • 먼지떨이를 보관할 상자	• 환경 돌보기
16~18개월 이상	옷 입기: 지퍼	• 나무로 만든 틀, 지퍼로 붙일 옷감 2조각 • 지퍼가 맨 밑에 달려 있으므로 옷감이 벌어지지 않는다. • 금속 고리를 지퍼에 달 수 있다. • 지퍼로 연습한다.	• 자기 돌보기

연령	활동 이름	내용/재료	발달 분야
16~18개월 이상	구슬 꿰기	• 꿰기에 사용할 플라스틱 관. 아이가 이 관 속으로 구슬을 약간 밀어 넣을 수 있기 때문에 초기에 연습용으로 쉽게 사용할 수 있다. • 나무 구슬 5~6개. 구슬이 더 많이 들어가게 할 수 있다. • 더 어렵게 하려면 굵은 줄, 큰 구슬, 신발 끈에 작은 구슬 꿰기를 한다.	• 눈과 손의 협응, 움켜쥐기 개선 • 양손을 함께 사용하기
18개월 이상	꽃꽂이	• 종류가 다른 꽃병들 • 작은 깔개 • 꽃은 꽂기 적당한 길이로 자른 것 • 테두리가 있는 쟁반 • 작은 단지 • 작은 깔때기 • 스펀지 • 깔때기를 이용해 아이가 꽃병에 물을 붓고 꽃을 꽂는다. 그리고 식탁이나 탁자에 먼저 깔개를 깔고 그 위에 꽃병을 놓는다.	• 환경 돌보기
18개월 이상	빨래 널기	• 젖은 빨래, 냅킨, 장갑, 수건, 앞치마 • 빨랫줄 • 빨래집게	• 환경 돌보기
18개월 이상	쓰레기 모아서 비료 통에 넣기	• 쓰레기 • 아이용 갈퀴, 쓰레받기, 빗자루 • 외바퀴 손수레 • 비료 더미/통	• 환경 돌보기 • 야외 환경 활동
18개월 이상	씨앗 싹 틔우기	• 작은 유리 그릇 바깥 면에 씨앗의 사진을 붙인다. 싹이 빨리 트는 씨앗(완두콩, 콩, 옥수수, 무, 호박, 해바라기)을 선택한다. • 진흙이나 신문지 또는 토탄으로 만든 작은 단지 • 작은 크기의 정원 가꾸기 도구(모종삽, 갈퀴 포함) • 앞치마 • 작은 접시를 담은 작은 쟁반 • 창턱이나 빛이 들어오는 곳에 작은 정원용 쟁반과 단지를 든다. • 외부에서 먼지나 흙이 들어올 경우에 필요한 봉지	• 환경 돌보기
18개월 이상	야외 공간을 돌보는 기타 활동	• 쓸기 • 갈퀴질 • 땅 파기 • 타일, 탁자, 벤치 문질러 닦기 • 식물에 물 주기 • 꽃을 따고 돌보기 • 꽃/채소/지속해서 돌봐야 하는 허브 심기	• 환경 돌보기

연령	활동 이름	내용/재료	발달 분야
18개월 이상, 주전자(병)를 옮길 수 있을 때	탁자에서 손 닦기	• 손을 씻을 작은 세면대 • 단지 • 작은 비누 조각이 담긴 비누 접시 • 앞치마 • 손을 닦을 수건 • 탁자를 닦을 장갑 • 더러운 물을 담을 양동이 • 개수대에서 손 닦기를 반복하고 싶어 하는 아이에게 적합	• 자기 돌보기
18개월 이상	신발 닦기	• 매트 • 손잡이가 있는 솔 또는 손톱 솔	• 자기 돌보기
18개월 이상	식탁 차리기	• 숟가락과 포크가 담긴 바구니를 가지고 식탁 차리기를 돕는다. • 식탁보 놓는 것을 돕는다. • 냅킨 접는 것을 돕는다. • 따뜻한 행주를 준비하는 일을 돕는다.	• 음식 준비
18개월 이상	식탁 치우기 돕기	• 따뜻한 수건으로 식탁 위를 닦는다. • 접시와 숟가락과 포크를 주방으로 가져간다.	• 음식 준비
18개월 이상	크래커 준비하기	• 작은 버터 칼 • 버터나 땅콩크림, 험머스 등을 담은 용기 • 크래커를 담은 작은 상자 • 아이가 직접 버터 칼로 버터를 떠서 크래커에 바르고, 앉아서 먹는다. • 서거나 앉아서 준비할 수 있다.	• 음식 준비
18개월 이상	오렌지 짜기	• 오렌지 착즙기를 이용한다. 아이가 혼자 착즙할 수 있는 과일을 찾는다. • 주스를 담을 단지 • 주스를 담아 마실 유리컵 • 아이가 오렌지를 짜고 껍질은 비료 통이나 쓰레기통에 버린다.	• 음식 준비
18개월 이상	바나나 자르기	• 아이가 껍질을 벗길 수 있도록 바나나 꼭지를 잘라 둔다. • 도마 • 버터 칼/바나나를 자를 날을 세우지 않은 칼 • 껍질은 아이가 비료 통이나 쓰레기통에 버리게 한다. • 아이가 바나나를 그릇에 담아 식탁에 내놓는다.	• 음식 준비
18개월 이상	사과 껍질 벗겨서 자르기	• 사과 깎기 도구, 사과 절단기/사과 심 빼는 도구 • 도마 • 아이가 도마에 사과를 놓고 껍질을 벗길 수 있다. 맨 위에서 아래로 벗긴다. • 사과 절단기 밑에 사과를 놓고 위에서 아래로 밀어 내린다. 사과를 8조각으로 나누고 심을 뺀다. • 아이가 사과를 그릇에 담아 식탁에 놓는다.	• 음식 준비

연령	활동 이름	내용/재료	발달 분야
18개월 이상	물잔에 물 따르기	• 수도꼭지/작은 물병 단지/정수기에 접근 • 유리잔 • 물을 쏟을 때를 대비해 스펀지와 장갑을 준비한다.	• 음식 준비
18개월 이상	수채화 그리기	• 쟁반 • 수채화 물감 • 물이 담긴 작은 단지 • 붓 • 엎지른 물을 닦을 헝겊 • 탁자 깔개 • 종이 • 젖은 붓을 사용하는 법, 붓에 물감을 묻혀 종이에 그리는 법을 아이에게 보여 준다.	• 미술/자기표현
18개월 이상	물건 분류하기	• 3칸으로 나뉜 접시와 아이템(조개껍데기 견과류, 콩깍지, 도형 등) 중 2가지 종류(종류별로 4개)	• 촉각 미세 조정 작업 • 분류 능력 지원
18개월 이상	어휘 카드	• 아이의 생활과 관련해 분류된 카드 세트 • 간단한 분류부터 시작한다.	• 언어 발달 지원 • 어휘 확장
18~22 개월 이상	옷 입기: 단추	• 나무 틀, 헝겊 2조각을 커다란 단추 3개로 채우기 활동 • 수직 단추 구멍 • 단추 끼우기 연습	• 자기 돌보기
18~22 개월 이상	옷 입기: 똑딱이 단추	• 나무 틀, 똑딱이 단추로 채울 헝겊 2조각	• 자기 돌보기
18~22 개월 이상	탁자 닦기	• 사발, 비누, 솔, 탁자를 닦을 스펀지를 담은 쟁반	• 환경 돌보기
18개월~ 2살 이상	거울 광내기	• 독성이 없는 거울 광택제를 담은 작은 통 • 직사각형 스펀지 • 손가락 장갑 • 거울 아래 깔 매트	• 환경 돌보기
18개월~ 2살 이상	나무 광내기	• 아이가 다루기 쉬운 그릇 • 밀랍처럼 독성이 없는 광택제를 담은 병 • 작은 접시 • 손가락 장갑 • 광택을 낼 아이템	• 환경 돌보기
18개월~ 2살 이상	풀칠하기	• 솔이 담긴 풀 상자, 소량의 풀을 담은 풀 그릇, 6가지 커다란 모양, 풀칠을 할 종이	• 눈과 손의 협응, 움켜쥐기 개선 • 풀칠 가르치기 • 손가락 미세 조정 연습 • 미술/자기표현

연령	활동 이름	내용/재료	발달 분야
약 2살 이상	설거지하기	• 탁자에 설거지 통(2개) • 작은 손잡이가 달린 접시닦이 솔 또는 작은 스펀지 • 여행용 소형 용기에 담은 설거지용 세제 • 투명한 플라스틱 단지. 원하는 물의 양을 표시할 수 있다. • 앞치마 • 마른 장갑 • 손 닦을 마른 수건	• 음식 준비
약 2살 이상	접시 말리기	• 탁자에 마른 수건을 놓고 그 위에 그릇이나 유리컵을 놓는다. 수건을 접어 그릇이나 컵 안에 넣고 눌러 물기를 닦는다. 그릇을 펼친다.	• 음식 준비
약 2살 이상	창문 닦기	• 물 한 컵(240ml)이 든 분무기(식초는 선택 사항) • 작은 고무 롤러 • 섀미 가죽이나 헝겊 조각	• 환경 돌보기
약 2살 이상	옷 세탁	• 탁자에 빨래 통(2개) • 작은 빨래판 • 고체 비누 • 비누 접시 • 단지 • 탁자 한쪽에 플라스틱 바구니 2개 • 앞치마 • 마른 장갑 • 손 닦을 마른 수건	• 환경 돌보기
약 2살 이상	가위 사용	• 용기 안에 든 작은 가위 • 직접 손으로 만든 봉투 • 좁은 색인 카드 아이가 한 번에 가로로 자를 수 있을 만큼 충분히 가느다란 카드여야 한다.	• 눈과 손의 협응, 움켜쥐기 개선 • 자르기 기술 배우기 • 정확한 손동작 발전시키기

약 2살 이상	(분류된 물건이 들어 있는) 수수께끼 주머니	• 5개에서 8개의 관련된 물건, 관련 되지 않은 물건 또는 쌍으로 이루어진 물건들이 들어 있는 흥미로운 주머니
		• 주머니 안은 쉽사리 들여다볼 수 없으므로 아이는 손의 느낌으로 주머니 속 물건을 파악할 수 있다.
		• 예:
		  1. 요리 도구-아이용 스프래더, 쿠키 틀, 채, 대나무 거품기, 주걱
		  2. 다른 나라를 소재로 한 주머니 (예: 기모노 천으로 만든 주머니 안에 일본 관련 물건들)
		  3. 머리 다듬는 도구
		  4. 정원 가꾸기 도구
			• 입체 감각 발달 지원
			• 어휘 증가

연령	활동 이름	내용/재료	발달 분야
약 2살된 아이가 어느 정도 말을 알 때	질문하기 연습	• 실생활 중에 일어날 수 있는 대화(세탁물을 개거나 음식 준비할 때) • 예: "바질을 심었는데 자라기 시작한 거 기억해?", "우리가 바질 씨를 어디에 심었지?", "바질을 딸 때 우리가 뭘 사용했더라?" • 자연스러운 대화체로 말한다.	• 아이가 개발 중인 어휘 사용 • 아이의 사고를 넓히고, 경험에서 정보를 추상화해 말로 표현하는 활동을 도움 • 자아 형성 • 어른이 언어 사용을 시범 보이기

2살 이상	바느질	• 바구니 또는 상자
		  - 가위
		  - 실
		  - 무딘 자수 바늘이 담긴 바늘 상자
		  - 처음에는 사각형 종이에 사선으로 구멍이 뚫린 곳에 바느질을 해 본다. 그다음에는 네모나 원형 모양으로 바느질을 해 본다. 더 발전하면 자수를 놓거나 단추를 달아 본다.
			• 눈과 손의 협응, 움켜쥐기 개선
			• 바느질 기술 배우기
			• 정확성 연습하기

2살 이상	너트와 볼트 크기별로 분류하기	• 다양한 크기의 구멍이 있는 나무 보드 • 구멍에 맞는 너트와 볼트	• 눈과 손의 협응
2살 이상	격자 무늬 판에 고무줄 당겨 끼우기	• 기하 판을 이용해 고무줄 당겨 패턴을 만들거나 규정하지 않은 상태로 놓을 수 있다.	• 눈과 손의 협응

2살 반	구두 닦기	• 준비물 담을 상자
		  1. 구두약(소량)
		  2. 구두약을 묻힐 손가락 장갑
		  3. 부드러운 빗살이 달린 솔
		• 탁자 전체를 덮을 덮개
		• 아웃도어용 신발을 신을 경우 구둣주걱
			• 자기 돌보기

2살 반 이상	옷 입기: 버클	• 가죽 2조각을 버클 3, 4개로 고정한 나무 틀 • 버클 끼우는 법을 연습한다.	• 자기 돌보기
2살 반 이상	빵 굽기 돕기	• 재료 측정 돕기 • 재료 섞기 • 빵 굽기 후 쓸고 닦기	• 음식 준비
3살 이상	식기세척기에서 그릇 꺼내는 일 돕기	• 식기세척기 비우는 일 돕기	• 실생활
3살 이상	재활용품 분류 돕기	• 재활용품 분류해서 분류함에 가져가기	• 실생활

연령	활동 이름	내용/재료	발달 분야
3살 이상	이부자리 정돈 (이불 정돈)	• 자기 이부자리 정돈(이불 당기기만)	• 실생활
3살 이상	혼자 변기 사용하기	• 유아용 디딤대를 쓰거나 작은 변기 좌석을 사용한다. 또는 유아용 변기를 사용한다.	• 실생활
3살 이상	좀 더 어려운 요리 돕기	• 예를 들면 라자냐 만들기를 돕는다.	• 음식 준비
3살 이상	반려동물 먹이 주기	• 소량의 어육을 달걀 컵에 담는다. • 개에게 물을 떠준다. • 고양이, 햄스터 또는 다른 반려동물에게 먹을 것을 준다.	• 실생활
3살 이상	빨래와 양말 개는 거 돕기	• 세탁하는 일에 동참한다. • 아이가 사람별, 색깔별로 의류를 분류하게 한다. 양말 짝을 맞추고 기본적인 옷 개기 기술 등을 배운다.	• 실생활
3살 이상	손님맞이 준비 돕기	• 이부자리 정돈하기 • 공간 정리하기, 장난감 등 치우기 • 식사 준비하기	• 실생활
3살 이상	첫 번째 보드게임	• 하바(HABA)의 오차드(Orchard) • 오차드 토이즈의 쇼핑리스트와 다른 게임 • 게임을 아이 연령에 맞춰 단순화할 수 있다. • 스냅(Snap)같은 간단한 카드 게임	• 차례대로 하기 • 간단한 규칙 이해하기 • 재미
3살 이상	좀 더 어려운 바느질, 미술, 만들기 재료	• 심장 모양처럼 좀 더 복잡한 형태의 카드 • 단추 달기 • 자수 패턴 바느질 • 쿠션 바느질 • 한 단계 이상의 미술 프로젝트	• 미술/자기표현
3살 이상	우리 주변 세상 탐험	• 자연에서 얻은 것들 수집 • 동물, 새, 식물 나무 탐험	• 식물학 • 문화 연구 • 생명과학
3살 이상	좀 더 정교한 실 꿰기, 분류 작업	• 작은 구슬이 달린 신발 끈 • 자수바늘을 사용해 작은 울 조각에 작은 밀짚 조각 꿰어 보기	• 눈과 손의 협응, 움켜쥐기 개선
3살 이상	퍼즐-조각 12개 이상	• 더 어려운 퍼즐 • 예: 구성 퍼즐, 여러 층으로 이루어진 퍼즐, 더 작고 조각이 많은 퍼즐	• 눈과 손의 협응, 집게 잡기 개선 • 배경 모양을 알아보는 능력 발달
3살 이상	코르크판에 망치로 모양 쳐서 넣기	• 코르크판 • 나무로 만든 여러 가지 형태 • 작은 못과 망치	• 눈과 손의 협응

연령	활동 이름	내용/재료	발달 분야
3살 이상	작은 구멍 뚫기	• 종이에 형태를 그리고 구멍 뚫기 • 밑에 깔 펠트 천 • 뚫기용 펜 • 형태가 모두 떨어져 나올 때까지 아이는 선을 따라 구멍 뚫기를 한다.	• 눈과 손의 협응, 움켜쥐기 개선
3살 이상	아이 스파이 (I spy)	• 글자의 소리에 관심을 보이면 글자의 음성을 이용한다.	• 언어 발달 • 선행 읽기 기술
3살 이상	달력	• 아이가 일, 월 그리고 날씨를 바꿀 수 있도록 달력을 만들거나 간단한 달력을 산다. • 아이가 커가며 세부 사항을 더한다.	• 시간
3살 이상	다양하고 자유롭게 놀기, 야외에서 놀기	• 매일 아이가 바깥에서 놀 기회를 주고 놀 때는 자유롭게 있는 그대로 규정하지 않고 놀게 한다.	• 실생활 • 야외 환경 활동 • 재미
3살 이상	웨짓 (WEDGiTS)	• 웨짓 블록을 사서 순서에 맞춰 다양한 패턴을 만든다.	• 몬테소리 활동은 아니지만 집에서 하기에 적합한 놀이
3살 이상	정선된 블록 쌓기	• 예: 레고, 마그나 타일(Magna-Tiles), 나무 블록	• 몬테소리 활동은 아니지만 집에서 하기에 적합한 놀이
3살 이상	마블런 (Marble run)	• 아이가 직접 만들 수 있는 예쁜 나무 마블런	• 몬테소리 활동은 아니지만 집에서 하기에 적합한 놀이

영유아 몬테소리 육아대백과
아이 시간표대로 어메이징 몬테소리 교육의 힘

개정판 1쇄 발행 2024년 10월

지은이
시모네 데이비스(Simone Davies)

옮긴이
조은경

펴낸이
김기중

펴낸곳
(주)키출판사

등록
1980년 3월 19일(제16-32호)

전화
1644-8808

팩스
02)733-1595

주소
(06258) 서울시 강남구 강남대로 292, 5층

가격
17,000원

ISBN
979-11-6526-956-2 (13590)

잘못 만들어진 책은 구입처에서 바꿔 드립니다. 이 책의 무단 복제, 복사, 전재는 저작권법에 저촉됩니다.

원고 투고

키출판사는 저자와 함께 성장하길 원합니다. 사회에 유익하고 독자에게 도움 되는 원고가 준비된 분은 망설이지 말고 Key의 문을 두드려 보세요. Key와 함께 성장할 수 있습니다.

company@keymedia.co.kr

아이 시간표대로 어메이징 몬테소리 교육의 힘

모든 아이는 자기만의 발달 시간표를 가지고 있다. 우리는 아이가 그만의
특별한 길을 가며 자기만의 시간표에 맞춰 발전하고 있다는 것을 믿으면 된다.

국제 몬테소리 협회 소속 교사인 시모네 데이비스는 마리아 몬테소리 박사가 개발한 교육 원칙을 토대로 "미운 2살"과 함께하는 삶이 아이와 부모 모두에게 보람 있고 풍성한 시간, 호기심을 충족하는 학습의 시간, 아이를 존중하는 시간이 될 수 있도록 삶을 바꾸는 방법을 제시한다. 이 책은 유아와 함께하는 삶의 모든 국면과 관련해 여러 가지 실제적인 아이디어를 제시하고 어떻게 활용하는지 알려준다.

시모네 데이비스 지음, 조은경 옮김, 키출판사

이 책은 마리아 몬테소리 박사가 개발한 원칙에 근거해 사랑과 존중을 기반으로 놀라울 정도로 차분함을 유지하며 통찰력을 가지고 출생부터 이후 1년까지 아기 키우는 방법을 보여 준다. 베스트셀러 『영유아 몬테소리 육아대백과』의 저자 시모네 데이비스와 주니파 우조다이크의 공동 저작인 이 책은 당신의 아기에게 실제로 벌어지고 있는 일을 이해하는 실용적인 아이디어와 아기가 학습하고 발달하는 데 도움이 되도록 어른이 세심하고 신중하게 지원하는 방법으로 가득 채워져 있다.

시모네 데이비스·주니파 우조다이크 공저, 조은경 옮김, 키출판사

온라인 자료

홈페이지(keymedia.co.kr/montessori)에서 몬테소리 모빌 템플릿을 포함해 다양한 자료를 내려받을 수 있습니다.